ちくま学芸文庫

近現代仏教の歴史

吉田久一

筑摩書房

目次

第一部　近代仏教の歴史

第二部　現代仏教の歴史

近現代仏教の歴史

まえがき

書名を『近現代仏教の歴史』としたのは、『日本近現代仏教史』と、歴史的体系化できるほどには、現在の近現代仏教について、個別的研究も、また史料整備も進んでいないからである。特に九・十章の高度成長以降は、現在と直接つながっており、歴史的評価も定まっていないからである。本書のような概説を執筆することは、開拓的ではあるが、ある種の歴史学的冒険を伴わざるを得ないだろう。

しかしまた、近現代史は、過去の反省により、現在の歴史的地位を確かめ、将来を予測する性格をもっている。例えば、現在の仏教は、明治以降余りにも「受動的」「受益的」であったが、「信仰仏教」の取り戻しによって、二一世紀への仏教の生きる途を探ろうとするのも、近現代仏教の歴史的反省から出ている。

一九一五年生まれの私は、明治維新以降現在までの一三〇年の相当部分を共にしている。近現代史は私にとって同時代史なのである。この小著も正確な歴史的叙述を願いながら、時には私の主観的解釈も入ってくるのもやむを得ないと思う。

仏教史は教団史、教理史をはじめ、いわば総合史である。私は総合史にも目配りしながら、近現代社会の基盤としての資本主義社会と、本来仏教の中核的内容である信仰・思想に焦点を置くことにしたい。

資本主義と仏教思想・信仰を焦点におくことには、とまどいを感ずる読者があるかもしれない。日本の資本主義は出発が遅れたために、経済より政治が優先しがちであったが、近現代社会の基盤が資本主義にあることを疑う人はいないであろう。また近現代社会で、仏教信仰がなじみが薄いといっても、宗教は倫理道徳と異なり、その社会にトータルに発言することを任務としている。この二つの命題を歴史の焦点におくことも、さしてこじつけではないであろう。

私の近代仏教史研究は、私の最初の著述『日本近代仏教史研究』(吉川弘文館、一九五九年)で、それはすでに四〇年前のことである。その時期はマルクス主義を中心とする社会史的研究の全盛時代で、仏教史研究にもそれが濃厚であった。私もその整然たる理論に魅力を感じたが、その時でも宗教信仰の伴わない仏教史研究には幾多の疑問を感じ、前記の書物の「はじめに」にそれを書いている。

私は経済学はむろん社会学の研究者ではない。また仏教学を専門とするものでもない。

その知識の欠乏は覆いがたいであろう。ただ日本近代史、特に宗教史研究者として、欧米近代史には資本主義とキリスト教が二本の太い線であり、日本では何故それが欠けているのか。あるいは日本でその必要がないのか、常に疑問に思っていた。

私は仏教信仰・思想に重点を置くといっても、私自身仏教信仰と称すべきほどのものも持っていない。ただ私の人生の相当の部分が仏教と関係があった。幼年時代は母の親鸞信仰への回心期、「臆病な厭戦論者」として過ごした仏教大学の学生時代、召集を受けて沖縄戦争の前線で経験した仏教と死、戦後の先師矢吹慶輝先生の遺託を受けて励んだ近代仏教史研究の時期、などである。そのような理由で、評論家的な近現代仏教史はむろんであるが、研究のための研究にもなじめなかった。本書にも多少私の「思い込み」が伴うことは止むを得ないと思っている。

それよりも、私の青年期である一五歳から三〇歳までの一五年間、戦争期である。その中で、私も沖縄戦争出動中、無数の沖縄びとの死や多くの仲間たちの死を経験している。そして私にはこの一五年戦争による侵略国を含めて一千万に余る死者によって、戦後生かされているという思いが強い。もし私に宗教が多少でもあるとすれば、これらの死者との関係である。

本書をなるべく多くの人に読んでほしいと思い、史料や、専門書をあまり引用していないし、このような小著とした。この中で、戦後五〇年近く、同世代の近世・近代仏教史専攻の柏原祐泉氏には、研究上多くの世話になっている。特に教団の事情に暗い私は、その方面の多くの教えを受けている。また仏教学の知識の浅い私は、仏教学専攻の池田英俊氏から、仏教思想等について教示を受けている。その他小著でいちいちお名前はあげられないが、多くの先行研究からの恩恵を受けている。特に歩行困難で外出が不自由な現在、史資料の捜査等について多くの方にお世話になっている。

叙述についても一言したい。本書は歴史を意図した書物なので、その当時の言葉をそのまま使用している。難解な仏教用語も一般通用語にしたところがある。例えば「安心《あんじん》」「信心」等を「信仰」とした点などである。また難解な文字にはルビを振り、引用文の片仮名は全部平仮名とした。僧名は明治以前は「名」、以後は「姓」を主にした。西暦を主にし、明治以前は全部元号を囲い、明治以後は各項の初出にのみ元号を付した。人名は重要なものに生没年をいれた。

本書に取りかかってからは、入退院を繰り返し、また視力が乏しい中、とにもかくにも本書をまとめ得たのは主治医金井弘一先生（東芝病院長）のお陰である、また資料の点などで、筑摩書房編集部の柏原成光・平賀孝男氏にお世話になった。校正は妻すみの労による。

筆を擱くに当り、一応の筋途をつけたが、「日本近現代仏教史」の完成は、若い研究者に期待したい。
最後に私事であるが、この書が生まれる原動力の一つとなった今は浄土に帰った母親ますへの貧しい手土産としたい。

一九九七年五月三一日

品川の茅屋にて
吉田久一しるす

序章　「近現代仏教の歴史」について

㈠「近現代仏教の歴史」について

時代区分

従来、村上・辻・鷲尾編『明治維新神仏分離史料』（正篇三巻・続篇二巻、一九二六―二九年）の存在が大きかったため、近代仏教史の研究は、明治維新に片寄りがちであった。しかし、史資料整備が不備とはいえ、明治維新（一八六八年）から現在（一九九七年）までの一三〇年間の歴史が、放置されたままでいい訳がない。

またこの一三〇年間は、近代史として扱われてきたが、われわれが生活している現在は、否定すべくもない現代史の一ページである。日本の近代化はまだ完結したわけではないが、このことをまずはっきりのべておきたい。

また、しばしば日中戦争・太平洋戦争後を、常識的に現代史と称する場合が多いが、戦争期並びにその原因を生み出した時期を外して、戦後史を語るのも現実無視である。

昭和初期（一九二六―三六年）のさまざまな社会的危機が、戦争への引き金になっているのである。私は近代仏教の未熟・未完を認識しながら、昭和初頭から現代仏教史をはじめたい。廃仏毀釈を近代仏教史の出発点におくならば、現代仏教の出発点は、日中戦争・太平洋戦争である。

近代化について

日本が近代初頭に宗教改革を欠いたことは、致命的欠陥であった。日本の近代社会は、精神革命や倫理的価値を欠いたまま、政治的価値が優位することになった。鎌倉時代に法然・親鸞・道元・日蓮等々による宗教革命はあったが、その後に展開する時代は、強固なしかも長い封建制度であって、近代社会ではない。宗教革命と近代社会は不可分の関係にあるのである。

近現代仏教が行詰まった時、「祖師に帰れ」と絶えず強調された。それはそれなりに意味があるとしても、近現代社会の諸条件との関係の中では、「祖師に帰れ」が民衆の中で「信仰化」しなければ、その宗派にとっては大事であっても、近現代社会にとっては余り意味がない。

一般に宗教改革の重要性は「個化」「庶民化」「世俗化」等々にあるといわれる。「庶民化」「世俗化」は幕藩時代にもあったが、それは近代的意味での「庶民化」ではなく、「世俗化」「堕落化」を伴っていた。

近代化といえば、欧米のモデルを思い出す人が多いであろう。現在その見解には修正が迫られているが、明治以降の日本は、正に後進国近代化の典型であった。そして、日本のような長い歴史を持つ国の宗教・文化・思想等の内面的近代化は誠に困難であった。西欧の近代化をモデルに、日本の近代化を行なう場合、模倣・接合・内面的受容の三つがあると思われる。模倣は説明の要がない。接合は例えば井上円了の「哲学仏教」の例などである。

しかし、宗教の近代化とは、むろん精神的内面的近代化を指す。西欧の宗教改革はそのような意味を持つ。日本の地盤での宗教の精神的内面化とは、日本の宗教・思想ｅｔｃなど、いわゆる「古層」理解を用意した上で、西欧の宗教・思想・文化等の近代精神に迫ることである。

それを考える前提として、日本の資本主義が、倫理より国策が優先したことを承知しておかねばならない。西欧では、経済学の祖アダム・スミスの『諸国民の富』の前に、『道徳感情論《モーラル・センチメント》』があったことはよく知られている。日本でも儒教倫理があり、人間の欲望その他の抑止力として働いたこともあるが、それも明治前期までのことであり、中心は効率的な技術革新などが資本主義の特徴である経済的合理性であった。

付言しておきたいのは、倫理を欠いた早熟な日本資本主義の「競争主義」に対して、近代的内面化した宗教が、「反近代主義」の立場をとったことがある。例えば内村鑑三や清沢満之である。それはむろん前近代に立ち戻ることではない。日本の早熟な近代化の内面に迫り、そして、宗教とは何かを考えた結果である。それは「反近代」を掲げながら、宗教として、本当の近代信仰に迫ろうとした結果であるが、そうした例は余り多くない。

終わりに近代化の範型としての欧米型の近代化を、社会学者富永健一の『近代化の理論』（一九九六年）を参考までに挙げてみよう。富永は近代化を総括して、歴史的概念として、西欧をモデルに、その指標を、⑴経済的近代化は産業化、資本主義化を意味し（産業革命）、⑵政治的近代化は民主主義を意味し（市民革命）、⑶社会的近代化は家父長制家族の解体（核家族化）、機能的集団（組織の成立）の成立、村落共同体の解体（都市化）などを意味し、⑷文化的近代化は実証的知識（科学革命）、価値の合理性（宗教改革・啓蒙主義）を意味すると整理している。むろん富永のこの整理で、歴史社会状況を異にする日本の近代化は解けないが、この普遍的モデルを前景におくことは重要である。

ところで、私の日本近代化に対する立場は「批判的近代化」におきたいと思う。ソ連や東欧の崩壊による共産主義への失望、一方資本主義国家の「ゆらぎ」や「爛熟」の中で、しばしば「近代以後」が語られる。しかし、私は日本だけに限っても、現在のバブルというギャンブル経済とその崩壊は、「近代」資本主義というより、M・ウェーバーの「賤民資本主義」とすら感ぜざるを得ない。そして、眼前に見える「豊かな社会」での貧困（拙著『日本の貧困』一九九五年）や、精神の「モノ化」現象、「物神崇拝《フェティシズム》」、人間の二重・三重の「疎外」、「中流化」神話に伴う、個人主義の未熟と「私化」現象、敗戦の代償として得た「民主主義」や「人権」の風化傾向、そして、陰湿な「差別」の進行、「いじめ」や神戸連続児童殺傷事件、宗教における呪術やオカルトの流行等々、いずれをとっても、早くも「近代化」の退廃の姿を見せている。

これらは「近代化」の未完と退廃であるが、それに対して近代後等が語られている。それは芸術などではいざしらず、社会としては前近代性を多分に残し、近代への「内面」的学習を怠り、なお「近代の超克」「近代の終焉」を語ることで、その結果、封建性に逆戻りしたことは、太平洋戦争で経験した。日本近代の持つ未完・退廃を反省しながら、批判的立場で近代を捉え、なお多くのことを近代から学習しつつ、新しい歴史の創造に参加すべきである。

近現代仏教史の研究

戦前の先駆的著述は、明治時代に焦点を置き、「明治仏教史」と名乗ったものが多い。

例えば史料としては、村上・辻・鷲尾編『明治維新神仏分離史料』（一九二六―二九年）、著述としては辻善之助『明治仏教史の問題』（一九四九年）、徳重浅吉『維新精神史研究』（一九三四年）『維新政治宗教史研究』（一九三五年）、土屋詮教《つちやせんきょう》『明治仏教史』（一九三九年）等が代表的なものである。友松円諦《ともまつえんたい》も仏教法制経済研究所・明治仏教編纂所を主宰し、機関誌『仏教』には多くの明治仏教の論文がみえる。また『明治仏教関係新聞雑誌目録』が、明治仏教の研究者に便宜を与えている。

戦後は明治・大正・昭和期を含めて「近代仏教」の視点で取り上げられ、「近代仏教史」を名乗る著述が多くなった。その代表的なものは柏原祐泉『日本近世近代仏教史の研究』（一九六九年）、『日本仏教史・近代』（一九九〇年）、『近代大谷派の教団――明治以降宗教史――』（一九八六年）その他がある。柏原は仏教史家が往々陥り勝ちな「護教史観」を離れ、歴史学的視点から執筆している。柏原の強みは、教団の内部事情や、真宗信仰の内容に詳しいことである。

いま一人の近代仏教史（主として明治時代）研究を専攻している池田英俊は、仏教学専攻から出発し、焦点を近代仏教思想史に当てている。主な著述に『明治の新宗教運動』（一九七六年）、『明治の仏教――その行動と思想――』（一九七六年）、『明治仏教社会・結社史の研究』（一九九四年）その他がある。池田は所属宗団曹洞宗近代史に特に詳しい。

私は『日本近代仏教史研究』(一九五九年)、『日本近代仏教社会史研究』(一九六四年)を執筆したが、後に『吉田久一著作集』(四・五・六巻)に再録した。戦後「近代」を名乗った最も早いもので、社会と思想・信仰の問題が中心となっている。

龍谷大学では近代仏教史研究が盛んで、信楽峻麿《しがらきたかまろ》編『近代真宗教団史研究』(一九八二年)、『近代真宗思想史研究』(一九八三年)等がある。また福島寛隆監修『「戦時教学」と真宗』(全三巻、一九九五年)も注目される。

日蓮宗は法華経信仰を奉ずる近代思想家が多く生まれたので、近代仏教の研究が盛んで、望月観厚編『近代日本の法華仏教』(一九六八年)その他がある。特に宗内には現代宗教研究所が設けられ、その中心中濃教篤《なかのきょうとく》には『戦時下の仏教』(『日本近代と仏教』6、一九七七年)その他の編著がある。

このほか圭室諦成《たまむろたいじょう》監修『日本仏教史Ⅲ、近世・近代篇』(一九七二年)は概説書として多くの読者を持っている。また資料として『明治仏教思想資料集成』(一九八〇年)ほかがある。一九九二年には日本近代仏教史研究会が組織され、機関誌『日本近代仏教史研究』が発刊された。そこでは多くの各個論文が発表され、研究が積み重ねられている。

(二) 近現代仏教における社会と思想・信仰

社会と思想・信仰

私は旧版『日本近代仏教史研究』(一九五九年)の「はじめに」で、「筆者の最終的なねらいは」「日本近代社会と仏教信仰がどう架橋されるかという課題」とのべている。この目的が達せられたとは思っていないが、当時の歴史研究状況は、マルクス主義が隆盛であった。私もマルクス主義の整然たる理論には魅力を感じたが、宗教信仰や思想を欠いた仏教史は、宗教史とはいえないと思っていた。それは四〇年近く経た今日でも変わらない。日本でも周知の社会学者R・N・ベラーが『徳川時代の宗教』(池田昭訳、一九九六年)の「結び」で、

宗教が究極的価値の本源にかかわり続けるかぎり、いいかえれば、宗教が宗教であり続けるかぎり、宗教と社会の対決は続くのである。宗教は、そのような選択をしながら、どんな人間の敗北をも勝利へと転化させるのである。

とのべている。『徳川時代の宗教』そのものには、幾多の疑問があっても、この「宗教と社会の対決」「人間の敗北をも勝利へと転化」の重要性は、それぞれの宗教により浅深があっても、否定できないだろう。

また法哲学者宮田光雄《みやたみつお》が「世俗化と宗教論理」(『政治と宗教論理』一九七五年)で、終末的批判と醒めた社会認識とは、相互に緊張関係の中で、実り豊かな「対決」へと導かれると、信仰と事実認識は対立するものでなく、「相互補完」の関係にあるとしている。

宮田の場合は、キリスト教的発想であるが、仏教の「娑婆即寂光土《しゃばそくじゃっこうど》」(苦難に満ちたこの娑婆世界が、すなわちこの上ない寂光浄土である、という意。中村元『仏教語大辞典』)の「即」も、単なる「妥協」や「否定」ではなく、社会との「対決」「緊張」がなくては成立しない。「往相」と「還相」もそうで、それが「宗教的レアリズム」というものであろう。

社会学者大村英照は仏教を「鎮める文化装置」(『現代社会と宗教』一九九六年)と定義した。仏教の教義からいって、特に二〇世紀末の混迷した社会状況の中では、「鎮める」役割が重要である、と同時に、「動」的な日本近現代社会の実情、即ち明治の殖産興業、富国強兵、帝国主義戦争の連続、戦後の「経済大国」志向の中で仏教は、社会と対決しながら「鎮める文化装置」の役割を果たすことが、ほとんどなかった。私は近現代仏教史を執筆しながら、遠藤周作の『深い河』(一九九六年)とは逆に、仏教はこの動的社会の中で、キリスト教と仏教の教義的相違を認識した上で、キリスト教の「自律的行動性」を学ばなければならないと思った。

私は仏教思想・信仰（安心・信心）を無視した仏教史を叙述しようとは思わないが、また社会を無視した仏教史を執筆しようとも思わない。「信仰」と「事実認識」の関係こそ「宗教レアリズム」の生命であると考えている。

資本主義社会と仏教

日本近現代では、政治的価値が経済的価値や文化的価値に優先している。この著書も、全一〇章中、経済を題名としているのは九章だけである。しかし、上部的な政治の動きの底に、近現代社会の基礎が資本主義であることを疑う者はいないであろう。仏教も資本主義への理解がほとんどなかったといっても、宗教として対面、対決するのは資本主義社会であり、そこに展開される生活である。

かつて旧版『日本近代仏教社会史研究』（一九六四年）の「はしがき」で、叙述の関心の中心は、日本資本主義、並びに資本主義が生み出す社会問題と、これに対応する仏教の歴史的研究であるとし、社会思想、社会運動、社会事業の三つに焦点を当てた。今回は日本資本主義社会と仏教思想、ないし仏教信仰との関係が、近現代仏教史を綴りながら関心の中心であった。近現代の仏教史の概説的叙述が全体の骨格であるが、重点はそこにあった。プロテスタンティズムと初期資本主義の関係はよく知られているが、宗教革命――精神革命を欠いた日本仏教が、総体的な資本主義や、資本主義のそれぞれの歴史的段階との対面・対決はどのような相関を示すのだろうか。

「縁起相関」は仏教の基礎である。一方資本主義は「自由放任」「市場競争」を原理としている。キリスト教、特にプロテスタンティズムは初期資本主義の倫理となり、その後の資本主義において例外はあっても、何等かの抑止力となったことは、歴史が証明している。日本では独占金融資本主義の今日、バブルやギャンブル経済が展開しても、そこに仏教を思い起こす人はほとんどないであろう。そのことを厳粛に受けとめることから、近現代仏教史の「歴史的自覚」ははじまるといっても、決していいすぎることはない。

しかし同時に、仏教の「縁起相関」が、超歴史的に資本主義社会に厳として存在したことも事実である。その例はまれであるが、日本帝国主義や独占資本の予告時代ともいえる日清戦争後、清沢満之《きよざわまんし》によって「公共主義の大慈悲」や「和合の心」等が提起された。清沢は「公共主義の大慈悲」に達する前、明治前期の「自由放任」時代に、激しい「自力修道」や「菩薩行道」の途を選んでいる。この「大慈悲」、「和合の途」＝浄土建設が、資本主義社会での悪戦苦闘の結果によっている。宮沢賢治は自己を「修羅」と見立てながら

《春と修羅》)、「世界がぜんたい幸福にならないうちは個人の幸福はあり得ない」(農民芸術概論綱要』）に行き着いた。その間には『グスコーブドリの伝記』にみえるように「焼身」等の「菩薩行道」がある。その「宇宙的共生――寂光土」の背景には、昭和大恐慌等の資本主義危機があり、その没年二年前からは満州事変がはじまっている。

このような例は他にもある。かつて編集・解説した『現代仏教思想入門』（一九九六年）に収録した人物も、その例であるが、同書に収録したような一流の思想家・信仰家ばかりでなく、末寺僧侶や一般庶民、市民によるそのような思想・信仰の発掘、整理が望まれる。

さて、社会と思想・信仰といっても具体的には、生活の上に現われる。それは生産者・消費者を問わず、資本主義下の矛盾に満ちた「生きた」人間であり、賃金一つとってみても、資本主義の影響を受けて生きているわけである。しかし、同時に人間は生活の主宰者として、日々の生活を裁量しながら一回限りの矛盾に満ちた人生を歩み続ける実存者である。「生きる」勇気と、人生の困難に耐え忍んでいく「持続性」を保ちながら前進する。生活者は社会的で、しかも実存的存在と考えざるを得ない。「社会」とこの「実存者」の中で、宗教は日々生きる活力を生み出す役割を担っている。

仏教はこの生活者をいかに考えるのだろうか。仏教は「自他不二」といおうと、「無我」といおうと、現実存在を関係概念として考える。それは「生きとし生けるものへの

「無量」の慈悲」に照らされて生きているのである。そして、現世内で矛盾に満ちた「往相」「還相」的作用の中で生き続ける。この両相には「菩薩行道」として「死→復活」のサイクルが繰り返される。そこに実存的に生きるものは、すべて「公共の慈悲」のもとに「同行者」であり、「同朋者」である。

終わりに、歴史研究には史料への忠実が要求される。しかし、宗教史、特に思想史・信仰史は時代を超えて発言する場合がある。宗教史も歴史である以上、史料に禁欲的でなければならないのは当然である。しかし、思想史には執筆者の思想が問われることも間違いない。

㈢ ウェーバー宗教社会学と仏教

ウェーバー宗教社会学と仏教

私はウェーバー研究者ではない。一歴史研究者として、M・ウェーバー宗教社会学をそのまま日本近現代仏教史に適用できると考えるのは歴史無視である。ウェーバー宗教社会学と比較的近いと考えられる日本近代プロテスタンティズムにも、多くの日本的限界があるのである（拙稿「近代仏教の形成」『講座近代仏教』一巻、一九六三年）。

しかし、日本近現代仏教史を研究する時、いわば歴史を超えたこの普遍的近代モデルを欠いた場合、灯火を欠いた闇夜を行く感がするばかりでなく、仏教が日本資本主義に何がしかの抑止力を持つことを期待し、また願望しているからである。ここでいうウェーバー社会学とは、主として『プロテスタンティズムの倫理と資本主義の精神』（大塚久雄訳。一九八九年）を指している。本書は社会科学書であり、宗教書でないことは断るまでもない。日本では本問題について、主として浄土真宗の関係で研究されてきた、社会学者内藤莞爾「宗教と経済倫理――浄土真宗と近江商人――」(『年報社会学』一九四一年)、新しくはR・N・ベラー『徳川時代の宗教』(池田昭訳、一九九六年)。その他については、小笠原真『近代化と宗教――マックス・ヴェーバーと日本――』(一九九四年)が整理している。

ウェーバーは二〇世紀を代表する社会科学者であったので、その理論の日本近代化への適用には賛否両論あるいは消極的賛否両論があった。内藤についていえば、この近江商人は時代的に近代の夜明けでもなく、また近江商人は産業資本へ連続するものでなく、その資本とは商業資本であった。また宗教的規範は「禁欲」的精神でなく、「王法為本」につながる俗諦での「報恩」業による職業倫理であった。ベラーの前述の著についていえば、前掲の結言に掲げていることにも見られるように、多分にウェーバーの影響がある。

本書をひもとき、西欧の資本主義発達との相違、仏教とキリスト教の教義の相違をいまさらのべるまでもない。日本の幕藩時代における商業資本の異常な発達、明治時代の政府の上からの保護育成、資本主義経済の揺籃「自由放任《レッセフェール》」の未熟、日本資本主義倫理としての武士的モラル、そして、西欧初期資本主義の母胎としての「中産的生産者層」に対し、日本資本主義の育成者たちの多くは、旧封建階層の出身であった。日本の資本主義発達史には、その抑制力として宗教が入りこむ余地がなかった。

さらに初期資本主義下の日常生活に、ウェーバーのいう信仰に伴う「生活態度の改善」

や、「日常生活の自律的行動性」も重視されてはいない。「倹約」「清貧」「忍従」「報恩」等々、幕藩時代の儒教倫理と仏教倫理の結合が、あとあとまで残り、生活の自律的合理性の獲得を困難にした。

仏教についていえば、特にルターの『キリスト者の自由』(石原謙訳、一九五五年)にみえる「自由」がなく、真俗二諦でも、俗諦は真諦に属する宗教的自由がなく、「王法為本」「王仏冥合」「興禅護国」で、宗教の自由は太平洋戦争後である。宗教は国家の保護の下に発達した資本主義の抑止力になったり、あるいは批判力になることが困難であった。

ウェーバーは周知のように、膨大なヒンドゥー教・仏教・儒教・道教・ユダヤ教等の宗教社会学的研究がある(『宗教社会学論集』全三巻、特に第一巻の重要論文を集めた大塚久雄・生松敬三訳『宗教社会学論選』一九七二年)。ウェーバーはこれら宗教の価値比較等は意図しなかったので、ここで初期資本主義における仏教の比較をしてもはじまらない。ただ近現代仏教史を叙述する必要から、ウェーバーが提起した四、五の普遍的モデルをあげ、それと仏教を対照してみたい。

(1) 呪術・カリスマからの解放=合理性。仏教には古代仏教にみられる呪術や、本願寺法主にみられるカリスマ性が残った。

(2) 世俗内禁欲《アスケーゼ》=行動的禁欲。仏教には出家・捨世が特色の一つである。山折哲雄《やまおりてつお》は断食・焼身を仏教的禁欲としている（『日本仏教思想論序説』一九八五年）。ここでいう「世俗内禁欲」の「世俗」は幕藩体制下の仏教の「庶民化」とはむろん、政治権力の支配をうける「俗諦」とは異なり、自由な個人である。

(3) 現世への能動的働きかけ、仏教の「縁起的関係的」、あるいは「輪廻転生」。

(4) 自己を神性の容器＝ペルソナとみる。仏教では在世的な「自他不二」等。

(5) 「緊張」、これに対する仏教の「寛容」。これらの項目は教義的対比をしても意味がない。近現代の資本主義を仏教も通過しなければならないのでその際の参考までである。むろん宗教教義は歴史を超えて発言する場合があるのは当然である。しかし、ここでは近現代の現実的な歴史を探ることを任務としている。

ウェーバー宗教社会学が提示する二、三

ここでは『プロテスタンティズムの倫理と資本主義の精神』にみえる諸点に留めたい。第一は、近現代一三〇年の仏教が対面する社会は、基本的には資本主義社会である。そして、一二〇年近くたって「経済大国」が喧伝される一九八〇年代も、株や土地を中心とするギャンブル経済がまかり通ることに注目したい。そして、そこにギャンブル経済の倫理的抑止力はどこにもみえないし、それを仏教に期待する人もまずないであろう。経済学者

佐和隆光のいう「倫理的空白期」である。近現代仏教が多少でも資本主義に発言しようとするならば、現在までほとんど問題にならなかったウェーバーの提示する、資本主義社会における「世俗内禁欲」をどう実現するかということである。それは二一世紀にも続く課題と思われる。

第二に資本主義社会である以上、ウェーバーのいう「天職（Calling Beruf）」に仏教は答えを用意しなければならない。われわれは職業によって、資本主義社会に参加しているからである。この「天職義務」は、「世俗内的行動的禁欲」なのであるが、仏教には久しく現世を「娑婆」と認識し、職業を「業《ごう》」と受け取った歴史がある。

資本主義社会は資本家と労働者ないし「市民」から成立するが、仏教は資本家や企業家ばかりでなく、労働者、続いて「市民」の把握に失敗した。ウェーバーの提示する「職業義務」を参考に、職業観を確立しなければならない。さもなければ、所得の源泉である賃金etc、ひいては現代の生活も説明不能になる。

第三に仏教のとる「生活の矛盾」も一種の「弁証」であり、この矛盾認識が重要である。「一切衆生悉有仏教」「娑婆即寂光土」等々も弁証的認識であり、教義として重要である。しかし、この「即」は伝統的にも、現在にしても「妥協」と「否定」を繰り返した。それは「本覚《ほんがく》思想」や「真俗二諦《しんぞくにたい》」を持ち出すまでもない。特に日本の近現代は「戦争の世紀」であり、仏教も戦争との「妥協」と、戦後の「懺悔・反省」もわずかの期間をおいて、「風化」しがちであった。近現代における戦争による膨大な死者と、現代を歩むわれわれとの間の、絶えざる「緊張」こそ宗教的課題で、それが本当の「禁欲」である。

ウェーバーが提示する「禁欲」「緊張」を、仏教はいま一度再検討すべきではないか。仏教の特色は「戒律」修業にあった。しかし、この個人的戒律的禁欲を、現代社会に活かすために要求されるのは、社会に開かれた「緊張」と「禁欲」である。

仏教とキリスト教の教義的相違を、正しく認識するのは当然である。その上に、両者が相互にそのとるべき点を吸収して、パートナーシップを確立することは世界史的要請である。それはキリスト教にとっても重要である。

最後にウェーバーの本書での著名な一句を引用して、現代仏教を考える指針の一つとしたい。

> 営利のもっとも自由な地域であるアメリカ合衆国では、営利活動は宗教的・倫理的な意味を取り去られていて、今では純粋な競争の感情に結びつく傾向があり、その結果スポーツの性格をおびることさえ稀ではない。（中略）「精神のない専門人、心情のない享楽人、この無《ニヒツ》のものは、人間性のかつて達したことのない段階にまですでに登りつめた、と自惚れるだろう」と。――

これは資本主義初期に対する警告ではなく、すでに独占化した資本主義に対する警告である。

第一部　近代仏教の歴史

一章　近世幕藩体制下の仏教（近代仏教史理解のために）

(一) 幕藩体制と仏教

寺院法度・本末制の確立

現在の教団仏教の基礎は、幕藩体制下に形成された。それは幕藩体制という政治第一主義に、宗教の持つ普遍的教義が追随したことであり、近代に入ってからもその状況には余り変わりはなかった。

辻善之助が『日本仏教史』の『近世編』で、

江戸時代になつて、封建制度の立てられるに伴ひ、宗教も亦その型にはまり、更に幕府の耶蘇教禁制の手段として、仏教を利用し、檀家制度を定めるに及んで、仏教は全く形式化した。之と共に本末制度と階級制度に依つて、仏教はいよいよ形式化し……

と、いわゆる辻の「衰頽史観」を述べているが、それは一応認めなければならないであろう。

仏教は寺院法度や本末制という幕藩体制による緊縛とともに、民衆一人一人も耶蘇教禁制の手段として、檀家制度に編成された。それは仏教が庶民化するとともに、「葬式仏教」等を通じ、俗化したことでもあった。

しかし、近代仏教を叙述しようとする私は、その「負」の面とともに、たとえ微かではあっても、近代仏教の前提となり得る諸点をも見逃すわけにはいかない。さもなければ近代仏教を叙述する意味がなくなる。

林淳は「近世転換期における宗教制度」（『日本の仏教』中『近世近代と仏教』一九九五年）の「おわりに」に、世俗化した仏教等を叙述している。近世仏教は檀家制その他を通じ、世俗化したことはたしかに事実ではあるが、それが普遍的な意味をもつ世俗化であるかどうかとはまた別の問題である。

幕府は「寺院法度」により、寺院を統制下においた。制定の目的は、寺院が中世以来もっていた特権、たとえば守護不入権（寺領内の治外法権）等の剝奪、そして、寺院の本末制度を再編成し、幕府の支配機構の中に、繰り込んでいくことにあった（圭室文雄《たまむろふみお》『日本仏教史・近世』一九八七年）。寺院法度の制定の時期は、慶長末年から元和初年に集中している。「天台宗法度」一六〇八〈慶長一三〉年（「比叡山法度」以下）、「臨済宗の寺院法度」（「五山十刹諸山諸法度」一六一五〈元和元〉年以下）、「曹洞宗の寺院法度」（「曹洞宗法度」一六一二〈慶長一七〉年以下）、「浄土宗法度」（「大樹寺法式」一六〇二〈慶長七〉年以下）等でである。

寺院法度は本山を頂点とした本末制度を確立したこと、僧侶の本分は教学の研究にあることを強調し、戒律・修行の重要性を示したこと、民間布教者を締め出し、教団に統制される僧侶のみの存在を許したこと等にねらいがあるが、幕府が意図した政策は、宗派単位の統制、戦国末期に増加した小寺の統制、そこに所属する僧侶の教育等であった。

この寺院法度は寺院本山側の意向もとり入れられ、各宗本山の権限は増大したものの、各宗派一律に統制する法令の布達はできなかった。初期には一向宗・時宗・日蓮宗の法令はだされていなかった（前記圭室著）。

近世本末関係に、江戸幕府が本格的に手をつけたのは、慶長末年から元和期にかけてである。幕府のねらいは、寺領の削減、寺院の守護不入権の剝奪、寺院の幕藩体制の末端への編成にあった。豊臣は大寺院保護政策をとったが、徳川はその勢力削減をはかった。

大寺院・本山側は、幕府の公認のもと、政治権力を背景に、末寺統制の手段として本末制を利用できた。大寺側は末寺からの収入や、宗派内での地位と発言力を増加させ、小寺院は大寺と結びつくことによって、葬祭や檀家獲得ができたのである。

こうした寺院法度や本末制の確立が、政教を混濁化させ、信教の自由を阻止したことはいうまでもない。そして、本末関係の確立は、寺院の階級化を招くことになった。

宗門改制と寺請制・檀家制の確立

江戸時代のキリシタン禁圧は、日本でまれにみる宗教弾圧であった。そのための宗門改制と寺請制、そして、寺と檀家との間に結ばれた檀家制度は、仏教史にとってまさに「負」の制度というべきであった。檀家制度は、キリスト教であるかないかの判定が寺に委ねられたことであり、寺の住職は幕藩制の下級官僚的役割の一面を担うことによって、それは宗教として避けなければならない、身分差別的人身支配をとらせることにもなった。仏教寺院がキリスト教弾圧の一翼となったことは、経済的安定と引き換えに、本来の使命である信仰や修行、学問研究が疎かになることであった。檀家制は中世寺院と異なり、仏教の世俗化ではあったが、また政治権力に利用されることでもあった。

幕府でキリシタンを禁じた年は、直轄領は一六一一(慶長一六)年、全国的には、一六一三(慶長一八)年といわれる。宗門改役が置かれたのは一六四〇(寛永一七)年で、一六六四(寛文四)年には宗門改の専任職員を置き、翌年には法度書を全国に発布した。一六七一(寛文一一)年には、宗旨人別帳、宗門改帳をつくり、全国民は一軒ずつ人別に年齢・宗旨が書きこまれ、一家の主人が捺印した。僧侶はこれを証明し、一村または一郡ごとに、男女の統計をのせ、男女の生死・縁付・奉公等の出入増減をしるした簿冊を作製した(千葉乗隆《ちばじょうりゅう》「政治と仏教」『日本仏教史・近世篇』一九六七年)。

「宗門寺檀請合の掟」(『徳川禁令考』)に

一、頭檀那なりとも、祖師忌、仏忌、盆、彼岸、先祖命日に絶て参詣仕らざる者は、判形を引、宗旨役所へ断り、きつと吟味をとぐべき事。

(中略)

一、死後死骸に頭剃刀を与へ戒名を授る事、是は宗門寺の住持死相を見届て、邪宗にてこれなき段慥《たしか》に受合の上にて引導を致すべき也。能々吟味をとぐべき事。

一、先祖の仏事、他寺へ持参致し法事勤め申事堅く禁制たり。然りといへども他国にて死去候時は格別の事。能々吟味をとぐべき事。

(下略)

「邪宗」とは切支丹ばかりでなく、日蓮宗不受不施派、悲田派、あるいはかくれ念仏等を指している。

檀那寺の自由選択は寺院側にとって不都合であり、一家二宗旨、一家二寺院も生じ、混乱するので、幕府は一七八八(天明八)年、一家一宗の宗別とするよう命じた。

また檀那が自分の寺を変える自由も、人民統制上好ましくないので、一七二二(享保七)年、一七二九(享保一四)年には離檀禁止に関する政令を発布した。一家一寺と離檀禁止により檀家制はますます強められ、宗教信仰と関係なく、変革されることなく、そのまま近代社会に継続した。この一家一寺と離檀禁止により、一家の葬祭はあげて特定寺院に委託され、檀家は檀那寺の維持の責任を分担することになった。寺檀関係は、寺僧が檀家に対して、葬祭執行を中心とする仏事執行をする代わりに、檀家は檀那寺の経済を支えることになった。

㈡ 寺院整理、排仏思想、「護法」論

寺院整理

寺院整理と仏教排斥は本来区別されるべきであろう。しかし、日本では教団仏教即仏教と受け取られてきたので、この両者が一体化して考えられてきた。江戸時代に仏教教団が御用化し、廃仏や廃寺院が今日まで続き、いわば江戸仏教の廃仏がなしくずし的に現在まで続いているともみられる。

しかし、この廃仏はまた仏教覚醒の機縁となったことも事実である。そして、その覚醒こそが近代仏教の糸口となるのである。

寺院整理は水戸藩・岡山藩が著名である。水戸藩は朱子学的思想が強く、藩主水戸光圀により寺院整理が着手された。一六六五（寛文五）年寺社奉行がおかれた。「寺院破邪の方針」として、「経営の不安定」「僧侶の質」「非合法寺院」「城下町整備のため」があげられている（圭室前掲書）。宗派別では第一位は真言宗で七六九か寺、第二位は天台宗一四六

か寺、第三位は浄土宗六一か寺の順である。寺の処分は、(1)僧侶は最寄りの寺々、他国にまいるも勝手次第、(2)家財はそれぞれの事情に応じて処分、(3)破却された寺の檀家は、残った寺々に、ということであった。

水戸藩は幕末の徳川斉昭の時代に、徹底した廃仏毀釈を行なっている。それは同じ幕末津和野藩の亀井茲監《かめいこれみ》の廃仏、薩摩藩の島津斉彬の廃仏とともに、幕末期の富国策の一環という性格が濃厚である。これら廃仏毀釈には、水戸藩には幕末水戸学、津和野・薩摩両藩には平田国学の廃仏思想がある。

岡山藩の寺院整理は一六六六―七(寛文六―七)年、池田光政により断行された。光政には強い廃仏思想があるが、臣下の熊沢蕃山《くまざわばんざん》も著書『大学或問《わくもん》』に、寺院僧侶批判、寺請制の弊害に対するきびしい論説がある。蕃山の寺院整理策は、僧侶の絶対数を減少すること、寺院の整理、寺請制度の廃止、僧侶の還俗奨励等にあった。特に日蓮宗弾圧に向けられた。

圭室の前掲書によれば、岡山藩全体の寺院数一〇四四か寺に対し、処分寺院は五六三か寺、約五三パーセントにあたり、領内の半分以上の寺院が整理されたということである。破却された寺院の五五・六パーセントは日蓮宗であった。岡山地方は日蓮宗不受不施派が多く、その統制に手を焼いていた。光政は寺請を廃止し、神道請を施行したが、一六八七

(貞享四)年再び、神道請を廃し、寺請に戻した。

このほか会津藩主保科正之も、緩やかに寺院整理を行なった。一六五四(承応三)年に出家得度の自由な制度を改め、また新寺や無住の寺院を破壊した。正之は仏教に好感を持たず、晩年は山崎闇斎の垂加《すいか》神道《しんとう》を聴講したりしている。

薩摩藩では禅宗や真言宗が重んぜられた。キリシタンや日蓮宗不受不施派、真宗が禁止された。明暦年間にはこれらの宗派を取締まるために、宗躰奉行《しゅうたいぶぎょう》が任命された。

排仏思想

幕藩体制下の教学は儒教思想でこれは宗教でなく倫理思想である。それは基準階層である武士の「安民」や「治国平天下」や、その他の政治思想と結びついている。そこでは必然的に幕藩体制下の身分的秩序論と結合し、倫理としては「尚農論」や「倹約論」の展開となった(拙著「近世儒教の福祉思想」『日本社会福祉思想史』著作集Ⅰ、一九八九年)。したがって、出家否定を建て前とし、儒教の人倫に対し、世外的ともみられる仏教が排斥されるのは当然であった。中世的「彼岸」を否定し、「此岸的」な人間主義的な人倫を基調とした儒教は、仏教の世外性を排除し、むしろ封建的秩序や、封建倫理の一翼に仏教を組みこもうとした。

排仏を大別すると、制度の問題と、仏教の現状と思想の問題がある。現状とは仏僧の堕落の問題で、その第一は肉食妻帯《にくじきさいたい》等の破戒である。特に江戸時代に輩出した儒教的経世家群は、仏教は自己一人の救済で、「人倫に反する」とし、社会的・経済的・合理的・科学的立場からこれを批判し排斥した。

徳川幕府の御用教学である朱子学は、江戸前・中期に栄えた。その排仏思想は、藤原惺《せい》窩《か》の『千代もと草』、林羅山《はやしらざん》の『羅山先生文集』、室鳩巣《むろきゆうそう》の『駿台雑話』等々に現われている。例えば羅山は、仏教は君主・父子を棄て、世外の途を求めるものとした。鳩巣は仏法は五倫五常を離れ、空しい霊覚の心を求むるにすぎないとした。この儒教的倫理主義は、幕藩支配の中に位置づけようとする幕藩政治の要請でもあった。そして、この政治的方向にそった仏教は、儒教との混濁化を招き、近代にも尾を引くことになった。

陽明学では熊沢蕃山の『集義外書』『大学或問』『三輪物語』『集義和書』が著名である。古学派では山鹿素行《やまがそこう》の『聖教要録』『山鹿語類』、荻生徂徠の『弁道』『政談』、太宰春台《だざいしゅんだい》の『弁道書』『聖学問答』がある。これら諸著は等しく倫理主義的立場からの仏教批判であるが、御用学派の朱子学と、陽明学派、古学派とでは思想を異にするのはいうまでもない。

この中で蕃山の諸著は特に激しく、堂塔建立の国土人民に及ぼす弊害をのべ、地獄・極楽説は迷いの理として来世観を否定し、輪廻説も虚説とした。素行が寺院僧侶の統制強化を説き、徂徠は国家経済の上から、梵鐘や仏像の製作停止を主張した。

江戸後半期には儒教経世家群が多く誕生し、排仏論は具体性を帯びてきた。中井竹山《なかいちくざん》の『草茅危言《そうぼうきげん》』は、寛政改革の松平定信の時務策質問に対する答申であるが、そこに排仏思想がみえる。このほかにも経世家の排仏思想が多いが、これらの人びとの主張は、僧侶は四民以外の遊民であること、伽藍仏教は国費等の浪費であるから廃寺・合寺・減寺政策により経費を節約すること、宗門改制・寺請制をやめ、檀家制を廃して、民費の浪費を防ぐこと、その他寺領を削減すること、度牒制《どちょうせい》を復活して、僧侶取締まりを厳重にすること、等々とした。

このような経世論的排仏思想は水戸学派に著しい。経世論的排仏思想は、明治維新後に実学思想に受け継がれ、仏教からの対応策として仏教国益論等が展開された。

柏原祐泉には近世の排仏思想の研究として、多くの著述がある。『日本近世近代仏教史の研究』(一九六九年)、『真宗仏教史の研究』(一九九六年)等である。また『日本仏教史』①『近世編』第二章に「仏教思想の展開」(一九六七年)がある。

国学者の排仏論はすでに江戸前期からあったが、後半期の賀茂真淵・本居宣長、特に平田篤胤は積極的であった。篤胤は幕末崩壊期の精神的不安に支えられ、天御中主神を宇宙の主宰神として、復古国学の宗教化につとめた。篤胤は神意による世界の創造を説き、日本中心論を展開した。この排仏論を含めた神道思想はその門流で明治維新に活躍した大国《おおくに》隆正《たかまさ》・平田《ひらた》銕胤《かねたね》・矢野《やの》玄道《はるみち》・丸山作楽《まるやまさくら》・福羽《ふくば》美静《びせい》・玉松操《たままつみさお》らに継承された。

柏原祐泉は、宣長は仏教を人間主義的立場から仏教の人情否定論を否定すべき対象とはしたが、「もののあわれ」にしろ「古の道」にしろ、そこには論理の判断を超える諦観性があり、それを通じて仏教的世界観に接し、いれられるものがあるとした。そして、特に古神道への絶対憑依を強調した復古神道の平田国学にも、来世観や死後の世界に安楽土を求めるものとし、柏原はそれを「復古神道における浄土教的来世観の形成」と表現している（『近世庶民仏教の研究』一九七一年）。しかし、平田神道にしろ、幕末に多く発生した一神教的な天理教・金光教・黒住教等の新興宗教にしろ、仏教の幕藩封建的性格を批判はしたものの、宗教改革を生み出す普遍的教義や、その拡がりを持つことはできなかった。それに代わって政治的性格や、疑似宗教的性格を持たされた天皇制が近代に確立されることになった。

儒教・国学とともに、儒教的経世論の中井竹山・履軒兄弟の懐徳堂の講学者の系譜に、富永仲基・山片蟠桃《ばんとう》らの合理的・科学的仏教批判があった。蟠桃は『夢の世』で、蘭学による地動説により須弥《しゅみ》山《せん》説、極楽説を否定した。とくに霊根不滅説を批判し、合理主義的に神仏の超越性・絶対性を否定した。

『出定後語《しゅつじょうこうご》』を著した富永仲基は、独特な歴史的論理により、大乗非仏説を展開した。すなわち「加上」の原理により、一切の教法は前の教法の上に付加されて成立されるものとした。釈迦自身の教説は阿含の数章だけで、後の教説を「加上」とし、仏典の矛盾を指摘し、明治時代の姉崎正治《あねざきまさはる》の『仏教聖典史論』、村上専精《むらかみせんじょう》の『仏教統一論』の先駆的役割である。両者ともに排仏論ではないが、伝統的仏教による教義や、宗学から排仏論として受け取られた。

このほか梵暦運動や須弥山説をめぐり、キリシタンばかりでなく、新来のプロテスタント、そして、蘭学からの批判があり、また具体的に仏葬祭を否定し、神葬祭を提唱したものもあった。

護法論

近代では、徳重浅吉編『明治仏教全集』第八巻、『護法論』(一九三五年)があるが、そのころから歴史的にも「護法」の用語が一般化した。「護法」は仏教信仰を護るということより、教団仏教を守ることに焦点があった。本当の意味からいえば、江戸仏教の頽廃に対する内省としての戒律復興運動や、世俗化の中での信仰を守り抜くこと等がそれであろう。しかし、信仰より教団仏教を守るという意味の「護法」となり、宗教の本来性からみれば力の弱いものであった。

前述のさまざまな廃仏論の論旨には、認むべき点も多かったので、「護法」の名のもとの「護法論」には、一種の「妥協」や「自己弁護」が多い。

次に排仏論の真理を認め、排仏論との共存をはかったものもあった。須弥山説批判や大乗非仏説には、近代科学からいえば、否定してみようがないのである。

そして、幕末には護法論と護国論との結合をはかる者も多かった。「護国・護法・防邪」の一体論である。それは明治中期まで尾を引いて残り、近代仏教の形成をさまたげる一つとなった。

しかし、「護法論」は教団仏教の保身の性格が濃厚ではあったが、また内省的な「護法論」もあり、それが、明治仏教の覚醒につながっていくものであることは後述する。

(三) 諸宗の動向、日蓮宗不受不施派ほか

諸宗の動向

近代の前提としてみた江戸仏教は、「世俗化」と、戒律主義の展開にあるといわれる。確かに江戸時代に宗学が発達し、檀家制度が確立し、庶民との結合関係が密接化した。教義も簡易化し、儒教等の世俗倫理とも融合した。しかし、その多くは徳川幕藩体制の擁護が前提となっている。辻善之助は『日本仏教史』で「高僧の輩出」をのべているが、戒律主義が盛んになり、戒律の世俗化もみられた。そのあるものは近代にも影響を与えた。しかし、その戒律主義も普遍的拡がりを持つことは稀であった。その基本的理由はむろん政・教分離の禁止にあった。「俗化」は世俗における信仰の樹立というより、民俗的な通俗化となり、戒律主義も各宗横断的ではなく、仏教全体の拡がりというわけではなかった。しかし、戒律主義運動が近代仏教の清流の一つになったことは事実であった。

天台宗では霊空《れいくう》が、形式化した教団仏教の復興をはかり、「安楽律」を提唱したが、の

ち敬光は「安楽律」は、宗祖最澄《さいちょう》の宗意に反するものとしている。法道は教学の大成者であり、文政から天保期にかけて宗門復興や民衆教化に当ったが、特に天保大飢饉には、徹底した施行を行なっている（長谷川匡俊「近世天台律宗の復興者法道の行動と思想」一九九一年）。

真言宗では明忍が、鎌倉時代の叡尊《えいぞん》以来の真言律復興につとめたが、特に慈雲飲光《じうんおんこう》の十善戒は著名であり、後世への影響も大きいので後でのべる。

禅の臨済宗では妙心寺派の雪窓宗崔がきこえているが、臨済宗の中興の祖といわれた白隠《はくいん》は、禅の大衆化と民衆化につとめた。その「施行歌」は民衆に普及した。沢庵《たくあん》の『東海夜話』は著名であるが、日常生活と結びついた禅を説いた。

曹洞宗の寂雲堅光は十善戒を選択し、民衆教化に力を注いだ。鞭牛は道路開鑿や架橋で有名である。鈴木正三《すずきしょうさん》は広く知られているので後でふれる。

黄檗宗の鉄眼道光《てつげんどうこう》は黄檗版大蔵経の開版で著名であるが、天和の大飢饉に難民救済に当ったのはよく知られている。「つちくれでもよいから施すべきである……どうして自分と他人を区別することができよう」（源了圓『鉄眼』より、一九九四年）と説いている。同じく黄檗宗の了翁道覚《りょうおうどうかく》は、和漢書を集め、その閲覧所を開き、また災害救済に当り、病僧の収容施設を設け、施薬も行なっている（社会事業研究所『慈善救済史の研究』第三分冊、一九四〇年）。

浄土宗の徳本は、念仏と生活の一体化を説いた。特に捨世派は、官寺を離れて専修念仏をこととした。当時の頽廃した僧風に深く反省し、宗祖法然への回帰を志向して、めざましい信仰教化運動を展開した。その代表的人物無能《むのう》については後でふれたい。

江戸時代には念仏往生者の伝記を列ねた数々の「往生伝」が出版された。近世の「往生伝」は浄土宗僧侶のテキスト・ブックとして編纂されたもので、念仏によって極楽往生をとげた人の伝記であり、その多くは一般民衆である。彼等は出自や階層を異にするが、いずれも僧侶ではなく、女性も多い。中には遊女の往生もある。封建社会の倫理道徳を守った人々の往生で、忠孝・正直・慈悲・人と争わず・貞女の鑑み等を守った人が並んでいる。朱子学の示す封建倫理を忠実に守り、世間で人々が模範的人物とみた人が多い。念仏信仰を通じて封建倫理観が定着していった側面を見逃せない。浄土宗で福祉活動を行なった人物に呑龍《どんりゆう》・霊巌《れいがん》等がある。

真宗は戒律的立場をとらない。真宗の肉食妻帯自由の風儀は弊害も生み、他宗や排仏論者の指弾を受けた。「真俗二諦」「現当二世」も、真諦と俗諦の緊張も見失われているのが大勢であった。しかし、大谷派の浅井了意《あさいりようい》の『堪忍記』や、本願寺派の仰誓《ごうせい》のように、真宗僧俗の篤信者の動向に関心を持つ人もあった。仰誓の『妙好人伝』については後でふれる。注目すべきは真宗の信仰である「弥陀一仏」を守り、「しなやかで強靭な抵抗」(児玉識「西中国地方における真宗的特質について」『論集・日本仏教史』七)を示す民衆もあった。幕藩体制下で、限度内ではあるが、神棚・位牌の拒否、門松・注連飾りを行なわず、霊神を祭らず、等々であった。

真宗のような信仰形態をとれば、江戸時代でも「三業惑乱《さんごうわくらん》」等異安心が生じてくる。柏原祐泉の調査では、異安心は東本願寺派だけでも五〇件を越えている。

日蓮宗では、知足庵が『一心常安』で、法華経の精神を、世俗生活の中で説いた。しかし、近世日蓮宗の大物は優陀那《うだな》日輝《にっき》である。日輝《にっき》は日蓮教学を組織化、体系化した近代日蓮教学の出発点であるとされている(日比宣正「日蓮教学と天台教学との交渉――優陀那日輝の教学を中心として――」『近代日本の法華教』一九六八年)。日輝は儒者・国学者の排仏論を、仏者にとっての針灸薬、治病の真薬と受け取った。日輝は「護法」論者であるが、日蓮宗教団の幣《へい》(悪い習慣)を激しく自省していたからである。また日輝は「実学」を主張し、現実主義・効用主義という社会的視点から、教文に拘泥せず、その心を用いよと教えている。

日蓮宗不受不施派ほか

江戸時代にはキリシタン、不受不施派、悲田不受不施派らの日蓮派、それにかくれ念仏は邪宗門とみられ、弾圧と世間的差別の中にあった。「不受不施」は日蓮宗が確立した宗内制法の一つである。不受不施派の祖日奥《にちおう》が徳川家康の公命違反により、対馬に遠流されてから、幕府が同派を禁止したため、僧俗は地下に潜伏し、幾多の弾圧迫害に耐えて明治維新を迎えた。「不受不施」は経済的な面が問題とされるが、基本は法華経を信じない者から、それはいかなる権力者であっても、施しをしてはならないし、また施しを受けてもならない。命にかえても「謗施」(日蓮宗の信者でない者からの施し)を受けてはならないとする派である。

藤井学は「不受不施思想の分析」(『近世仏教の思想』日本思想大系五七、一九七三年)で、「信心為本と専持法華の確立」「折伏主義と正法為本」「王臣王土思想の否定」の三つを特徴としてあげている。このような特徴であれば、政治権力である幕府と対立するのは当然で、権力と「妥協」を繰り返す日本宗教としては、珍しい例であった。

真宗の「秘事集団」「隠し念仏」も邪宗門とみられた。秘事法門は真宗系統の秘密集団による異端的信仰で、多くは秘密裡に指導者が信仰者を恍惚状態の中に入信を確信させる形態である。隠し念仏は、東北地方を中心に発展した秘密組織で運営された念仏集団で、幕末から近代にかけて栄えた。

仏教関係の新興宗教としては、長松《ながまつ》清風（日扇《にっせん》）によって、世俗主義仏教の一つとして、一八五七（安政四）年創始された本門仏立講（後に本門仏立宗）がある。僧侶中心主義の仏教がもたらした堕落や弊風から脱して、世俗者中心主義の仏教を標榜した。仏立講は寺院・教会に頼ることなく、信者の家を求道聞法の道場として、小人数で組座を構成し、組頭を選び、集まって法話を聞き、生活談を語り合った。仏法を王法に優先するものと考え、弾圧を受けたこともある。

このほか一八〇二（享和二）年尾張国きのに創唱された如来教があり、民衆宗教の一つとなった。系譜的に金毘羅信仰など神道にも関係する用語もあるが、圧倒的に仏教的要素が多い。現世中心の他宗派と異なって、来世問題が重要な位置を占めている。如来との約束で現世に生まれたとし、現世をその修業場と心得て、家職・忠義・孝行を大切に勤めなければならないとしている。

(四) 近世仏教の庶民化と戒律復興

近代への影響（正三・慈雲・無能・妙好人）

「庶民化」には「不殺生」のように、庶民倫理に浸透したものもあるが、「葬式仏教」といわれるように、「通俗化」を指す場合も多い。「戒律」も幕藩仏教の退廃面の反省や、個人道徳としては意味があったが、保守的傾向をも多分に含み、社会的拡がりを持つことはできなかった。本項では近代への影響を持つ「庶民化」「戒律復興」の二、三の事例を取り上げたい（かつて「近世江戸仏教の社会ならびに福祉思想」『増補版日本近代仏教社会史研究（上）』〈著作集5一九九一年〉として多少詳しくふれたことがある）。

鈴木正三《しょうさん》（一五七九〈天正七〉—一六五五〈明暦元〉年）を世に広く紹介したのは、中村元の『近世日本における批判的精神の一考察』（一九四九年）からで、その後、藤吉慈海『鈴木正三』（一九八二年）、さらに鈴木鉄心編『鈴木正三道人全集』（一九六二年）が出版され、近世仏教研究者は、多かれ少なかれ鈴木正三にふれている。

正三には「今日、出家と称する者、すべて生活の為のみ」と、僧界堕落の反省があるが、ここではその「職分仏行」と、生活思想に焦点をあててみよう。

正三は武士出身で、四三歳の遅い出家である。彼は幕藩体制下の寺院を、公儀による寺領安堵と、それに対する「役」としての民衆教化と位置づけた。つまり寺院住職を、仏法を以って国家を治める「役人」とみたのである。仏教倫理も現実的実益的立場で論じている。

正三の名は「万民徳用＝職分仏行説」で世に知れわたった。「世法に即して仏道を成するを、諸仏の本為と為す」である。正三の宗教は曹洞禅にあったが、それにとどまらず、坐禅とともに念仏を実践し「禅浄双修」(前記藤吉慈海)である。正三の仏教は「職分仏行説」にみえるように、内面的な幕藩制からの宗教自由の点は見えない。その「職分仏行説」も、正三より少し後の山鹿素行による職分と階級的身分差別とが結びついた有機的職分論に近く(拙著前掲『日本社会福祉思想史』著作集Ⅰ、一九八九年)、儒教的発想のにおいもする。

しかし、僧界堕落の中での、この「職分仏行説」は、柏原祐泉がいうように、仏教を既成教団から解放し、「庶民に仏教を解放」(『近世庶民仏教の研究』)とまで評価はできないとしても、近世初頭の実学流行の中で、仏教からの重要な提起点の一つといえよう。

万民徳用としての職分倫理は、例えば「農人徳用」には「農業則仏行なり」等のことばが見える。農人は現世では「あさましき渡世の業」であるが、尽未来際極楽浄土の快楽を受けるべき存在で、そのために正直を旨として、因果の理をしるべきであるとしている。仏法を渡世身すぎの宝と考えたので、根本的な社会や生活についての発言は少ない。職場こそ道場というわけである。

正三の因果観は「反故集」の「示農人」にあらわれている。「今貧践無智の身と生を得事、前世の業を感ずべし」とのべ、下賤でも未来の果のため、一心正直を守ることをすすめ、また「元来貧徳は過去の因に定て有、今生の所求に依て来るに非ず」と断じている。また「分限を見て其性々をしれ」（『盲安杖』）と分限意識が濃厚で、支配階級としての、武士的発想の否定の上での職業観ではない。また女性蔑視もみえる。

しかし、近世初頭という早い時期に、正三が仏教の「実学化」や、仏教の「庶民転化」を提起したことは重要で、伝統的保守的仏教に対する批判といえよう。「近代化」の倫理観には程遠いが、そこでの「現世」や「庶民」への注目は、既成教団に反省を促す面がある。

江戸中期に、僧風自粛としては厳しい戒律を、在家には十善戒を守る戒律復興運動が興った。その頂点は慈《じ》雲《うん》飲《おん》光《こう》（一七一八〈享保三〉―一八〇四〈文化元〉年）であった。慈雲は「十善法語」を以って僧綱仏教や宗派的偏見を離れ、十善戒を庶民に近づけた。慈雲は僧風堕落の反省としての戒律、庶民のための戒律の二つを担った人で、明治仏教の釈雲照・福田行誡・大内青巒らに影響を与えた。

慈雲についてはさまざまな評価がある。仏教学者池田英俊は、慈雲の正法律は超宗派性と、普遍的な自由な立場で、人が人として正しく生きるための、基本的な原理と実践を明瞭にしたものとしている（『明治仏教——その思想と行動——』一九七六年）。一方仏教史家柏原祐泉は、十善戒提唱の通仏教性、普遍性を認めつつ、同時に幕藩体制の補完的機能をも指摘している（「慈雲「十善戒」の歴史的役割」『印度学仏教学研究』一九八〇・一二）。慈雲の正法律とは大乗・小乗の一切の戒を尊重し、それらの戒が十善戒に集大成され、われらの菩提心によって実践され、世間・出世間を兼ねるものとされている。

一七八六（天明六）年慈雲の住する河内葛城山中の高貴寺は、正法律の本山となり、規定一三条が定められ、一七九七（寛政九）年、幕府から公許を得た、慈雲は武家出身で儒教の古学派を学んだが、出家して戒律をはじめとする仏教学、特に梵語に通じた。原始仏教の戒律に注目した。

慈雲はまた雲伝神道の唱導者である。仏教の普遍的視点や人間的視点に注目した点は、当時の一般仏教界を抜いているが、またその所属の真言密教の鎮護国家観等を離脱しているわけでもない。また正法律や十善戒を庶民に近づけ、戒律を宗派から離して、全仏教の根本としたのは卓見であるが、十善戒の各項目に社会批判を求めることには無理がある。例えば十善は世間出世間の通戒であるが、「空」からみれば平等であるが、世法からみれば「種々差別」があるとされる。「今日の貴賤尊卑みな過去世の業とするべし」「君臣をうたがわず、庶民つねに君を推戴する。此の戒（不偸盗戒……吉田）の徳なり」等、そこには戒の信仰的絶対性と幕藩政治との峻別の困難さがあった。

しかし、慈雲の十善戒は釈雲照・福田行誡らの僧侶ばかりでなく、大内青巒・鳥尾得庵ら在家仏教者にも深い影響を持ったことは、その学殖の深さと、その戒律に高い内容を持っていたからである。

慈雲倫理思想の根底には、人間が自然の条理に従って、個々の本性を発揮して存在するという論理がある。この「人となる道」は、仏教の静的論理に裏付けられたものであった。

浄土宗捨世派の祖称念は、遁世した出家者を「捨世」と名付けた。いわば出家の再出家で、檀林体制や既成寺院からの厭離で、一所不住の遊行性、名聞利養の否定が特徴である。「非人法師の身となりて称念」と、体制や共同体に制約されない、自由な民衆布教であった。捨世―庶民性は日本仏教の特色の一つであり、すでに捨聖《すてひじり》一遍《いっぺん》等が試みたものであるが、江戸時代に行なわれたことに重要性がある。捨世派は称念・厭求・関通・雲説・学信・法岸・法洲・徳本等の人材が続くが、ここでは無能《むのう》（一六八三〈天和三〉―一七一九〈享保四〉年）を通じて、捨世派の庶民性をみてみよう。

無能は磐城の人で一七歳で出家し、寺院生活をせず、遁世して奥羽の地に念仏信仰を扶植した。『無能和尚行業記』等がある。

無能にはハンセン病患者布教が多い。それは現世の名聞利養を超脱した捨世派の念仏勧化で、慈善というより布教である。また『無能和尚行業遺事』に、遊女で生計をたててい る者のあるを聞き、「我も人も浅ましき悪人なれば、大悲本願の力をかりてたすかるべき」と、「穢土《えど》」を厭離《おんり》した上での、念仏の平等性が示されている。

無能はまた「設《たと》ひ道を通るに、乞丐人など橋の下にありて念仏申すとも敢てこれを軽賤すべからず」とか、非人乞食が後生の長い「苦」を知らないのを不便とし、念仏教化したとある。そこでは往生がすべての基準であり、現世における上下差別とは無縁であった。

それは人間のみにとどまらず、「師常に生類を踏まじと心を用ひ」とあり、生類を売るを見て買い取り、放生《ほうじょう》した。無能等念仏聖《ひじり》には、治病の「現益」の例が多い。むろん現世利益の念仏ではなく、弥陀諸仏の護念による「現益」である。

捨世を徹底し、それを信仰する民衆が多くなれば、末端政治とも衝突することになる。『遺事』にみえる安達郡二本松本宮《もとみや》の役人等の圧迫に対し「身に障難をうけん事、度生の本懐……この身を度生に捨なむ事、仏祖の報恩……望む所の幸にこそ候わぬ」といっている。

『妙好人伝』(初篇仰誓〔一七二一〈享保六〉—九四〈寛政六〉年〕二篇僧純、柏原祐泉校注『日本思想大系』五七による)は、編纂意図を主にする研究にしろ、妙好人自身の内面信仰からの研究にしろ、発表の数が多い。周知のものだけでも鈴木大拙・柳宗悦・西谷啓治・中村元その他がある。

著作意図を体制順応とみるにせよ、彼らが貧窮のさ中にあっても、常に弥陀如来に感謝し、その慈悲によって生きていると信じていることは間違いない。

『妙好人伝』の歴史的本格的研究は、柏原祐泉の『近世庶民仏教の研究』からと考えられる。柏原は早くから、『妙好人伝』は真宗教団の基盤である農村の社会的動揺、新興宗教勃興による思想的動揺、「三業惑乱《さんごうわくらん》」等の異安心による教学的動揺という、内外の混乱を背景に編述されたとの史観を立てている。柏原は『伝』の封建体制順応を認めつつ、限界内ではあるが、そこに見える自律的教化は、体制内庶民への積極的アプローチとして、評価をしなおす必要を強調している(前掲『大系』解説「護法思想と庶民教化」)。

柏原は江戸時代編纂全六編から人数統計一五七名を索出し、職業別では農六四、商二八、武士一〇、幼児一〇、医師四、坊守及び尼六、僧侶四、非人乞食三、遊女二、その他二六としている。在世年代は天正一、寛永―元禄二一、宝永―享保四二、文化―安政八〇、不明三二としている。さらに記載中の特徴的物語りとして、封建的治世・倫理への順応性を示すもの五一、往生物語三二、特異物語一六、対異安心態度三としている。職種別では農は別として、商の人口比が高く、若干の富裕層も含まれている。また農間渡世と思われる職人層、伯楽、馬子も含まれている。階層別では貧困層が多い。

信仰として仏恩報謝、真宗への回心事項、教団への忠誠心その他で、女性信者も含まれている。教団の方向は「王法為本、仁義為先」をとっていたから、「御地頭の御政道も私ひとりのため」と宗教的師恩と並列されている。『伝』は末尾で「内には善知識の師恩をうけ、外には国王の褒賞を蒙るも多し。嗚呼、現当二世の利益きわまりなきものか」と、真諦俗諦の混濁化を当然視している。また身分差別の例も出ているが、被差別部落差別も別に疑ってはいない。『伝』に描かれた妙好人は、庶民が大部分であるが、この群像からは、幕藩後期の体制に対する価値転換も見出せない。また儒教倫理との混濁化がみえるのも否定できない。

ただ真宗教義の「悪人正機」観も、その超歴史性、宗教性が抽象的でなく、妙好人という具体的人間を通じて、それなりに個性的、内面的なものになって、庶民の生活と密着したものとなっている、製作者の意図とは別に、「平生業成《へいぜいごうじょう》」「現生不退」もみえている点にも興味がひかれる。

近世仏教の習俗化、俗化

庶民化と習俗化ないし俗化は異なるであろう。庶民化とは主体的な民衆化を意味している。近世仏教が寺檀関係を基礎に、「葬式仏教」を通じて庶民に近づいたとしても、それは民俗学的考察は別として、宗教信仰的には「庶民化」ないし「世俗化」とはいえないと思う。しかし、ウェーバー式に呪術や神秘主義を排して、「世俗的禁欲」を日本に当てはめて解釈することもまた、非歴史的である。

近世仏教の年中行事である涅槃会《ねはんえ》や灌仏会《かんぶつえ》、盂蘭盆会《うらぼんえ》、彼岸会等は民間の祖霊信仰――家永続の願い、それは人倫の具体的最小単位は「家」であり、「人倫」観念の始まりが「孝」――と結びついて行事となったのである。また著名寺院の開帳、縁日も慣習的な庶民信仰を形成した。庶民信仰も治病・開運・蓄財等現世利益と結びつき、さらには慰安、遊楽を伴うものもあった。これらの習俗的信仰には、純粋な近代信仰形成を阻害する点があったに相違ない。

しかし、後発的近代化を歩む日本のような国では、これらの民俗的習慣を残しつつ、ウェーバー的「呪術的世界からの解放」をはかることが、現実の近世仏教から近代仏教への道程であったに相違ない。

習俗仏教より重視しなければならないのは、仏教教理が政治や封建教学と結びつくことにある。その最も大きなものは「愚民観」と「宿業論」であろう。真宗は「愚人」をもって入信の条件とし、それが一般に普及した。もともと「悪人正機」は、人間の根元的業《ごう》的罪悪の自覚、そして阿弥陀仏の他力救済という認識である。

問題は仏教の説く愚民観が、幕府の統治上の愚民政策と結びついたことである。

次に「宿業論」の定着がある。現在の自己存在は過去世の因果関係によると考え、忍従やあきらめが強調された。部落差別や貧困、災害等にである（「近世封建社会と貧困」『改訂版日本貧困史』著作集2、一九九三年）。それは幕藩体制の固定化や、人権の抑圧に作用した。このほか無常観の一般化等もそうである。

これらの中で、近世仏教の習俗化として評価できるものは講である。桜井徳太郎は『講集団成立過程の研究』（一九六二年）で、講を信仰的機能をもつ講、社会的機能をもつ講、経済的機能を持つ講に分類しているが、報恩講のような信仰的なものはむろん、仏教関係として、社会的機能や経済的機能をもつ講もあった。その他観音講・太子講・社寺霊験の参拝講等々各種のものがあった。中には民衆側の主導的立場で行なわれたものもあり、家や地域を越えたものもあった。

真宗と社会倫理

海外の研究で日本近代化と宗教の関係を探る場合、真宗を例にとることが多い。そのことは後にして、幕藩時代に盛んに行なわれた堕胎・間引が、真宗地帯には少なかったことが注目される。このことは古くは高橋梵仙の『日本人口史研究』等で開拓されたが、最近は有元正雄『真実の宗教社会史』（一九九五年）によって、主題に取り上げられた。有元は真宗地帯（越中・加賀・能登・越後・安芸・周防・長門等が中心）、特にその篤信地帯には、(1)徳川中後期に殺生忌諱の信条から堕胎・間引を行なわず、人口増加を招来していたこと、(2)また彼らは正直・節倹・勤勉・忍耐等の徳目を身上とし、同時代の他の思想、宗教団体のそれよりも、はるかに強力に職業に精進していたこと、(3)そして、人口増加と職業精進が結合するとき、彼らはしばしば生誕地を離れて出稼ぎ、移住型の職業活動に従事することがみられるとしている。

有元は真宗門徒の人間像を、宗教的・倫理的側面の強い徳目として、孝行・仁慈の二つを、世俗の「営為」の中で、とくに職業との関わりの深い徳目として、勤勉・正直・節倹・忍耐の四つを取り上げている。

有元説は歴史的実証的には、他の諸宗派とも比較研究しなければならないが、真宗門徒の殺生忌諱が堕胎間引にとどまらず、養蚕・殺蛹その他にまで及んでいるのが注目される。

次に近江商人の信仰と経済倫理の関係については、古くは著名な前述の内藤の「宗教と経済倫理――浄土真宗と近江商人――」(『社会学』第八輯)がある。柏原祐泉も『近世庶民仏教の研究』で、真宗の世俗倫理思想を説き、「近江商人の信仰」では、その商業倫理として倹約・正直・忍耐をあげ、特に忍耐を強調している。また生活行為を阿弥陀仏への「御恩報謝」とし、近江商人の内的宗教生活と商行為の関係についてふれている。

親鸞における「悪人正機」「自然法爾」「現相廻向」「同朋同行」は、政治的共同体を越えた自由な思想であるが、幕藩近世社会では、例外もないわけではないが、教義や思想の主体的自由は発揮できなかった。幕藩体制成立前に生を受けたルター(一四八三〈文明一五〉―一五四六〈天文一五〉年)には「キリスト者の自由」(石原謙訳、一九五〇年)があり、それが近代に基本的影響点をもった。トレルチは名著『ルネサンスと宗教改革』(内田芳郎訳、一九五九年)で、宗教改革はルネサンスに比し、比較にならないほどの強力なインパクトを近代に与えたと説いている。

『徳川時代の宗教』(池田昭訳、一九九六年)の著者R・N・ベラーもその末尾で、宗教が究極的価値の本源にかかわり続けるかぎり、いいかえれば、宗教が宗教であり続けるかぎり、宗教と社会の対決は続くのである。宗教は、そのような選択をしながら、どんな人間の敗北をも勝利へと転化させるのである。

と結んでいる。「幕藩体制下の仏教」を叙述しつつ、改めて西欧の宗教改革の意義の大きさ、そして、近世から近代への移行の際に、精神革命が欠け、しかも現在までその影響が続いている日本の歴史の現実が対比される。

二章　明治維新と仏教

(一) 神道国教化政策と神仏分離・廃仏毀釈

神道国教化政策

本章では明治維新を一八六八（明治元）年から一八八五年までを指すことにしたい。八六年ごろから仏教が新しい動きを示すからである。一八六八年三月一三日維新政府は、祭政一致、神祇官再興の布告を発した。

此度、王政復古、神武創業の始に被レ為レ基、諸事御一新。祭政一致之御制度に御回復被レ遊候に付ては、先づ第一神祇官御再興御造立の上、追々御祭典も可レ被レ為レ興儀、被二仰出一候。

とある。また、宣布大教詔には「明二治教一以宣二揚維神之大道一」とあり、これらの指導理念は、平田・大国流の国学者からでている。それに基づいて宣教使が任命され、「宣教使心得書」が達せられた。そこには「皇祖の大道を照明し、真に皇祖の大教を尊信し、死生不レ惑神明に依頼し」とある。さらに七一年七月四日「大教御趣意」を諸藩に達し「大教の未だ浹洽ならざるにより民心一つならず、其方向に惑ふ」とのべ、政教あいまって人民支配を完成しようとした。

しかし、神道をもって大教の宣布に当らせることは、布教上限界があったので、七二年三月神祇官を廃して、教部省をおいた。教部省は四月教導職をおいて、大教正以下権訓導に到る一四級に分かった。待遇は無給であった。同月「教則三条」を発布した。「敬神愛国の旨を体すべき事」「天理人道を明にすべき事」「皇上を奉戴し朝旨を遵守せしむべき事」である。教導職に僧侶も加えられたが、七二年ごろまでは神道優先主義をくずすものでなかった。

神道国教化政策に直接、間接に関係した神道家は千家尊福・田中頼庸・平田銕胤・丸山作楽・大国隆正・矢野玄道《はるみち》・落合直亮・福羽美静・玉松操・常世《とこよ》長胤・小中村清矩ら人材も揃っていた（拙著『日本近代仏教史研究』著作集4、一九九二年）。

神仏分離・廃仏毀釈

神仏分離令は、即廃仏毀釈ではないが、神仏判然が仏教排撃と受取られ、廃仏毀釈の嵐が吹きまくった。神仏分離令の基本的なものは、一八六八（明治元）年三月二八日の神祇事務局達の

一、中古以来、其権現或は牛頭《ごず》天王《てんのう》之類、其他仏語を以て神号に相称候神社不レ少候。何れ

も其神社之由緒、委細に書付早々可﹆申出﹆事。

一、仏像を以て神体と致候神社は以来相改可﹆申候事。

付《つけたり》本地抔《など》と唱へ、仏像を社前に掛け或は鰐口《わにぐち》・梵鐘・仏具等の類、差置候分は早々除可﹆申事。

であった。それは古代からの神仏習合、本地垂迹思想の否定で、神社から一挙に仏教色を払拭しようとしたものであった。

三月一七日には有力神社に付設された神宮寺、別当寺などの別当や社僧の復飾（還俗）令も出ている。これらは一種の改革というものであるが、政治の主導によるものであり、宗教的自覚から出たものとはいえない。

神仏分離、廃仏毀釈といえば、多くの人は村上・辻・鷲尾編『政治維新神仏分離史料』（正篇三巻・続篇二巻、一九二六—二九年）に集められた諸ケースを思いうかべるであろう。狭くとればその通りである。全国著名神社の仏教関係の物件が破壊除去され、また地域ごとの仏教寺院を宗派ごとに廃寺・合寺させられた。そこには神道国教化の風潮のもとに、極端な排仏論をとる平田国学者が神祇官として、役人や地方官吏となっていた。神社における廃仏のはじめは、分離令直後の六八年四月一日行なわれた近江日吉神社のそれで、神職で組織された神威隊により、仏像・仏具・経典の破壊・焼却であった。さすがに政府も同月

一〇日太政官布告で

　旧来、社人、僧侶不二相善一、氷炭の如く候に、今日に至り社人共俄に威権を得、陽に御趣旨と称し、実は私憤を霽《はら》し候様の所業出来候ては、御政道の妨を生じ候のみならず、紛擾を引起可レ申は必然に候。

と警告を発する始末であった。しかし、地方の廃仏毀釈は政府の黙認が多かった。

神社の廃仏毀釈で著名なものは信濃国諏訪神社、尾張国熱田神社、筑前国箱崎宮、遠江国秋葉山、大和国金峯山、伯耆国大山、羽前国羽黒山、讃岐国金毘羅宮、下野国日光（二荒）等々である。京都では大参事槇村正直が大の仏教嫌いで、石清水八幡宮から菩薩号を除き、名称を改めて男山神社とした。石清水八幡宮には貴重な経典、宝物もあったが、ほとんど古物商に売却された。社僧は復飾したが住む場所もなかった。奈良興福寺は春日大社と混交であったが、法相宗の寺院であった。両者を分離し一方を神社、一方を寺院としたが、相当の乱暴があり、数多くの宝物が失われた。

　廃合寺政策は、すでに江戸時代の岡山・水戸藩等で行なわれていたが、維新政府の殖産興業政策等も加わって、廃合寺が行なわれた。最も早い六八年一一月には判事奥平謙甫が、合廃寺となった寺院の寺領を、帰農願いを出している僧侶に与えている。信濃国松本藩・土佐藩・山口藩・讃岐多度津藩その他でも廃合寺が行なわれ、激しい問題をひき起こしている。中でも注目されるのは真宗地帯である富山藩で、大参事林太仲は八八年閏一〇月一宗一寺令を出し、僧侶に還俗を強制した。特に本願寺派が多く、常楽寺に合寺したものの生活の途がたたれた。これに対し東西本願寺では松本白華《はっか》・佐田介石を派遣して実状調査に当らせた。これらの詳細は前記『神仏分離史料』にゆずりたい。

しかし、廃仏毀釈を物件を中心とする外圧のみで考えるのは当を得ていない。要は福田行誡のいう「仏道」である。七二年四月二五日布達された「自今僧侶肉食妻帯蓄髪等勝手の事云々」（太政官布告）等に対する仏僧の態度である。それこそが「護法」が問われることである。この布令は政府の思想的立場より、全国一律の戸籍編成という実務上から着手したものである（森岡清美「明治初期における僧侶身分の解体について」『日本近代仏教史研究』一九九五・三）。これと並んで同年九月苗字呼称も、僧侶を俗人同様にしたのも、政府の開化政策の一環である。

肉食妻帯の解禁は迅速に実施をみた。むろんこれにより仏教は壊れてしまったと歎く護法家もあった。特に布告の取消しを建言した福田行誡は「これ滅度破仏の濫觴なりと。驚愕の至りに耐えず」と歎いている。このような戒律上の破仏こそ重要であったが、僧界全体としては、さして疑問視していない。仏教の代表的啓蒙紙『明教新誌』（一八七五・七）は、何ぞ祖師開山および諸高僧の如く世を避け刑を犯しても己れの信を守りて、その権利を全うし、その気象を維持せざるや。

と叱咤している。

廃仏の一環として神葬祭がある。六八年閏四月一九日神祇事務局が、神職に対し、本人とその家族に改式を命じた。七二年六月二八日太政官布告一九二号で、自葬を禁じ、葬儀を神官僧侶に依頼すべきこととした。続いて布告一九三号で、神官は氏子の依頼により葬儀を取扱うべきことの二布告を契機に、神葬祭が本格的に展開した。神葬祭の推進力となったのは地方当局と担当役人、地域村落における神職と村役人で、民衆の間に混乱があったが、大方は後に仏葬に帰した。戸籍法を定め宗門人別帳が廃止され、その後氏子調が布告されたが、七二年二月戸籍法の実動化とともに、その意味を持たなくなった。

神葬祭と並んで、寺領に依存してきた寺院に経済的影響を与えたのは、七一年一月と七五年六月の二回にわたる上地令である。前者は藩籍奉還と同じであり、後者は地租改正の一環であったが、寺院の上地は、寺院の経済的基礎に一打撃を与えた。

神仏判然・廃仏毀釈は、物的には大きな事件であったが、かならずしも宗教の本質にかかわるものではなかった。維新期はまだ近代国家にほど遠く、仏教の檀家制もいわば政府の意図した「家族国家」を支える一翼であった。

近世仏教は確かに庶民化した仏教であったが、その庶民化とは、特例を除いて、信仰を伴った庶民化ではなく、政治もまたそれを要求したものではない。

明治維新の廃仏毀釈は、宗教変革の一つのチャンスであったが、仏教界も政府もそれを要求しなかった。そして、精神革命を欠いたまま仏教は近代化を歩み始めた。それはヨーロッパの宗教改革（カトリックの改革を含めて）と比較して、精神革命なしの近代化であった。仏教はいわば模倣的に、或いはなしくずし的に近代化の途を歩んだ。別の角度からみれば、なしくずし的廃仏毀釈が行なわれていったことでもあった。

㈡「護法」家、宗教一揆、国益活動

護法家

「護法」は教団側の慣用語で、学術用語ではない。神仏判然・廃仏毀釈の嵐の中で、「護法」運動が起るのは当然である。その代表例は諸宗同徳会盟である。会は六八(明治元)年一二月伊予国臨済宗大隆寺韜谷、真宗興正寺摂信が奔走し(『摂信上人勤王護法録』)、京都興正寺で集会した。六九年四月芝増上寺に会同し、盟主に鵜飼徹定を挙げ、会名を同盟会とした。規定一三条、「審議題目」八項目を定めた。即ち⑴王法仏法不離の論、⑵邪教研窮毀斥の論、⑶自宗教書研覈の論、⑷三道鼎立練磨の論、⑸自宗旧弊一洗の論、⑹新規学校営繕の論、⑺宗々人材登庸の論、⑻諸州民間教諭の論である。この八項目は、廃仏毀釈下にある仏教界の実情をよく表わし、単なる空論ではなかった。特に「王法仏法不離の論」は中心的テーマで、その時期ばかりでなく、それ以後の教団仏教を規定するテーマであった。「邪教研窮毀斥の論」は、江戸時代以後の仏教史の中心課題の一つであるが、また仏教近代化のしがらみともなった。このほか「自宗教書研覈の論」「自宗旧弊一洗の論」「新規学校営繕の論」等々は、深刻な反省のもとに、爾後《じご》の展望を開かんとしたものであった。人材養成のため各宗では学林・学寮・興学場・護法学場その他の学校や研究機関を開設した。

この会は諸宗同徳会盟、諸宗同盟会、諸宗同徳等々呼称は種々あるが（桜井匡『明治宗教史研究』一九七一年）、今は辻善之助・望月信亨にならって諸宗同徳会盟としておく。会盟に参加した人は韜谷、摂信をはじめ、曹洞宗総持寺奕堂・臨済宗相国寺独園・真言宗明王院増隆・同長谷寺雲照・同円通寺道契・天台宗比叡山行光坊韶舜《しょうしゅん》・浄土宗浄国寺徹定・同回向院行誡・日蓮宗蓮久寺日薩《にっさつ》・真宗本願寺派光照寺針水・同明達寺淡雲等維新仏教を代表する人材がそろっていた。特にこの中で福田行誡《ぎょうかい》・釈雲照は保守派であったが、「護法」家の域を脱して、広く明治仏教の柱石と称せられた。

八八年行誡（一八〇九―八八）が歿した時、全仏教界は「孤柱を失った」と悲しんだ。「孤柱」とは、その学と徳と堅固な信仰によってである。行誡は平素「兼学」を強調している。行誡の学風は浄土宗を基本としながら、通仏教一般に及び、それが「八宗の泰斗」と仰がれるようになったのである。行誡の徳は、村上専精が要約して「容姿端正、気宇寛大、接ㇾ衆以㆓慈悲㆒、道俗恋慕。猶㆓子於ㇾ母、世称日㆓仏門希有之大徳㆒」とのべている。

行誡の学と徳は仏教信仰に裏付けられている。彼には廃仏は仏教自体の堕落が招いたとするきびしい自己反省があり、多くの「護法」家が、宗門や寺院の前途を憂慮したのに対し、むしろ仏道の頽廃こそ歎くべきだとしたのである。「同徳論」の「護法公論」第一で

吾党もとより、居すべきは樹下石上、衣食は三衣瓶鉢、夫猶樹下に三食を禁ず、苟も宿食の飾りあるを誡む、何ぞこれを惜しんで防護捨てざることを論ずるや、これもし護と云は、食護にして法の護に非ず、衣食を執して真の法を惜むにあらず、維摩の為めに呵せられんもの知ぬべし、恐くはこれ破法にして護法に非るものか。

といっている。このような態度が、「末法的様相」のこの時代に、戒学の復興をはかり、名利を捨て「羅漢行誡」と名をほしいままにしたのである。

維新政府が「三条教則」で、仏教を頤使しようとした際も、「三条愚弁」や「雪窓問答」で、「敬神愛国のことばかり説いて、一切衆生に極楽はどうでもよいはと云様なる説教はできぬぞ」と信仰の立場から抵抗している。行誡の仏教は特に「行」の面で著しい。七二年五月の僧侶の肉食妻帯蓄髪の自由の布告の際、行誡は教部省に取消しを建言した。また各宗本山録事の住職に、この布告の「五不可」を論じた書を送った。それは、(1)仏教の本体を紊し、(2)廃仏の基礎を開き、(3)在家と事情を同じくし、(4)沙門の節操を傷り、(5)教化の実効を失すの五点である。行誡の信仰は近代仏教を貫く清純な系譜となっている。

しかし、行誡は世間、出世間を峻別し、その立場も保守的であった。その仏教の自立的復興にも、国家への依存やキリスト教排撃があり、その肉食妻帯禁止にも女性軽視がうかがわれる。またその持戒主義にも、仏教近代化との間に矛盾がある。しかし、維新仏教に何よりも必要なのは、仏道復興と考えたことは重要であった。行誡には『福田行誡上人全集』(一九〇六年)一巻がある。

釈雲照(一八二七―一九〇九)は、真言宗高野派、慈雲が提唱した十善会の実践を説く正法律に傾倒した。雲照の「護法」思想は官符仏教の再興、僧弊一洗、三道一貫、三学の興隆、鎮護国家等にあった。持戒堅固な日常生活を送ったが、また『十善宝窟』を発刊し、民衆教化につとめた。十善会等の「護法」活動は、慈雲飲光ら真言教団の「鎮護国家」を継受する「詔勅に契う官符の仏教」等の矛盾を含んでいるが、また幕藩下の「護法」観を超脱する側面も持っていた(池田英俊『明治の新仏教運動』一九七一年)。

雲照は六八年一〇月廃仏毀釈に際し、太政官に出頭し建白書を提出した。中に「顧みるに宗門の僧徒実体を忘れ、俗染に淫るゝにより……伏して望むらくは僧人の弊習を正し、其の道を直くし、其の人を人とし」と、自己反省をしながら神仏共同して教化に当りたいとある。雲照の仏教入門書である『仏教大意』(一八八九年)は、他の概説書と異なり、律師として雲照の面目を表わすもので、その内容は仏教全般の思想的立場を見通しながら、慈悲戒律の位置づけが試みられている。

雲照の戒律主義は保守的な居士らの篤信者に支えられた。青木貞三・山岡鉄太郎・三浦梧楼・鳥尾得庵・沢柳政太郎・島田蕃根《みつね》ら前近代性が強い。開明思想に飽きた知識層や庶民層に影響を与えた。その戒律厳護は沢柳政太郎を通じ、近代仏教信仰の樹立者清沢満之にも影響した。

雲照は八三年著した『大日本国教論』にみられるように、仏教の大本綱領を「詔勅に契ふ仏教」においている。また雲照は真言宗の祈禱を好んで行なったので、革新仏教徒から迷信を行なうものとして、批判を受けた。そして、雲照の戒律主義も、近代仏教の中で定着できず、雲照の死後衰退した。雲照の著述は三〇余部に達するが、戒律に関するものが大部分である。廃仏毀釈や欧化主義の打撃を受けた仏教は、その復興策として、明治維新仏教に一定の地位を持ったが、仏教の近代化はやはり雲照等を超えて行かねばならなかった。雲照には草繋全宣『釈雲照』(一九一三年)がある。

宗教一揆

宗教一揆は従来「護法」一揆とも呼ばれたが、それはいわば「殉教史観」で、農民一揆と結合しているのが特徴である。宗教一揆の発生理由は廃仏への反抗、僧侶の生活権擁護、新政府の無理解、耶蘇教排撃、徳川幕府との関係等々さまざまである。

明治初年の宗教一揆で最も著名なのは三河菊間藩一揆である。菊間藩とは沼津城主が、明治初年封を上総の菊間に移してからの称である。一八七〇（明治三）年七月服部純が大浜支庁に赴任し、さまざまの改革を断行した結果起ったものである。服部は国学に心を寄せ、人材を登庸し、村法を改正し、とくに新民序・新民塾を置いて教育に当たった。彼は大浜地方で神前念仏が行なわれていたので、新民序の生徒に毎月一日「産土神の拝辞」を教え、また新政府の意図を徹底させるために教諭使を置き、光輪寺高木賢立らをこれに任じた。また三河地方寺院の経済的基礎となっていた頼母子講に対し、藩が講元となった頼母子講を設立した。

三河地方は真宗大谷派が盛んであったが、僧侶の腐敗事例も多く、その学力も低劣であった。これに反省し、京都護法場で教育を受けた革新的仏教徒は三河護法会を設立し、総轄に専修寺法沢、幹事に蓮泉寺台嶺を選んだ。三河には無檀寺院約五〇か寺あり、服部は廃合寺にも着手した。彼の意図は必ずしも仏教弾圧になかったが、寺院側に廃仏と受けとられ、廃合の請書を出した光輪寺・西方寺などと対立した。

一方服部の急進的改革にたいする農民の不満も高まった。この一揆は廃合寺等による寺院の生活権の問題、三河護法会を中心とする護法意識、服部の村法改正にたいする農民の不満などが結合して起ったものであった。

一揆の中心人物は台嶺と法沢である。七一年三月八日三〇余名の血誓帳連印僧侶は大浜をめざして出発し、これに農民が加わった。僧侶の要求は「神前の天拝日拝等を浄土真宗門徒に禁止の事」「寺院廃合見合せの事」外一件であるが、談判は不調に終り一揆となった。しかし、みるべき兵力を持たない僧侶・農民は簡単に敗北し、台嶺は斬罪、法沢は准流刑一〇年、榊原喜与七は絞罪で、総受刑者僧侶三一名、俗人九名で局を結んだ。

大谷派は使僧闡彰《せんしょう》院東瀛《とうえい》・東本願寺学寮長照寺嗣講・威力院福田義導を派遣し、民部省派遣渡辺民部大丞と折衝させ、事後処理に当らせた。政府は廃合寺政策を撤回し、大谷派の面目をたてたが、騒擾後の三河大谷派寺院には法談の許可、寺檀関係、集会、頼母子講、伝道などについては、厳しい条目の厳守を達している（拙稿「明治初年の宗教一揆――三河菊間藩一揆について――」『日本近代仏教史研究』著作集4）。

七三年三月に発生した福井県三郡の宗教一揆は、その目標は耶蘇教反対、一向宗擁護、洋学廃止で、一揆期間一二日、参加人員約一万人であるから、規模は三河の一揆より大きい。また一揆の範囲は大野出張所、地券役所、酒造家、商社、藩士、豪農、戸長、区長、唯宝寺等の寺院、教導職や仇怨の民家にまでおよび、また耶蘇教拒否、仏法護持という「護法」的側面ばかりでなく、地券の廃棄等の農民の経済的要求も加わっていた。そして、一揆対策も商社・豪農・戸長・区長等の村役人層や、豪農商にまで及んだ注目すべき一揆であった。

一揆は専福寺金森顕順と檀家の竹尾五右衛門が中心となり、四三か村の門侶檀徒に同意を求めて誓約書を作製し、名号、旗、竹槍等を準備した。大野出張所は金森・竹尾を捕縛したが逃走し、ここに一揆となった。敦賀県は出張所の急報により士族を募り、名古屋鎮台の応援を得て、騒擾を鎮圧した。

判決は金森・柵・竹尾・高橋・桶屋は斬首、桑崎を絞首にしたほか、懲役一〇年六名、七年一名、三年八名、一年二名、その他であった。そして、旧暦を廃し新暦を用いる事、説教は教部省規則通り行なう事、地券書類を差出す事、石代を上納する事、その他を厳達した。この一揆は真宗勢力の強い地方で、仏法護持、耶蘇教排撃という護法観と、地券に対する経済的不満、新政府や文明開化にたいする不平とが結合したものであった。

九六年免罪建碑がたてられ、南条文雄が撰文したが、金森顕順については「身を殺して仁を成す」とのべているが、参加農民は「頑民朝旨を誤解す」といって、その行動を否定している。

大谷派教団対新政府の人民支配という性格がよく現われているのは北越の場合である。六八年北越門徒に出された「北国より出たる檄文」には、仏恩報謝のために仏敵薩長を打ち取るべきで、討死しても浄土往生間違いなしとある。翌六九年には新発田藩の寺々に廃仏には死をもって抵抗すべしとの回文があった。七〇年の栃尾地方の百姓騒動の「阿呆駄羅経」にも、神仏分離政策を嘲笑している文字がある。したがって、政府はこれら旧幕領の真宗、とくに大谷派を警戒せざるを得なかった。

このような朝幕関係と廃仏問題、さらに新政府による人民課税の重圧等の諸点が結合した頂点に、七二年の「天照皇、徳川恢復、朝敵奸賊征伐」を戦旗とした越後の「信越の間土寇蜂起」事件が起こった。

この事件は新潟・柏崎両県にまたがり、三万人が動員され、一〇日間にわたり、官吏側の死者県官一、里正一、傷者は県官二、小尉一に達した。一揆の目標は、柏崎方面に向かった川島九郎治一派では、分水工事の中止、寺社の除地を復す、海外貿易を禁ず、租税を省く等であった。首謀で梟首刑となった安正寺住職月岡帯刀（知観の改名）、会津藩士渡辺悌輔の主張は、政治を幕府の旧に復す、仏法を盛にする、租税軽減、分水工事の停止等である。

月岡は戊辰の乱に会津方に加わり、また新政府の神仏分離政策に反感を持ち、渡辺は会津藩士として天皇側に反抗したものである。一揆の起った場所は越後佐幕党の中心長岡藩や、村上藩等があったところで、幕藩方の没落した士族も多く、また農民は米価下落の上、信濃川分水工事の分課金で生活も苦しく、ついに一揆となったのである。

仏教国益活動

維新政府の「殖産興業」「実学」重視の中で、仏教の厭世的出家否定観が著しく嫌われ、僧侶は「天下の遊民」（村上専精）と目される始末であった。これに対する仏教の対策は仏教国益活動である。

杞憂道人鵜飼徹定は七〇（明治三）年三月『仏教不可斥論』を著し、一五条にわたって不可斥理由を掲げ、仏教有益を主張している。明治初年における仏教国益の白眉は、七五年一月福田行誡・新井日薩・密道応・諸嶽奕道・荻野独園の五名連署による、太政官への建白「諸寺院連名建白書」である。仏教排斥は国家のために取らないことを主張し、僧侶の弊風を改めて、仏教を国益に用いるべきを論じた気魄あふれたもので、仏教復興と仏教国益を「護法」的視点で論じた主張であった。

明治初年において、仏教国益という観点で、最も活発に活動したのは佐田介石である。彼は天文・地理・言語・政治・社会・経済等々の多方面の著述をはじめ、具体的施策として、代用品の製造普及、舶来品排斥、結社の結成など、八面六臂の活動をした。とくにその須弥山説やランプ亡国論はよく知られている。

介石の思想は欧化反動で、日本の固有物重視や、経済的独立を保守的立場で主張した。彼の経済思想は「経済の真実は消費の道を先とし、製造の道を後にすべき理をよく解するにあり」というように、消費中心で、生産を否定する鎖国主義的、封建的な自給自足経済から脱してはいない。

しかし、介石は仏教徒が国益に貢献したことを主張すると共に、政府のとる原始蓄積強行策が、多くの貧困層を生み出していることに注目した。介石が富国強兵策を主張しながら、反政府的立場で民衆の幸福に着目した点は矛盾に相違ない。原始蓄積期における特異な存在というべきであろう。

仏教国益をあらわす代表的事例は北海道開拓である。それは廃仏後の悲境を回復するとともに、異教防止に目的があった。宗派によっては、宗門財政の窮乏を、北海道開拓によって補わんとする不純なものもあった。北海道開拓でもっとも成功したのは、真宗大谷派である。大谷派が政府に「開拓願」を提出したのは六九年六月であるが、その要旨は新道開拓、農民移住、教化普及の三点にあった。大谷派が新開、または改修した道路は四本あるが、最も費用がかかり、北海道開拓に貢献があったのは、札幌から尾去別に至る「有珠新道」である。

(三) 仏教の啓蒙家、真宗の政教分離運動、自由民権運動、社会活動

仏教の啓蒙家

一八世紀啓蒙思想の根源は、「理性」重視にあり、フランス大革命その他に影響を与えた。日本でも維新政府は「文明開化」政策をとり、その思想的代弁者は、啓蒙思想家と呼ばれている。しかし、日本の啓蒙思想は「官僚的」啓蒙である。仏教界でも多くはないが、啓蒙的開明家が輩出し、近代仏教の開拓者となった。

近代仏教の開拓に、洋行僧の果たした役割が大きい。とくにその初期の、真宗本願寺派の沢融・教阿・黙雷・連城・為然、真宗大谷派の光瑩・舜台・信三等々である。これらの海外状況視察も、国内体制整備の一端とした、政府側からの働きかけにより実現したものである。仏教には日本の文明開化の基底にキリスト教排斥の事情があった。そこに「愛国護法」の思想があったことも否定できない。

明治初期の文明開化や啓蒙活動の中心人物は『報四叢談』や『共存雑誌』によった前記

洋行僧のほかに、大内青巒《おおうちせいらん》・大洲鉄然《おおずてつねん》・加藤九郎・原坦山《はらたんざん》らがあげられる。

『報四叢談』は七四（明治七）年八月創刊、編集刊行総長大内青巒、執筆者島地黙雷・石川舜台・大洲鉄然・原坦山等である。発刊主旨は、教育を隆盛にし、文明開化の気運に応ずるというものであった。

『共存雑誌』は七四年結成された共存同衆の機関誌である。会員は小野梓・三好退蔵・馬場辰猪らの主として英国からの新帰朝者が中心であった。仏教側から赤松連城・大内青巒・島地黙雷・加藤九郎が加わり、編集刊行には主として大内青巒が当った。本誌の論説は、明治初期言論界の啓蒙的役割を担った。

七四年二月一日創刊された『官準教会新聞』（七五・八・七改題『明教新誌』）は僧侶の教導職兼補に疑念を持ち、仏教本来の姿に帰ることを主張した。主宰は大内青巒で、仏教の近代化に貢献した。

これら啓蒙諸家中、真宗関係は政教分離運動でふれるので、大内青巒と原坦山について一言したい。大内青巒は四五年仙台生まれ。通仏教を福田行誠に学び、原坦山に師事して禅学を修め、また『十善法語』に接して、慈雲に傾倒した。盲唖教育や貧児教育、布教興学や印刷事業、新聞や図書の発行等々在俗者の中心であった。その教化思想の骨子は、戒律と報恩におかれたが、明治初期の真宗政教分離運動の応援と、中期の尊皇奉仏仏教大同団では、その思想的振幅が大きい。

大内青巒は『在家化導議』から『洞上在家修正義』を経て九〇年の一宗公定の『曹洞教会修正義』の四大綱領制定過程における功績が大きい。

原坦山は一九年福島県生まれ。はじめ儒学を昌平黌、医術を多紀安寂に学び、禅仏教を実験主義的に把握した。仏教と「欧州窮理の学」との一致を求め、禅仏教や禅体験に理学即ち自然科学や生理学・解剖学などの実験的研究に照し、「心識」などの仏教教理を実証的に研究し、「脳脊異体論」「惑病同原論」「心性実験論」等を著した。七九年東京大学最初の仏書講読師となり、「大乗起信論」等を講じた。後曹洞宗大学の総監となった。弟子の大内青巒は「坦山老師の事歴」(『坦山和尚全集』一九〇九年)で、「心の異常を生ずる惑と身体に異常を生ずる病とは全く別物ではない。心の病即ち煩悩を解脱して悟を開けば体の病も無くなるというのが坦山老師の発明である」と叙している。

真宗の政教分離運動

明治初年の神道国教化の中で神道優先政策が行なわれた。教導職制度については池田英俊の調査がある(『明治仏教教会・結社史の研究』一九九四年)。それによれば、仏教の教導職の補任者総数一九七六名に達するが、維新政府の宗教政策の一翼を担う教導職と、仏教者自身の思想的立場からの教化活動が矛盾するのは当然で、これに対する宗教自由の近代原則から、反対運動が展開するのもまた当然である。教導職の養成機関が大教院をはじめとする教院である。

島地黙雷を中心とする大教院分離運動については、拙著『日本近代仏教史研究』でもふれたが、島地黙雷は外遊中、特に近代的宗教としてのキリスト教、近代における宗教自由の意味、キリスト教と文明の関係等々を学んだ。

特に黙雷が外遊中の七二年一二月に草した「三条教則批判建白書」(拙編解説『現代仏教思想入門』収、一九九六年)は、日本近代における政教分離を飾る最初の一ページであるが、教部省に建白した。本建白は政教分離、三条教則批判など五段に分かれている。黙雷にはこの建白から七五年大教院分離許可の指令が真宗におりるまで、膨大な建白・建言がある。僅か三年間としては驚くべきものがある。

この運動の背景には、真宗本願寺派の大洲鉄然・赤松連城・同大谷派の石川舜台、在俗者の大内青巒らの協力があった。黙雷の宗教自由論といっても、キリスト教に対する、根深い「排邪」意識があった。島地の経歴については、二葉憲香・福嶋寛隆編『島地黙雷全集』第五巻(一九七八年)がある。

大教院分離運動の成功は、真宗教団がその方針をとったからである。真宗は大教院に四柱の神が奉祀されてから、教義上同調できないと考え、七三年一二月教部省に分離の上申をし、神道や他の仏教六宗も分離に異論なしとなった。

仏教の政教分離運動は、大教院分離運動を中心に、七七年一月教部省廃止、八五年七月教導職廃止、八九年の帝国憲法の制定によって、はじめて法文上の信教自由の原則が保証されることになった。しかし、大教院分離運動を除いて、仏教が自前で勝ち取った宗教の自由とはいえない。

仏教の自由民権運動

島地黙雷は「一七論題修斉通書」で、人民の独立と皇国の独立の両立性を論じている。『報四叢談』二号に「人権論」を発表し、その終言に七一（明治四）年八月の部落解放にふれ、「然と雖ども屠児を以て平民に伍する実に人権平等の真理に基き億兆一視の明政を標す」といっている。

仏教関係の自由民権運動関係者として、加藤九郎・大内青巒・安達憲忠があげられる。加藤九郎は『采風』記者として共和政治を主張し、禁獄三年を受けたことで著名である。加藤は大阪の真宗大谷派寺院の出身であるが、少壮の時、寺から離れ、志士国士と交わり、教部省に出仕し、中講義となったこともある。また築地の宣教師カルゾロスを助けて、

『仮名文天道溯原』の訳業に参加するなど、行動半径も大きかった(旧版『日本近代仏教社会史研究』一九六四年)。

大内青巒は自由民権論者とまでは評価できないが、七五年前後発表した論説は、天賦人権的であるばかりでなく、民権的色彩を持ち、警察署から召喚され、注意を受けたこともあった。しかし、大内青巒・島地黙雷らの啓蒙思想家も、明治二〇年代には著しく国粋化をしている。

その点、安達憲忠は、紛れもなく自由民権運動家である。四三年岡山に生まれ、天台宗葉上憲然の弟子として、二二歳まで仏門にあった。七九年創刊された『山陽新報』は、自由民権を主張した。安達は創刊早々の『新報』に入社し、自由党にも入党したらしい(内藤二郎『自由民権より社会福祉――安達憲忠伝――』一九八五年)。安達は集会条例違反等で罰金宣告を受け、また入獄経験もあるが、その思想は合法的なものであった。

仏教の社会活動

島地黙雷は『共存雑誌』に「差別平等説」を発表し、「彼の欧洲近来盛んに唱る所の社会党、或は虚無党の説云々」とのべているが、黙雷のとる立場は論題の通り差別即平等であった。樽井藤吉は八二年東洋社会党を主唱した。それは儒教・仏教・欧米思想を混交したものであった。

キリスト教の影響もあり、仏教でも慈善救済活動が行なわれた。八三（明治一六）年長野善光寺内には従前から窮民が集まっていたので、天台宗大勧進副住職奥田貫昭は、その救養や授職のため大勧進養育院を設立した。士族授産は維新政府にとって重要な政策であったが、天台宗静慮庵慈隆は相馬藩の士族授産に当った。

堕胎・間引或いは棄子は、明治初期にも後をたたなかった。仏教の禁止活動では井上如常・鈴木信教・瓜生岩子が著名であるが、大内青巒も啓蒙活動に当った。各宗は七九年福田会育児院を創設したが、明治期を代表する慈善施設であった。訓盲院ははじめ七五年五月クリスチャンによって楽善会として発起したが、発足後は大内青巒が院長となり、仏教側も経営に尽力した。

医療の面では京都府庁の方針もあり、明治のはじめに療《りよう》病院・癲狂院（精神病院）が設立された。その経営には禅林寺東山天華《てんげ》の功績が大きかった。西南戦争を機に誕生した博愛社（後の日本赤十字社）も仏教の後援が大きかった。監獄の仏教教誨は七二年七月真宗大谷派の仰明寺対岳、同七月同じく大谷派鵜飼啓潭にはじまる。後に真宗の独善事業となった。

部落解放問題は島地黙雷の「人権論」等があるが、まだ仏教一般の認識とはなっていない。また七二年一〇月に「娼妓解放令」の発布があるが、仏教ではまだ廃娼運動は緒につかなかった。

㈣　仏教の教会・結社、在家仏教

教会・結社

宗派仏教の基礎は、宗門にとっては「教会」組織、大衆にとっては、庶民信仰型の講社（結社）に求められる。そして、この両者が、僧俗一体の絆で融合し得る組織になり得るか否かが問題であった。実際的には「宗制寺法」よりも、「教会結社条例」の方が、宗派の近代教団形成の基礎となったのである。

維新期の教団仏教は教部省令で天台宗・真言宗・浄土宗・臨済宗・曹洞宗・黄檗宗・真宗・日蓮宗・時宗・融通念仏宗・法相宗・華厳宗の一二宗である。八四（明治一七）年八月太政官布告第一九号第四条は、各宗派の宗制・寺法の認可申請義務を定め、八五年三月教会結社は「宗制」内に組み入れられた。

八六年「真宗大谷派宗制寺法」第一章「宗義」の第一七条は次の通りである。

皇上を奉戴し政令を順守し世道に背かす人倫を紊らす以て自己の本業を励み以て国家を利益

す。之を俗諦門と云ふ。すなはち真諦を以て俗諦を資け俗諦を以て真諦を資け二諦相依て現当二世を相益す。是を二諦相資の法門とす。

池田英俊は『明治仏教教会・結社史の研究』（一九九四年）で、教会・結社の詳細な調査をしている。それによれば、七七―八八年までの教会・結社は全国で一一三を数える。「曹洞宗教会条例」（七六年）「真宗教会結社」（真宗四派、七六年）のような、それぞれの宗門のものもあるが、一宗一派の拘束を離れた通仏教主義の小野寺行薫による「真宗教会酬恩社」のような例や、或いは各宗派協同のものも多い。

これらの中で注目される二、三を挙げてみる。まず通仏教の代表的結社和敬会は、七九年一月大内青巒・島地黙雷・瀧谷琢宗・村田寂順その他によって結成され、「同朋和敬」がうたわれており、「護法」意識が強い。その意味では、明治維新の諸宗道徳会盟を継承している。和敬会は関東を中心に各地方に支会が設立された。会員には小野梓・広瀬進ら啓蒙層も加わっていたが、一方保守層の人も多い。

七九年設立された福田会育児院は、仏教界の大事業であり、各宗有志を永続会友、在家有志を随喜会友とした。会長新井日薩・幹事大崎行智・今川貞山・石泉信如である。育児院実現には今川貞山の力が大きい。

本院の設立動機は、堕胎拉殺の防止や棄児の救済にあったが、また廃仏後の仏教復興の方途を育児院設立にもとめたものでもあった。「福田会育児院規則」の「前書」には「此育児院は幼稚にして父母を失いあるいは貧窮に困せられて養育し能わざる者を入院教育してその固有の厚徳深智を発達せしめんことを希望し以て設立するものなり」とある。

島地黙雷は七五年八月山県有朋・鳥尾得庵・三浦梧楼元老院議官らと諮って、念仏講社白蓮会を開いた。白蓮とは「衆生の煩悩中に仏心清浄の一念を生ぜしむること猶ほ蓮の淤泥中に潔白なる妙華を発するが如き義」と説明している。目的を仏恩報謝、無縁衆生への仏道の開通、他力念仏の法味の愛嘗の三点においた。会員の日常生活の基本を十戒十善に求めた。白蓮会は七八年五月規約を改正し、

本会は真宗念仏の教会なれば浄土正依の三経七釈及び宗祖以下相承の遺訓に従ひ専ら出離解脱の要路を実践するを本旨とす。

とある。

自由な宗教活動をしていた島地黙雷の足場は令知会で、八四年二月開会した。その「旨趣」に「本会は教法及教法に関係ある諸種の学術を研究し兼て興学弘教の為め尽力周旋するものとす」とある。一宗に固定しなかったが、会員は真宗両派に多く、発会後二年目の会員数は約六〇〇名を数えている。

二〇年代の仏教革新の風潮と共に、令知会は雑誌の改良を行ない、六一号(一八八九・

四・二三）で「社会の人文に伴ひ、社会人民を同伴して、以て実際に改良せんことを希望する」とのべている。九二年三月雑誌九六号を以って『三宝叢誌』と改題した。九二年七月満百号を迎えたが、九年間一回も休刊していない。このような継続は仏教界でほとんど例がなく、仏教雑誌としては、もっとも世の注目をひいたものであった。

在家仏教

明治仏教で注目すべき一つは、在家仏教者の輩出と活動である。しかし、それは明治期前半と後半とでは性格を異にする。前半期では山岡鉄舟・鳥尾小弥太（得庵）・三浦梧楼・品川弥二郎・渡辺国武・河瀬秀治・島田蕃根・大内青巒・鴻雪爪《おおとりせっそう》等々、多くが保守層である。教団仏教の外護者をもって任じ、キリスト教防禦や護国意識が強く、その点三〇年代知識層の仏教への関心とは性格が異なる。

八四（明治一七）年鳥尾得庵は「明導協会」を設立して、仏教的社会教化をめざした。主旨は「明導教会要領五則」として掲げている。即ち「我が協会は護国大意を以て創立の義を明らかにす」「仏教を宗とし、以て天下の善術を集む」「安心立命は各その信ずる所の宗義に任す」「事みな四恩に報ゆるを以て即ち会員実践の要旨と為す」「会員たるものは当に身・命・財を捨て、正法に帰すべし」である。超党派の立場をとりつつ、四恩報謝の実践を仏教精神の中心におき、護国主義的な保守的立場の強いものであった。協会は本局を東京に、支局を各地においた。

鳥尾得庵は、禅を今北洪川・荻野独園・原坦山等に学び、『仏道本論』その他の著述もある。保守中正の立場で、文明の内面を儒仏の智徳の発達に求め、欧化主義を激しく批判した。しかし、その思想の特色は「人権論」にあった。「四恩報謝」を説く場合も、背景に「人権なる者は其初め之を天に稟け、而して之を身に保つ（中略）、君主の威と雖ともこれを損する能はず、父母の慈と雖も之を益する能はず」と、いわば、東洋的「天賦人権」論である。

まだ東洋的人権が、即ち儒教や仏教の人権論や平等論が、西欧的人権の紹介期であり共存し得た時代のことである。

三章　近代国家の確立と仏教の「革新」

㈠　仏教の革新

はじめに

本期を一八八六（明治一九）年から一九世紀の終末一九〇〇年までとしたい。明治一〇年代は欧化主義の流行期であったが、二〇年代は憲法発布、議会開設、教育勅語の発布と続き、近代国家の確立期である。宗教も八九年二月発布の「大日本帝国憲法」第二八条で、「日本臣民は、安寧秩序を妨げず及臣民たるの義務に背かざる限に於て、信教の自由を有す」と保障された。教育勅語はキリスト教倫理との関係では、微妙な相違点があったが、仏教側では挙げて勅語と仏教との一致点を誇示している。二〇年代は一〇年代の欧化主義の反動として国粋主義が勃興した。これを機に、欧米の哲学・理学等によって仏教の新解釈が行なわれ、仏教革新が唱えられ、それによって啓蒙活動を行なう人が多く出た。その代表的人物が井上円了（一八五八―一九一九）であった。

井上円了

井上は八五年帝国大学を卒業したが、フェノロサ等からカント・ヘーゲル・ミル・スペンサー等々の西洋哲学を学んだ。以来『破邪新論』『真理金針』『仏教活論』『教育宗教関係論』『忠孝活論』『破唯物論』『外道哲学』『僧弊改良論』等々、生涯の著作は百数十部に達した。その論旨は哲学・宗教・教育・心理研究等々の広い範囲に及び、また仏教と政治・国家との関係も、進化論的方法によって、両者が密接に一体問題ととらえられた。しかし、彼の本領は哲学と仏教の関係の究明にあった。

井上はまた『日本人』『哲学雑誌』『国家学会雑誌』等の創刊に関係し、哲学研究会の創設にも関係している。八七年九月「護国愛理」をモットーに哲学館（後の東洋大学）を開き、仏・儒など東洋学を教育した。一九〇四年二月寺院と小学校の提携をはかり、勅語の普及徹底、国民精神の涵養、仏教振興の目的で、修身教会を興した。井上はキリスト教排撃とともに、迷信・俗論退治に従い、「おばけ博士」として知られている。井上は仏教の哲学的基礎づけに尽力し、廃仏毀釈後の仏教を蘇生させる原動力の一つとなったが、その特色は仏教啓蒙思想家、ないしは街道哲学者で、近代仏教信仰の形成は、次の時代の同じ真宗大谷派の清沢満之に委ねられた。

いま彼の初期の代表的著作で、明治仏教を「消極的退嬰主義」から、「積極的進取主義」に向かわせたといわれる、『真理金針』と、『仏教活論序論』を簡単に紹介してみよう。『真理金針』は初篇「耶蘇教を排するは理論にあるか」（一八八六年）、「耶蘇教を排するは実際にあるか」（同）、続々編「仏教は智力情感両全の宗教なる所以を論ず」（一八八七年）の三篇からなり、初篇の理論篇が最もよく読まれた。井上のキリスト教批判の中心は、天帝説・創造説に集中されている。続篇では、仏教は出世間的な理論に偏り、学識に浅く、徳行に乏しく、また布教資金もなく、弊害が累積して国益とならないから、改良をはかるのが急務としている。続々篇は「耶蘇教は仏教の一部分なる所以を論ず」「仏教全体の組織を論ず」の二段に分かれている。

『仏教活論』は画期的著述といわれ、第一篇『序論』（一八八七年）、第二篇『破邪活論』、第三篇『顕正活論』、第四篇『護法活論』の四篇から成立している。とくに『序論』は井上の名を高からしめた。彼は東洋の文明を維持し、日本の独立を図らんとすれば、まず仏教を再興すべきであるとし、仏教の現状は弊害が多いから、その改良は国家に対する義務であるとしている。また仏教の真理は泰西の理哲学に合致し、智力の宗教である聖道門、情感の宗教である浄土門の両面を併有している。そして、仏教教理は「中道」や「真如」の理体を基本とし、因果の理法を規則とし、実践としては、安心立命を教えるものとしている。井上は本論で生涯の標語であった「護国愛理」をすでに用いている。

井上は伝統的な「護法即護国観」から離れ、近代国家も認識しており、西洋理哲学と対比しつつ、一方従来の宗派仏教からも離れた国家的レベルの発言である。しかし、井上にも「破邪顕正」意識が濃厚である。維新期の邪教観や国害論とは異なり、またキリスト教もキリシタンでなく主としてプロテスタントを対象としており、むしろ「総合的」護法論といえよう。しかし、仏教と西洋理哲学との抱き合せや折衷は、西洋文化を内化して、仏教に役立てようとするものではなく、まして仏教信仰からは遠い。

村上専精ほか

村上（一八五一―一九二九）は五一（嘉永四）年丹波に生まれ、高倉学寮等で学び、八九年原坦山の後を受けて、帝国大学の印度哲学の講義を受け持った。九四年境野黄洋・鷲尾順敬らと『仏教史林』を発刊し、仏教史研究の先鞭をつけ、また仏教の自由討究の途を開いた。一九〇一年に著した『仏教統一論』が原因で、一時僧籍を脱した。『仏教統一論』は、ひいては「大乗非仏説」の主張でもあった。

『仏教統一論』は「大綱論」「原理論」「仏陀論」「教理論」「実践論」の五編からなる。「大綱論」の余論として巻末に加えた「釈迦に対する鄙見」「仏身に対する鄙見」「大乗仏説に関する鄙見」以下は、仏教界にごうごうたる世論を巻き起こし、このため村上はついに僧籍剝奪となった。大乗非仏説は前章でのべたように、富永仲基らによる自由研究があるが、村上はインド・中国仏教の源流を尋ね、富永仲基等をも引用しながら、仏教研究には教理的研究と歴史的研究が必要であるとのべ、「大乗非仏説論」は歴史論であると同時に、教理論でもあるとした。村上には「支離滅裂せんとする仏教理想の合同的一致を知らしめんがためなり」という、教団教学に対しての強い仏教統一の信念があった。

村上は井上に比しより研究的であった。その代表作は九〇年刊行の『日本仏教一貫論』である。本書は仏教を一貫する根本教義を十種にまとめたもので、従来の伝統的宗学に対して、泰西諸科学を参照しつつ、仏教論理を展開したものである。村上は仏教は宗教であるとともに哲学であると主張し、両者が相容れないとするのは、キリスト教を基準とする学説の誤りであるとしている。

九三年ごろから社会一般で従来の「破邪顕正」が反省されはじめるが、村上は『仏教忠孝論』(一八九三年)で、後述の「教育と宗教の衝突」事件を「仏教にはその関係なきものの如し」「耶蘇教と雖も我国に同化し得べきことなきに非るべし」と、井上に比較して冷静な論である。村上は批判的精神を基調とする自由討究によって、仏教把握をしようとし、井上の哲学的思弁的態度とは相違している。仏教近代化には村上の寄与が大きい。

井上らの啓蒙活動に促されて、多くの「革新」運動が展開された。それは教団仏教に留まらず、居士仏教も仏教「革新」に力をいれた。その努力は教学よりも、社会的活動に重点がおかれた。その主なものを挙げてみよう。

二〇年代初頭に新仏教の旗幟を掲げた者が多いが、特に中西牛郎は仏教ジャーナリズムに華々しい活動をした。彼は教団人でなく、少年時代にキリスト教の影響を受けたこともあったが、赤松連城との出会いから、仏教に関心を持ち、井上によって鼓吹された哲学仏教の主張を引っ提げて仏教革新に当った。八九年『宗教革命論』を著して以来、仏教革新書を矢継早に世に送った。また雑誌『経世博議』を主宰して、仏教革新を叫んだ。中西は仏教の真理を顕揚し、僧侶の頑夢を破り、社会に目を開かせ、それによってキリストに対抗しようとしたが、しかし彼自身は終りを全うしなかった。

水谷仁海は『新仏教』（一八八八年）その他を著した。『新仏教』の跋には久松定弘が筆を執った。その中に「吾人は思らく仁海師の如きは他日或は我仏教の一ルウテルたるも知る可らず」とある。

真宗本願寺派の北畠道龍は、ドイツ留学中に仏教が高尚な理論を持つことを知り、腐敗した教界を改革しようとした。彼は『法界独断』（一八八九年）で仏教寺院の改革を論じた。また北畠法話所を開いたりしたが、その山師的言動のため評判を落とした。

中西・水谷・北畠は廃仏毀釈後の仏教革新復興の波に乗ったが、多分にアジテーター的であり、仏教革新が売り物であり、その行動は終始一貫しなかった。

大道長安・田中智学

救世教を開いた大道長安（一八四三〈天保一四〉―一九〇八）や立正安国会を開いた田中智学（一八六一―一九三九）は、中西等のアジテーターと異なり、信仰の確立や教団の革新を志したものであった。

大道長安は越後に生まれ、得度して新潟県曹洞宗教導職取締りに進んだ。しかし、維新前後の人心不安に応えられない既成教団の信仰に満足できず、八六年曹洞宗僧籍脱却願いを提出し、信濃町（現長野市）救世会を起こした。曹洞宗は長安を擯斥《ひんせき》処分にした。九五年には東京に救世会本部を創立した。救世会は在家本位で、観音信仰を中心とした。長安は生涯独身で孤児の教育や囚人教誨にも当り、また貧困や疾病に悩む人々に、迷信や祈禱を斥け、安心を観音信仰に求めさせた。

救世教は「教憲」に観世音菩薩一尊を本尊とし、妙法華観世音菩薩普門品を正依の教典とし、「念聖解脱」の妙力門を安心の妙義と定めた。絶対妙念の聖観音を念ずることによって、「妙楽世界」の果を得ようとしたものである。そして、救世職として教主・教監・伝教師・伝教師補の四職を定め、「常規」として「救世職は救世浄聖の心を以て心となす」「救世職は救世浄聖の身を以て身となす」「救世職は衆生の苦楽を以て苦楽となす」の「三規」をあげ、守るべきものとしている。

救世教が宗教革新をねらったのは、「救世教新立理由書」によっても明らかである。

現時仏教信徒の状態多くは檀越的妄信にして真信あることなし。換言すれば形式的信仰にして実質的信仰にあらず。甚しきに至りては加持祈禱を修して現世肉体の倖福をして希求するの陋信あり。これ本教の此等群妄を排して真個の信団を樹立せんとする所以なり。

と誠に明快である。長安は在俗者として宗教革新を行ない、教団仏教等から圧迫を受けた。

田中智学は江戸に生まれ、日蓮宗に帰依したが、日蓮宗の宗風は日蓮の真意を現わしていないと考え、その革新を志して七九年僧籍を脱した。八〇年横浜に「蓮華会」を起こし、八四年出京して立正安国会を創設した。八七年「創業大綱領」を発表したが、その中に「宗教を以って経国の根本事業と為す」とある。寺檀制度を廃し、教会制度をとるべきことを主張している。九一年「宗門革命祖道復古義会」を起こし、前年には重野修史局編集長と、日蓮龍口法難無根説をめぐって論争した。しかし、田中智学の歴史的舞台は三〇年代にあるので、次章で取り上げたい。

㈡　仏教とプロテスタントの交渉

思想および伝道上の衝突

二〇年代の仏・基の衝突は、幕藩体制以来の切支丹（カトリック）とは異なり、近代化したプロテスタントとの衝突である。仏教もまた近代化というにはほど遠いが、哲学・理学を主とする「革新」仏教であった。両者の衝突点は信仰上の争いというより、国粋主義の勃興や内地雑居という政治的課題を背景としている仏教から、キリスト教への反動的攻撃が主であった。仏教側の『中央公論』が

仏者の運動は悉く反動的也。他動的也。内地雑居がせまりたるが故に準備せざるべからず、基督教がかくのごとくする故に黙し居るべからずと、ことごとく皆反動他動にして、絶て独立独行仏者一個の大運動なるものを見る能はず。

というのは的をついている。

しかし、この両教の交渉は近代宗教史からみて、一定の意義を持つことも否定できない。

仏教史からみて、この衝突交渉を通じて、まだ近代化をみていない仏教が、攻撃しつつ、逆に市民社会の宗教であるプロテスタントから、「近代化」を指導される一面がある。例えば仏教近代化の起点に立つ古河勇や、三〇年代の新仏教運動には、ユニテリアンの影響が深い。婦人解放その他もそうである。また二〇年代はプロテスタントにとっても、国粋主義の迫圧、自由神学による教義上の混乱、啓蒙的魅力の減少、社会的基盤の狭隘さから、プロテスタントの「縮退期」と目された時期であり、仏教からの批判の中で、キリスト教日本化の一助となったことも疑えない。

思想的衝突はあらゆる方面にわたるが、総括的にいえば、仏教からの攻撃は、(1)皇室とキリスト教は両立しないということ、(2)伝統的心情論からの護国即護法論という国体論、(3)キリスト教を含むヨーロッパによる植民地的危機観によるもの、(4)キリスト教の平等博愛観は民主共和制と表裏の関係にあるとするもの、(5)社会倫理や家族倫理をめぐる問題で、男女同権・一夫一婦制・廃娼・禁酒等である。

教理に関係するものは、(1)仏教の厭世論で、資本主義の上昇期を背景とするキリスト教からの攻撃、(2)仏教の汎神論で、科学や哲学の批判には耐えられるが、キリスト教の創造説や天帝説にはたえられないとするもの等であった。

伝道上の衝突は、仏教で最も事例が多いのは真宗地帯で、愛知・京都・福井県等の府県である。次いで日蓮宗で、山梨・千葉県等である。「鎮護国家」を教義とする天台・真言宗には多少あるが、禅宗は事例が余りない。真宗・日蓮宗に衝突が多いのは、伝道宗教のせいであるが、また信徒を一人失うことは、寺院経済上死活の問題でもあったからである。また真宗等は村落共同体と密着しているので、そこではプロテスタントの市民倫理を受容できなかったからである。日蓮宗は戦闘的性格を持ち、国粋主義的立場の一面が濃厚であったからである。しかし、伝道上の争いといっても、信仰的衝突というよりも、生活・文化・倫理上の衝突という面が主であった。

両教の信徒層はさまざまであるが、キリスト教は進歩的上層や新興中産層を伝道の対象とした。これに対し、仏教とくに真宗は共同体制が残る農村地帯に広がっていた。また仏教支持層では上層部も前述のように保守的傾向をとる人が多かった。

「不敬事件」「教育と宗教の衝突事件」

明治中期で両教の関係で注目されるのは、各地で起った「不敬事件」と、「教育と宗教の衝突事件」である。

九一（明治二四）年一月発生した内村鑑三「不敬事件」は最も著名なものである。一月九日の勅語拝戴式に、第一高等中学の嘱託教員内村鑑三が、勅語に敬礼しなかったと誤伝され、世論が沸騰した事件であった。内村の考えでは、愛国者は勅語の精神を実行することであり、敬礼することが重要ではない、また拝礼の対象となるのはスピリットがあるものだけで、スピリットのない紙片を拝礼するのは不合理というところにあった。

内村の態度は世論を硬化させ、内村を擁護した植村正久の『福音新報』も発売禁止となった。内村攻撃の急先鋒となったのが仏教であった。攻撃論説を掲げた仏教関係紙誌は数多いが、とくに著名なのは島地黙雷の主宰する『令知会雑誌《れいちかいざつし》』で、「不敬事件の顚末」「不敬事件を論ず」等の論説を載せている。しかし、本事件をめぐって攻撃した仏教徒に、内村ほどの愛国心をもったものがどれほどいたかは疑問としなければならない。

内村不敬事件に続いて、熊本英学校事件、山鹿高等小学校事件、八代高等小学校事件、空知集治監事件、松江第一尋常中学校事件その他が起こった。そして、多かれ少なかれ仏教徒が事件に加わり、キリスト教を攻撃した。英学校事件は、同校の教育方針が博愛主義に基づいたものであり、日本の倫理と反するというものであった。山鹿・八代事件では、教育勅語や、天皇の写真に不敬があったとしている。空知の場合も天皇の写真に関してである。

『教育時論』九二年一一月号に「宗教と教育の関係につき井上哲次郎氏の談話」が載った。井上哲次郎（一八五五―一九四四）はこの中で、勅語とキリスト教の相違点として、国家主義と非国家主義の相違、忠孝観重視の相違、現在と未来の重視の相違、差別的博愛と無差別的博愛の相違の四点をあげている。これに対して、キリスト教側の本多庸一・横井時雄らが反駁した。井上はこれに応えて、『教育時論』に再び「教育と宗教の衝突」を連載し、後に一書にまとめた。前記論文は仏教界に異常な反響を呼んだ。井上の論説に最も戦闘的に反駁したキリスト教徒は、高橋五郎（一八五六—一九三五）で、九三年六月民友社から『排偽哲学論』を刊行した。

もともとこの事件は、教育と宗教の衝突で、仏教とキリスト教の衝突ではない。しかし、井上擁護の最大支柱は仏教であった。その著名なものだけでも、井上円了『教育宗教関係論』『忠孝活論』以下多い。また仏教関係の新聞雑誌で本件を取り上げたものは『仏教』以下多い。また一般新聞雑誌もそれぞれの立場で論評している（拙稿「明治中期の国粋主義勃興期における仏教とキリスト教の衝突」『日本近代仏教史研究』著作集4、一九九二年）。

本件をめぐって仏教のキリスト教攻撃は、高橋五郎らへの感情的反発が主である。キリスト教は忠孝思想を否定し、国勢を弱め、日本精神を破壊するという議論、キリスト教的愛は兼愛で、共和制や社会党・共産党にも通じ、他国を植民地化し滅亡させるという議論、仏教は哲理に合致するが、キリスト教は道理に合致しないという議論等々で、信仰上の衝突という面がほとんど見えない。

本問題は、明治中期思想史上の大問題の一つであるが、キリスト教側の優れた論説は植村正久・内村鑑三・柏木義円・海老名弾正らによってである。仏教側では最も活躍したのは井上円了・中西牛郎らであるが、後に残ると思われるのは村上専精『仏教忠孝論』、古河勇の「『教育と宗教の衝突』を読む」くらいであろう。古河は感情論的な泥仕合的論争を愚としている。

教誨師事件と宗教法案問題

九九（明治三二）年の改正条約の実施に伴い、内地雑居が現実問題となる前後から、仏教・キリスト教の対立は政治問題化した。一つは教誨師事件であり、一つは宗教法案問題である。

九八年巣鴨監獄典獄であり、キリスト教徒の有馬四郎助が、余り成績の上がらなかった真宗大谷派派出教誨師四名中三名の辞職を求め、キリスト教徒の留岡幸助をこれに代えようとした。これに憤慨した大谷派の石川舜台らが反対運動を展開し、多くの仏教徒がこれに従った。事件は政治問題化し、監獄費を負担していた東京府会は留岡採用の反対決議をし、ついに九九年の第一三回帝国議会に「監獄教誨師に関する建議案」の上提となった。この結果有馬の転任、留岡の依願免職で局を結んだ（拙稿「巣鴨監獄教誨師事件」『改訂増補版日本近代仏教社会史（上）』著作集5）。

内地雑居実施後、宗教法案が議会に提出されるといううわさがあったため、仏教各宗協会は寺院制度法案の編成に取りかかった。そして、仏教を公認教とする内容の寺制法案草案を作製し、名称を仏教法案と改めて、内務省に提出した。一方政府は第一四議会に宗教法案を提出したが、内容は仏教法案の主眼を骨抜きにしたものであった。

真宗本願寺派の赤松連城《あかまつれんじょう》や、大谷派の石川舜台《いしかわしゅんだい》は、宗教法案の修正を政府に求めた。これに応じ大谷派の近角常観ら有志仏教徒国民同盟会が、京都の仏教公認教期成同盟会と共に、仏教公認教貫徹の運動を起こし、宗教法案反対を叫んだ。仏教界には賛成・不賛成の両論があったが、神道側でも反対したため、政府の宗教法案は、賛成一〇〇、反対一二一で否決された（柏原祐泉『日本仏教史・近代』一九九〇年）。

教誨師事件や宗教法案否定運動は政治問題化し、石川舜台の政治活動が特に注目された。しかし、両事件とも仏教の横車という側面があったことは否定できない。

㈢　日清戦争と仏教、仏教の社会的活動

日清戦争と仏教

仏教は日清戦争を全体的には「護国即護法」の論理で捉え、全面協力した。そして、日清戦争を仏教国アジア、特に中国を「釈迦の遺弟」として、中国覚醒の契機と考えた。その点、日清戦争を「義戦」とみた初期の内村鑑三に似ている。またその後の戦争に比し、「士」意識や「義侠心」も消え去っておらず、中国の故国に殉じた戦死者には「節」や「烈」として賞讃している。しかし、内村のように、日清戦争を契機に非戦論に進むものはない。仏教の不殺生戒も「義戦」によって免罪され、死後の「往生」に連続している。

各教団の戦争協力の二、三を挙げてみよう。真宗本願寺現如の日清戦争開戦に出された「垂示《すいじ》」は次の通りである。

苟も帝国の臣民たるもの此時に際し、宜しく義勇君国に奉ずべきは勿論、殊に本宗の門徒に在ては予《かね》て教示する処の二諦相依の宗義に遵ひ朝家の為国民の為御念仏候ふべしとの祖訓を

服膺し、専心一途報国の忠誠を抽し云々。（『本山事務報告』一八九四年八月六日）

とある。また日蓮宗でも九四年七月臨時報国義会を結成し、「立正安国の祖教」「報国の義気」を高調しているが、これらは多かれ少なかれ各教団共通であった。

日清戦争と仏教の関係では、戦地従軍慰問、戦病者・出征家慰問、捕虜撫恤《ぶじゅつ》、海外開教の四点を説明してみたい。

従軍僧の派遣は、早くから行なわれたが、正式には九四年一二月各宗本山惣代が連名で、参謀総長に申請し許可されてからである。天台宗奥田貫昭、真言宗和田大円、浄土宗荻原雲台・岩井智海、真宗本願寺派大洲鉄然、同大谷派平松理英等が著名である。従軍慰問と共に清・韓国人民の救済も行なわれ、特に真言宗山県玄浄らは現地で悲田院設立に着手している。さらに真言宗岩堀智道らは清国軍人戦死者追悼大法要を営むなど、仏教の「怨親平等」意識がまだ残っていた。その点日露戦争、特に太平洋戦争とは異なっている。

戦病者、出征家族慰問も盛んに行なわれた。特に広島陸軍予備病院慰問が盛んであった。このほか東京陸軍予備病院その他でも慰問が行なわれた。出征家族、特に貧困家族の救済が行なわれ、軍事援護を目的とする播磨仏教婦人報国会、群馬県甘楽各宗和協会等の団体が結成された。

日清戦争と仏教の関係で注目されるのは、「捕虜撫恤」である。『反省会雑誌』は、彼等もまたこれ仏教国民に非ずや、仏教徒五億万の数字中に在るものに非ずや、ひとしく釈尊の遺弟也、ひとしく弥陀心光中の善男子なり。

と捕虜救済を呼びかけている。

各宗とも捕虜撫恤に励んだ。海外では真言宗管長高志大了が軍規の許す限り、捕虜等の懇篤慰問を諭示した。第二師団付特派布教師岩堀智道は、盛京省海域の捕虜に「我等仏教僧侶亦平等大悲の主旨に依り博愛慈恤の道を説く、必ず儞《なんじ》等の為に其大幸を祈るべし」と書して渡している。

国内でも多数の捕虜を収容していた。真言宗高志大了は陸軍省から捕虜撫恤の許可を得た。同宗の山県玄浄は九四年一一月内務省警保局に自著『垂示俘虜法話』を届け出、正式に一宗の捕虜撫恤使に任命された。捕虜撫恤に最も活動したのが山県で、第一師団の許可を得て、山科俊海と共に、麻布赤十字病院収容の捕虜に法話を行なった。法話の内容に「本宗第八祖弘法大師昔往㆓支那㆒有㆓旧恩㆒」等の言葉が目につく。しかし、真言宗が捕虜撫恤に熱心であったのは「怨親平等《おんしんびょうどう》」の建て前もさることながら、平和回復後の中国開教に最もよい手段であると考えたからである。

天台宗は九四年一二月村田寂順が陸軍省から許可を得、関東に奥田貫昭、関西に芦津実全が派遣された。奥田は東京・佐倉、芦津は名古屋・大津・大阪・松山等で、手巾を渡し、法話をした。法話の内容に「怨親平等」「支那は仏教の故国」等の文字がある。

大阪では本願寺派津村別院、大谷派難波別院が捕虜収容所となり、東京浅草本願寺別院も捕虜を収容した。中国語の巧みな大谷派の小栗栖香頂《おぐりすこうちょう》が、通訳を介さずに説教を行なったので効果があった。日蓮宗では九四年一〇月各師団から許可を得、浄土宗愛知支校有志学生も、名古屋建中寺に収容された捕虜に巻煙草を配布している。捕虜撫恤使の説教には、「聖恩」の強調や、和平回復後の伝道開拓といった功利的目的もあったが、また「怨親平等」「仏教の母国」「両国民は同胞」といった観念も、まだ消えてはいない。

日清戦争を契機に海外開教が進んだ。中国には真宗大谷派が小栗栖香頂・谷了然らが七六年上海に東本願寺別院を開創したが、本格的開教は日清戦争後、九九年に清国開教本部を設けてからである。真宗本願寺派の開教も日清戦争後であった。韓国開教は、真宗大谷派が七八年に釜山に別院を置いたが、全国的開教は日清戦争終了後、奥村円心、同五百子の韓国内地布教の上申以後である。本願寺派も日清戦争を機としている。日蓮宗の渡辺日雲は八一年釜山に同宗の会堂を建て、浄土宗は八七年に着手した。台湾開教は日清戦争後、曹洞宗佐々木珍龍・足立普明らが着手し、本願寺派も台北・台中・台南に駐在員を置いた。

仏教徒には、日清戦争前の北村透谷のような平和主義者、そして、日清戦後の内村鑑三のような非戦主義者はいない。しかし、前線兵士の故郷に対する書簡にみえる慕情や、出征家族の生活の苦しさが新聞記事に生のかたちで訴えられることがみえ、そこにはある種の厭戦を呼びおこすような表現もあり、太平洋戦争では考えられない率直さがまだ許されていたことである（拙稿「日清戦争と軍事援護」『改訂増補版日本近代仏教社会史研究（上）』著作集5）。

仏教の社会的活動

横山源之助が九九年古典的名著『日本之下層社会』を著し、日清戦争を日本の社会問題の発生期としたが、この期の仏教には「国家」と「社会」を区別したものはまだほとんどない。天皇制「国家」を「社会」と誤認していた。また「社会主義」も諸雑誌に散見するが、「労働問題」を理解したものは皆無に近い。ただ『令知会雑誌』が長崎三菱高島炭坑坑夫虐待事件を、「仁人」的視点で取り上げる程度である。

社会的視点とまではいかないが、九〇（明治二三）年の第一資本主義恐慌を背景に、『明教新誌』主筆で曹洞宗の村上泰音が、「貧民救恤原論《ひんみんきゅうじゅつげんろん》」（『明教新誌』二七三一—七二号）という長文の社説で、「社会的」角度と「宗教的」角度から論じている。そこでは、まず貧困原因を米価騰貴・金融逼迫に求め、具体的に貧民の実情を説明している。第二に貧民救恤の主体的動機を道徳的・国家統治的・衛生的に分類し、仏教的動機として「無所得心的救《むしょとくしんてききゅう》恤《じゅっ》」をあげている。第三に「怠惰」な貧民をつくらないことを、法教者の役目としている。第四に法教者の救済は貧民の実情に従い「平等主義」に立脚する点が政府の救済とは異なるとしている。村上はまず財施を行なうべしというように、単なる精神論ではなかった。

この時期、二回の大災害に見舞われた。九一年一〇月に濃尾を中心とした大震災が発生した。各宗ではそれぞれ管長代理等を派遣して救済に当らせた。東京各宗協同仏教慈善会では、慈善演説会を開催し、托鉢による義捐金を募り、協会員を現地に派遣して救済に当らせた。『明教新誌』等の仏教新聞雑誌の救済活動もあった。とくに深見志運の慈無量講は地元であったので、その活動は目をひいた。

罹災者救済中注目されたのは孤貧児の救養である。福田会育児院は被害地に職員を派し、六歳以下の孤貧児を引き取った。大阪仏教婦人会は、慈恵女学院を設立し、六歳以上一五歳以下の孤女児二七名を収容し、満五年間衣食その他を給与することにした。このほか鹿多正規は孤児二〇名、佐藤香学は孤児一一名を養育した。救済をめぐって仏教とキリスト教の関係も注目される。

九六年海嘯は三陸沿岸を襲い、その被害が大きかった。仏教関係新聞雑誌のキャンペインは盛んで、『明教新誌』は真宗大谷派崇徳会特派員安藤正純を明教通信員として現地に派遣した。各宗務所もそれぞれ救済に当った。教団の災害認識は「生者必滅は穢土の習で会者定離は生界の恒なり」と、またその救済には「宿業」感も強かった。

仏教団体でとくに著しい活動をしたのは、東京府下真宗大谷派有志の真宗崇徳会であった。会は安藤正純・安藤嶺丸を現地に特派し、火葬夫二名を従えさせて死屍火葬に当らせ、また負傷者慰問をさせた。海嘯地方の孤貧児救済は、仏教・キリスト教共に当たり、近代育児事業の成立の原因となった。日蓮宗の皆川文明らは被害地の孤児一九名を引き取り、また日蓮宗臨時嘯害罹災孤児救済会を起こした。

仏教の慈善救済は徐々に組織化を示すものもあり、ボランタリーな活動もはじまった。救貧活動では九〇年各宗管長会議で仏教慈善会創立を決議した。八八年一一月滋賀県大津市真宗本願寺派田口義門は、近江婦人慈善会を発起し結成した。愛知県三河岡崎の浄土律院昌光寺深見志運は八五年四月慈無量講を結んだが、そこからは後の颯田本真尼らの慈善事業家も育った。

医療事業では九三年真宗大谷派橋川恵順発起で京都看護婦学校、九七年には真宗本願寺派の看護婦養成所が開設された。九〇年貧民救済の目的で松本順らは仏教博愛館の設立を発起し、各宗が協力している。

児童保護が盛んになり、特に育児事業・感化教育・貧児教育が盛んになった。育児では瓜生岩の福島鳳鳴会等である。感化院では八六年一一月開設した千葉感化院等である。仏教貧児教育では、大内青巒の努力で八八年一〇月簡易科小学校教員伝習所の設立をみ、貧児教育が盛んになった。

監獄教誨は、監獄局の奨励もあって、真宗が教誨師養成に力を入れ、真宗に一任の感があった。真宗本願寺派は一九〇〇年四月教務講究所を開き、大谷派は大学寮内に教導講習所を設けた。教誨師としては本多澄雲・間野闡門・山科凌雲・高安博道等の活動が著しい。

刑政としては大内青巒が建議した死刑廃止が著名である。釈放者保護（後の司法保護）は、真宗大谷派の大草保護場がはじめである。八九年「監獄則」の改正により、釈放者の別房留置の廃止に伴い、内務大臣の保護場設置の訓令が出た。特に九七年英照皇太后の逝去による減刑及び大赦の勅令発布があった。釈放者には再犯者も多く、またその居住場所や生計の方途をはかることが緊急事であった。これらの事情を背景に、仏教の免囚保護施設が各地に多く誕生をみた（拙稿「日本資本主義の形成と仏教社会事業」前掲書）。

(四) 仏教近代化の起点

近代思想・信仰の起点

明治中期といっても、初期の仏教国粋運動と、後期の近代仏教胎動期では、その教義把握の姿勢や、思想の形成には大きな相違がある。前期には護国即護法意識、キリスト教邪教観がまだあり、後期には宗教の歴史的研究や教理の自由研究という、批評的精神がある。そして、この近代化の胎動点は、一九世紀終末と二〇世紀の出発点と重なっている。その結末と出発点には、仏教思想や信仰がエネルギーを持ち、そのエネルギーが主体的思想や、信仰の獲得に向かったことは、清沢満之その他の人びとを引用するまでもない。

この時期の先導的進歩的役割を果たした仏教雑誌は、『反省会雑誌』(後の『中央公論』)『仏教』などである。殊に後者によった真宗本願寺派の古河勇(老川《ろうせん》、一八七一〈明治四〉—九九年)は、豊かな批判的精神に恵まれていた。彼は本願寺派の普通教校時代に、禁酒を旗印にした反省会に属し、明治学院にも学んだ。若死したが『老川遺稿』がある。古河は「教育と宗教の衝突」事件で、仏教はキリスト教の真理の根底をみていないと冷静に批判し、また国粋主義に乗じた知識至上主義の仏教把握と、その限界を鋭く衝いていた。

古河が杉村縦横（楚人冠）等と相談して、『仏教』に発表した「懐疑時代に入れり」は、新仏教形成への暁鐘となった。彼は仏教の歴史的研究を契機に、思想変遷の過程を「独断」――教祖を無上の信仰対象とし、宇宙の本体、霊魂の不滅など人智の知り得ざる問題。「懐疑」――人知の知り得るや否やを疑う。「批評」――前二者の折衷、その知り得るや否やを論決し、即ち独断→懐疑→批評→新たな独断の思想過程とした。そして、懐疑から生まれる新思想を媒介に新仏教が誕生するとみた。この自由討究は教団仏教の批判にまで及んだので、教団仏教からの非難攻撃があった。

古河はさらに「『懐疑時代に入れり』に付て」を発表した。彼は「懐疑」や自由討究は最終目的ではなく、新仏教に移る段階と考え、旧仏教に反駁しながら「仏教徒よ大胆なれ、一時切開の苦痛を恐れて腫物の化膿を来すは明治年間に生存する仏教徒のなすべきことにあらず」と呼びかけている。九四年一二月古河を中心に杉村らが自由討究を旗印に経緯会を結成した。古河は九九年二八歳で早逝した。彼の批判精神は、三〇年代の新仏教運動となり、経緯会は仏教清徒同志会として結実した。

東洋思想と西洋思想を内化し、近代信仰に高めたのは清沢満之である。その信仰獲得の

起点は、日清戦争がはじまる九四年である。それは彼の著名な回想が示す通りである（拙著『清沢満之』一九六一年）。即ち

回想す、明治二十七、八年の養痾に、人生に関する思想を一変し略ぼ自力の迷情を翻転し得たりと雖ども、人事の興廃は尚ほ心頭を動かして止まず、乃ち二十八、九年に於ける我宗門時事は終に二十九、三十年に及べる教界運動を惹起せしめたり、而して三十年末より、三十一年年始に亘りて、四阿含等を読誦し、三十一年四月教界時言の廃刊と共に此運動を一結し、自坊に投じて休養の機会を得るに至りては大に反観自省の幸を得たりと雖ども、修養の不足は尚ほ人情の煩累に対して平然たる能はざるものあり。三十一年秋冬の交、エピクテタス氏の教訓書を、披展するに及びて、頗る得る所あるを覚え、三十二年東上の勧誘に応じて以来は、更に断えざる機会に接して、修養の道途に進就するを得たるを感ず。而して今や仏陀は、更に大なる難事を示して、益々佳境に進入せしめたまふが如し。豈感謝せざるを得むや。明治三十五年五月末日。

西欧化の内化は、西田幾多郎を思い出すが、西田の先輩として、哲学を信仰に高めたのは、清沢満之である。

近代仏教の起点は、仏教教学近代化の起点でもある。まず仏教の歴史的研究は九四年村上専精らの『仏教史林』にはじまるが、同誌は史論・考証・地理・教史・伝記・雑録の六

部から編集され、自由研究、歴史的研究の批判的精神が基調であった。『仏教史林』の創刊号における村上の巻頭論文は、今や理論空論の時代から、史実の時代に入ったとするもので、この指摘は、学問研究ばかりでなく、思想史的発言としても重要である。村上は九八—九九年にかけて古典的名著『日本仏教史綱』を著した。その著名な『仏教統一論』も、大乗仏教でみる釈迦は、歴史的事実というより神秘的に伝えられた釈迦であるとし、宗派仏教の分裂状態をやめ、統一的合同をはかろうとしたものであった。『仏教史林』は境野黄洋・鷲尾順敬も村上をたすけて編集された。

近代仏教教学の発展は、欧米及びインドその他への渡航留学生により、サンスクリット・パーリ・チベット等の言語学的研究が進み、原始仏教の姿が明らかになりはじめた。七六年には真宗大谷派が南条文雄・笠原研寿をイギリスに派遣し、サンスクリットを学ばせた。特に南条が留学中、オックスフォード大学で出版した『大明三蔵聖教目録』は世界の学会に寄与した。

教団改革

教団の封建制改革、宗門革新は真宗大谷派の清沢満之によって行なわれた。大谷派の保守派渥美契縁によって、満之らによる新学制考案が挫折したのを契機に、満之を中心とする今川覚・稲葉昌丸らいわゆる白川党が『教界時言』を発行し、宗門革新運動をはじめた。その掲げた目的に、民主的手続きによる執事の選出、教学の確立等がうたわれているが、また制度組織の整備のため、宗制寺法の改正、末寺会議の開設、上局組織の改正、財政部の改正、地方部の廃止、臨時教学資金局の閉鎖、地方事務出張所および扱所の変更、布教・勧学の設定、人材登用の規定等、教団改革の諸事項も含まれている。一八九七（明治三〇）年大谷派革新同盟が組織され、ひとたびは渥美も執事の地位を退いた。革新派は宗制民主化の望みを、上席参務となった石川舜台にかけたが、根深い宗門の封建制により、予期に反して実現できなかった。そして、満之を中心とする革新派六名は宗内から除名された。この革新運動は、宗内末寺の協同運動とはならなかった。宗門革新運動は失敗に終ったが、その後の宗門革新運動に与えた影響は大きい（吉田前掲書）。

家族倫理

儒教倫理と結合していた仏教倫理、すなわち倹約・忍従・報恩等々、或いは仏教独自の輪廻や業等々も、近代倫理への変革転換は容易なことではなかった。しかし、この転換にプロテスタントとの接触が貢献した。その活動期は二〇年代前後からである。その全部にわたるのは困難なので、その中心となる家族倫理についてのみ触れてみたい。

家族倫理では夫婦関係が主である。因果応報説に立脚した「五障三従の女人」という女性観が支配的であり、女性の人権尊重も遅れていた。一夫一婦制や守貞はキリシタンによって導入されたものの、封建倫理との両立が困難で中絶し、近代に入ってプロテスタントによって再提示されたのである。

男女同権についても、まだ理解されず「輓近西洋にて頻りに男女同権のことを語れる我国の人々の中にもおのづからほしいままに様々のことをいひはやすものあれどもけだしは甚しき間違ひにして」というような議論が多く、仏教でも、キリスト教の同権論に誘惑されず孝貞忠順を守り、因果応報の理を信ずべきであると力説したものが多かった。

一夫一婦制については、一八八九（明治二二）年東京婦人矯風会有志が元老院に一夫一婦制を建白した。島地黙雷《しまじもくらい》の主宰する比較的啓蒙性の強い『令知会雑誌《れいちかいざっし》』でも、「その妾婢を蓄ふるはこれ内事に属して公然たる者に非ず。畢竟《ひっきょう》継嗣を重んじその他やむを得ざる事情に起因するに外ならざるなり」と、「内事」と逃げをうっている。

プロテスタントが、特に奇異に感じたのは教職者の妾を蓄えることであった。『同志社文学』は「社会風俗の振粛を論じて敢て両本願寺に問ふ」で、本願寺法主の妾を蓄えるのを厳しく非難した。これに対し真宗大谷派系の『能仁新報』は、「彼は我が蓄妾を非難して婬猥とし、恐れ多くもこれを以て、上貴顕を指摘したりき」と反駁している。

この時期、社会倫理活動の一環として、プロテスタントは廃娼運動の先頭にたっていた。プロテスタントは仏教を「存娼論」に与《くみ》するものとみなし、『女学雑誌』は、「仏教と邪淫」で「本願寺第一の金庫は、日本第一の娼妓産出地なり」といっている。事実仏教の檀家が娼家であったりして、仏教の性道徳認識は浅かった。また「非娼説」もなかったわけではないが、「廃娼」という社会化や運動化はほとんどなかった。

このような風潮を背景に九二年田村真臣の『日本の花嫁 The Japanese Bride』事件が起こった。本書は日本の結婚制度の封建制を衝いたもので、米国で出版されて邦訳され、国辱を外国に売るものとして発禁となり、仏教関係の新聞雑誌はあげて田村を非難攻撃した。その大部分は「売国奴」という感情的議論が多かった。

また入信をめぐって、個人の宗教であるプロテスタントと、家の宗教である仏教との衝突の事例も多い。それは主として親子関係をめぐるもので、前田慧雲は「耶蘇教は父子論を破壊する宗教なり」と断じている。

家族倫理以外で注目されるのは禁酒運動である。仏教にも「不飲酒戒《ふおんじゆかい》」があり、また真宗本願寺派普通教校の桜井義肇・沢井恂（後の高楠順次郎）ら一八人によって、八六年四月反省会が結成されている。機関誌『反省会雑誌』（一八九九年一月『中央公論』に改題）も八七年八月創刊されている。しかし、禁酒運動の主導力はプロテスタントにあった。プロテスタントは、仏教は表で「不飲酒戒」を呼号しながら、裏で飲酒にふけると仏教徒を攻撃している。

さまざまな封建的因習をかかえた仏教の庶民倫理は、仏教がプロテスタントを攻撃するなかで、近代市民倫理を学ぶことになった。

四章　帝国主義国家への出立と仏教近代化の形成

(一) 仏教教団の動向

帝国主義化と仏教

この時期を一九〇〇(明治三三)年から明治末年の一九一二年までとしたい。この時期は政治体制としては、日本帝国主義の形成期であり、経済体制としては資本主義の独占化の形成期である。そして、体制思想としては帝国主義思想、反体制思想としては社会主義、無政府主義思想である。反体制思想とはいえないが、個人思想として自我の覚醒と屈折をめぐりながら、ローマン主義や自然主義思想等も展開した。日露戦争後、桂太郎首相が「内は皇室中心主義を奉じ、外は帝国主義を実行する」といったのは象徴的である。〇六(明治三九)年六月文部省は「訓令第一号」で、青年子女の風紀頽廃、社会主義言論、厭世思想をあげ、建国の大義を強調している。そして、一九〇八年戊申詔書が発せられた。

これに応じて教団仏教は、帝国主義国策に動員され、政府の仏教再編成策に応じていった。「王法為本」「興禅護国」「鎮護国家」等の教説が著しく強調された。

この教団仏教の方向に対し、強弱はあったが、宗教として帝国主義との両立は不可能として、抵抗を試みる仏教や、仏教信仰の論理に徹する方向も生まれてきた。この二つは近代仏教を形成することとなった。

前章でふれた前期末からの仏教公認教運動や、内地雑居を目前とする宗教法案反対運動にも、新来プロテスタントに対する排外主義があり、国家主義的護法観があった。仏教各宗有志で結成した「雑居準備護法大同団」も、「皇室の尊重」「仏教の拡張」「外教防禦」「護国顕正」が旗印になっている。

朝鮮半島布教、三教会同

日韓併合とは一九一〇(明治四三)年八月二二日日韓両国間で調印された「韓国併合に関する条約」によって、日本が朝鮮を植民地にしたことを指している(森山茂徳『日韓併合』一九九二年)。この条約に基づいて朝鮮に総督府を置き、日本は朝鮮を支配下においた。

前章で記したように、真宗大谷派は一八七七年内務卿大久保利通、外務卿寺島宗則の意を受け、奥村円心らを送り、翌年釜山別院を設立したが、一時挫折した。日韓併合を機に朝鮮半島布教が進んだが、併合に際し、真宗大谷派法主は「垂示」に「韓国併合の大詔は炳《へい》として日星の如し。東洋の平和安全を保持する為め韓国を挙げて永遠に至仁慈なる聖明綏撫云々」とある。この皇民化政策は各宗とも同様であった。

日本仏教の朝鮮半島開教は、併合後急速に進んだ。朝鮮半島に対する日本の宗教政策は、日本諸宗教の布教活動を保護し、朝鮮半島在住の日本人の精神的よりどころとなり、朝鮮半島人信徒の増加、朝鮮半島における在来諸宗教やキリスト教の宗教活動を統制することにあった。しかし、仏教は皇民化政策の一翼を担い、特に日中戦争勃発後は、国家は国家神道を強制した。

朝鮮半島における布教活動を公的に定めはじめたのは、〇六年一一月の統監令第四五号「宗教の宣布に関する規則」である。併合後は一一年六月に朝鮮半島仏教を対象とした「寺刹令」が公布され、宗教統制を強めるために、一五年八月には「布教規則」が出された。その第四条に「朝鮮総督は布教の方法、布教管理者の権限及布教者監督の方法又は布教管理者を不適当と認むるときは其の変更を命することあるべし」(中濃教篤『天皇制国家と植民地伝道』)とある。本規則は布教者や信者の意志を無視し、布教の内容まで朝鮮総督の権限が及んでいる。

『仏教大年鑑』六九年版によれば、三四年現在で宗派数二六派、寺院一四三か寺、布教所四二二か所、布教者六一〇名とみえているが、そのうち主要な宗派の寺院数は古義真言宗一五、新義真言宗智山派六、浄土宗二二、曹洞宗二六、真宗本願寺派三六、真宗大谷派一〇、日蓮宗一三となっている。

日露戦争後政治では家族国家観が強調され、祖先崇拝が宗教的装いを持って、日本国民統合の精神的基軸の一つとなった。また中央に靖国神社、地方に護国神社が創設され、宗教的対象とした。日露戦争後政府は国民道徳の振興に努め、〇八年一〇月戊申《ぼしん》詔書を発した。中に「宜しく上下心を一にし、忠実業に服し、勤倹産を治め、惟れ信惟れ義、醇厚俗を成し華を去り実に就き、荒怠相誡め、自彊息まざるべし」とある。いわゆる「醇厚美俗」の強調である。日露戦争後は報徳主義の流行、武士道の鼓吹、儒教の復活をみた。そして、家族国家観を政治思想とする政府は、仏教の恩の思想や祖先崇拝に注目した。

一〇—一一年の大逆事件直後の第二七国会、一一年三月一〇日に村松恒一郎らによって「危険思想防止策」に関する質問が出され、これにたいして桂首相・平田内相・小松原文相は一八日

宗教が国民の徳性を涵養するに力あることは、政府に於ても夙に認む所なるを以て、神仏二道に対しても之が監督と指導とに依り、益々其の振興を促し、教化の目的に副はしめんことを期す

と答弁している。神仏二道と言い、キリスト教を加えていないことが注目される。

国家による宗教利用の頂点は、一二年二月行なわれた神・仏・基の三教会同で、政教界

の大問題となった。その直接契機は西園寺内閣の内務次官床次竹二郎が、大逆事件後の社会情勢に打った手であるが、仏教各宗は積極的に賛意を表し参加した。

この三教会同における決議案は

吾儕、今日三教会同を催したる政府当局者の意志は、宗教本来の権威を尊重し、国民道徳の振興、社会風教の改善のために政治、教育、宗教の三者各其の分界を守り、同時に互に相協力し、以て皇運を扶翼し、時勢の進運に資せんとするにあることを認む。吾儕宗教年来の主張と相合致するものなるか故に、吾儕は其の意を諒とし、将来益々各自信仰の本義に立ち、奮励努力国民教化の大任を完了せん事を期し同時に政府当局も亦誠心鋭意此の精神の貫徹に努められんことを望み、左の決議をなす。一、吾等は、各々其教義を発揮し、皇運を扶翼し、益々国民道徳の振興を図らん事を期す。一、吾等は、当局者が宗教を尊重し、政治宗教及び教育の間を融和し、国運の伸張に資せられんことを望む。

というものであった。この決議案は満場一致で可決された。三教会同は政治権力の宗教への介入という点から、反対運動も起こった。

(二) 近代仏教の形成(一) 社会運動と社会活動

新仏教運動

帝国主義国家が出立し、これに教団仏教が進んで協力すれば、仏教の教義からしても、これに批判・抵抗が出てくるのは当然である。仏教の近代化が帝国主義出立を背景とするのは興味がある。

古河勇によって種子をまかれた新仏教運動は、一八九九(明治三二)年一〇月仏教清徒同志会(後に新仏教徒同志会)として実を結んだ。境野黄洋《さかいのこうよう》(一八七一―一九三三)・高島米峰・杉村縦横(楚人冠)・渡辺海旭《わたなべかいきょく》らによってである。後に結城素明《ゆうきそめい》・伊藤左千夫・毛利柴庵その他も同人として加わった。同志会の綱領は次の六項からなっている。「我徒は、仏教の健全なる信仰を根本主義とす」「我徒は、健全なる信仰・智識・及道義を振作普及して、社会の根本的改善をつとむ」「我徒は、仏教及びその他宗教の自由討究を主張す」「我徒は、一切迷信の勦絶を期す」「我徒は、従来の宗教的制度、及儀式を保持するの必要を認めず」「我徒は、すべて政治上の保護干渉を斥く」である。同志会の綱領を解説した総帥格の境野黄洋は「健全なる信仰の要件」として、知識的であること、感情を重んずること、現世的であること、楽天的であること、活動的であること、倫理的であることの六つをあげ、新仏教の立場を明らかにしている。

新仏教とは、いうまでもなく旧仏教である教団仏教に対してである。「従来の宗教制度及儀式」の否定はむろん、「仏教及びその他宗教の自由討究」の主張は、仏教の歴史的研究をはじめ、特に従来のキリスト教「排邪観」は完全に吹っ切れている。同志会はユニテリアンとも親しい関係にあった。

仏教近代化の第一は、国家権力から宗教の自由を解放したことである。〇二年一〇月の中島徳蔵の哲学館事件の批判もそうであるが、〇六年六月の文相牧野伸顕の名で発せられた「文部省訓令第一号」や、特に一二年二月の三教会同には、機関誌『新仏教』をあげて強く反対した。

第二は、同志会は日露戦争にたいして反戦・非戦とまではいえないとして、会員の中に厭戦的傾向を示す者があったし、特に四節で紹介する林竹次郎（古渓）の反戦詩は目を引く。

第三に、新仏教運動は毛利柴庵等を除いて社会主義をとらなかったが、社会主義者、とくに平民社グループと親密な関係にあった。堺利彦の多くの書物は、高島米峰の経営する鶏声堂から出版されたし、幸徳秋水の遺著『基督抹殺論』も、大逆事件直後の物情騒然たる中で、高島米峰が刊行したものであった。

第四に、足尾銅山鉱毒事件や、その他の社会運動、社会事業に尽力したことは後でふれる。

第五に、風教問題として公娼の廃止等を提唱した。とくに乃木希典夫妻の殉死批判は、殉死が美談として、国民感情で受取られている最中だけに、勇気のいることであった。雑誌『新仏教』一三巻一〇号は特集を組んだが、道理として殉死をとることはできないとする論説が多かった。なかには殉死は蛮風で、情死や縊死と異ならないという主張もあった。雑誌『新仏教』は、急進的な論説を登載したという理由で、一一巻九号、一四巻一〇号等が発禁処分に付されている。本誌は一五年八月一六巻八月号を以って廃刊となった。大浦内相の時で、当局の弾圧と、同人達の生活上の変化からである。同志会はクラブの形で後年まで続いたが、事実上雑誌の廃刊と共に、その生命を失った。

同志会に内面的な近代信仰を求めることは無理である。その社会的発言も、独占化をはじめた資本主義理解もほとんどない。その発言の主たる方向は国家権力に向けられ、そこからの仏教の解放、つまり宗教に対する政治干渉の否定と、宗教の建て前として、近代的風教にあった。同志会の「自由討究」や「政治干渉の否定」は、仏教界に稀にみるものであるが、それは近代精神からの発言とまではいえず、まだ儒教的「俠」が働いている。しかし、社会認識がまだ育たないこの期の仏教界の中で、国家権力に対抗、批判したことは、社会への自覚の第一歩といえよう（拙稿「新仏教運動と二十世紀初頭社会の諸問題」『日本近代仏教史研究』）。

社会思想

日本帝国主義出立期に、社会に無関心と思われた仏教が、社会主義・無政府主義、或いは社会主義傾向を持った社会改良運動、または信仰形成という内面思想の中にも、帝国主義に対置する動きがあったことに興味がひかされる。むろん資本主義や帝国主義の理解も余りなかったが、帝国主義権力と宗教は両立できないと考え、それが宗教的実践に現われたことは、それなりに歴史的意味のあるものであった。資本主義的生存競争や優勝劣敗と仏教的無我や利他思想が、たとえ情感的なものに留まったとしても、両者の思想的両立は不可能であり、当然衝突は避けられないものであった。

一神論的キリスト教社会主義や、唯物論的社会主義はすでに思想的成立をしていた。しかし、仏教と社会主義の出合いは本期からである。むろん仏教はまだ社会主義についての社会科学的認識を欠いているが、高島米峰と友人のキリスト教社会主義者石川三四郎とは、論争の中で「汎神教からは必然的に、社会主義が演繹されると思わざるを得ない」といっている。この汎神教とは仏教を指している。それは唯物論的社会主義者堺利彦に対する、新仏教の同人田中我観の立場も、汎神論的社会主義の立場であった。

社会科学的認識を欠き、そして日露戦争後の巨大な日本の帝国主義権力に対し、出家否定の仏教教理を社会に実践しようとすれば、無政府主義的傾向の一面を生ずるのも無理からぬことであろう。大逆事件で「釈迦何物ぞ」という禅宗から内山愚童《うちやまぐどう》が、「悪人正機」をとる真宗から高木顕明が出て、世間を驚かせた。

一九〇一年日本最初の社会主義政党である社会民主党が結成された。平民社は日本社会主義運動の揺籃であった。運動の指導者安部磯雄・片山潜はキリスト教社会主義者、堺利彦・幸徳秋水は唯物論的社会主義者であるが、その平民社グループも科学的社会主義の理解はまだ浅かった。

このような状況の中で、宗教も、権力や独占資本に捨身で抵抗する社会主義者に、心情的親近感を持った。社会主義の宣伝行商をした小田頼造が一灯園に入園し、後高野山に入って修道者となったり、伊藤証信が大逆事件を論じ入獄したりする例もある。一方明治の社会主義者が持った「志士仁人」意識は、新仏教同人と共通であった。社会主義と仏教は、資本主義が生み出す社会問題の解決方法は異なるが、宗教者が初期社会主義運動を未来社会の宗教のごとく、理想主義的にとらえたところに、両者の接点があった。まだ社会主義運動も誕生期であり、そして、仏教も近代化形成のはじまりのころのことである。

この期の仏教紙誌には社会主義論説が多い。社会主義者に親近感を持った新仏教の境野黄洋・高島米峰は警察に尾行されていたし、杉村縦横も社会主義に関心を持っていた。毛利清雅（柴庵）は自分の主宰する『牟婁新報』に、荒畑寒村、管野すが（幽月）ら多くの社会主義者を抱えていた。『無我愛』の伊藤証信も社会主義者と親しかった。明治社会主義運動で見逃せない人物は加藤（後に加治）時次郎・佐治実然である。両者は仏教とも関係が深いが、社会主義者というより運動の相談役であり、財政的援助者であった。

大逆事件と仏教

比較的社会的関心が薄いとみられていた仏教から、大逆事件連座者を多く出して社会を驚かした。内山愚童（曹洞、死刑）・高木顕明（真宗大谷派、無期）・峯尾節堂（臨済、無期）・佐々木道元（真宗本願寺派出身、無期）・毛利柴庵（古義真言、家宅捜索）・井上秀天（曹洞、家庭捜索）等々である。佐々木は僧籍になかった。むろん彼等は幸徳秋水等のような知識層ではなかったから、社会主義や無政府主義の理解も高いものではない。しかし、彼等の実践にそれぞれの仏教思想が働いていることに関心がもたれる。

内山愚童には、禅と無政府主義の交錯がみられる。彼は教団仏教の虚偽性と、それに対する反感と共に、天皇制に対する抵抗という犠牲的精神の実践に、仏道があることを知ったのである。そして、献身犠牲は禅の「理性」の表現であり、それをもっともよく現わすものが無政府主義であると考えた。

内山愚童の著述は『入獄記念無政府共産』『帝国軍人座右の銘』『平凡の自覚』『獄中にての感想』があり、このほかにも『神奈川教報』を編集している。『入獄記念無政府共産』の重点は、小作米不納・徴兵拒否・天皇制否定の三点にある。その基本には越後の小作人の苦しい生活の見聞があるが、特色は誰も手をつけえなかった天皇制否定がある。予審判事が「第七回調書」で、「日本歴史始まって以来の大悪の書」といっている。

『帝国軍人座右の銘』は、軍人に集団脱走を勧めたものである。『平凡の自覚』は無政府主義的協同社会を考えたもので、最もよくまとまっている。「全人共力の自覚」こそ「平凡の自覚」と規定し、自覚的行動原理として民主主義が説かれ、比較的温和な論調である。死刑に際しての愚童の豪胆ぶりはよく知られている。

高木顕明は、弥陀一仏を頼む真宗大谷派の出身で、愚童の豪胆ぶりとは対照的であった。彼は内村鑑三の人格を慕っていたが、性格的にも優しかった。しかし、彼の住職する浄泉寺は被差別部落の中心にあり、浄泉寺門徒一八〇戸中一二〇戸は被差別部落であったといわれる。彼は部落解放に尽し、廃娼運動にあたり、とくに日露戦争中は反戦的態度をとり、仏教界その他の迫害に耐えていたことは特筆さるべきで、単に性格的弱さだけでは説明はつかない。

高木顕明は日露戦争中の〇四（明治三七）年、『余が社会主義』を執筆した。この中で高木は、自分の社会主義は社会的な社会主義ではなく、心霊上の社会主義としている。そこでは第一に貧富の懸隔のある現世を「濁世」とみて、仏国土の「真世」にこそ平和と幸福があるとした。第二にその実践として、権力・富力を否定し、「慈悲」を体認しながら、共同生活を営むことが自分の社会主義としている。「結論」で親鸞の「消息」を平和の福音とみて、平和こそ「真諦」にかなう道と結んでいる。高木は秋田監獄に送られ、崎久保誓一によれば、縊死したといわれている（安富信哉「闘諍と和平」日本仏教学会編『仏教における和平』一九九六年）。

紀州新宮のもう一人の被告峯尾節堂は、若い時、禅と無神唯物論は共通すると考え、宗教と社会主義は同じと判断した。しかし、間もなく社会主義から離脱している。そして、大逆事件に連座入獄後、一〇年一二月ごろから親鸞に傾倒した。節堂はこれより早く禅を離れていた。節堂は一六年ごろ『我が懺悔の一節』を著している。

上述の三人に対し、それぞれの教団は「悪平等撥無因果」をとる者として、「擯斥《ひんせき》」その他の処分に付しているが、彼等には、死刑ないし無期懲役に処せられる刑事的理由はなかったのである（拙稿「幸徳事件と仏教」前掲書）。

仏教の社会活動

仏教の社会活動の中で、労働運動は誠に貧弱なものであった。国家や資本家は、労資対立や貧富の衝突の緩和を仏教に期待した。仏教自らも中間者的立場をとった。その際動員されたのは、仏教教説の「調和」や「中」的思想であった。板垣退助が真宗本願寺派法主大谷光尊に勧め、光尊がとった社会的対策は、慈善事業を以って労働対策の肩替わりをしようというものであった。そのことが労働運動の合理的発達を阻害し、労働運動に慈恵性を持ち込む結果となり、仏教の労働問題理解を遅らせた。

日露戦争後、足尾銅山騒擾をはじめ各地にストライキが起こった。仏教紙誌の主な論調は、社会主義者の煽動を非難しつつ、四海同朋主義に立脚する「仏教社会主義」であった。この時期の仏教の労働者対策は、労働者慰安会と工場布教、工場伝道であった。布教内容も労資協調から女子労働者の風紀矯正で、その倫理道徳は、経営家族主義を益するものが多い。

古河市兵衛の経営する足尾銅山は、明治一〇年代から鉱毒を渡良瀬川に流し込み、下流の一三六か村の田圃五万町歩が被害を受け、三〇万農民の生活を危殆に落しいれた。

各宗とも救済に当ったが、仏教紙誌の主張で最も多いのは、本問題を法律問題、政治問題、経済問題としてではなく、人道問題、貧民救済問題としてであった。大内青巒は宗教的観点に立てば、古河市兵衛を憎み、政府の処置に不満を抱くことではないとしている。本事件には人道主義的立場からの仏教者の実地踏査も多い。即ち間宮英宗・島地黙雷・村上専精・椎尾弁匡・上田介堂・毛利柴庵らで、特に新義真言宗豊山派の小林正盛の「鉱山被害地跋渉録」は優れている。

具体的活動で注目されるのは、真宗本派築地別院の伝道協会等が医師を派遣し、被害の甚しい村には医療施設を設け、施療施薬の活動がある。

被差別部落の宗教はほとんど真宗である。この時期の被差別部落と真宗の関係は、大勢としては幕藩時代と余り変わらない。部落に「あきらめ」等の教説を説いていたこと、部落が教団や寺院にとって経済的基盤の一つであったこと、そして、行政等から打ち出される融和運動に仏教教説がとり入られたこと等である。一九〇二(明治三五)年九月、真宗本願寺派大日本仏教慈善会財団布教使による、部落に対する差別的暴言があった。事件が起こった和歌山県で、部落改善につとめていた岡村弥らは、これを糾弾した。本願寺派は一一月前記布教使を免住職罷教師処分にした。

仏教は改善の範囲内ではあるが、被差別部落に対し改良策を進めた。山口県河野諦円の婦人善成会・男女進徳会の結成、久米村信用購売利用販売組合設立による部落改善、京都府の西田教覚による婦女子悪習矯正や夜学開設その他がある。解放的視点での珍しい例は、前記和歌山新宮の高木顕明である。高木が住職した浄泉寺は門徒一八〇名中、一三〇人が部落人口であるといわれる。他の寺院から「穢多寺院」と軽侮されながら、部落の人びとと寝食を共にしつつ、部落解放や救済に当った。

この時期に従来の慈善救済事業が組織化した。産業革命は新しい貧困層を生み、それに対しての国家の要請も加わって、仏教の慈善事業も新しい様相を呈した。組織化の契機は、一九〇八年九月の内務省主催感化救済事業講習会で、これを契機に翌年仏教同志会の結成をみた。しかし、不振で一二年三月渡辺海旭の指導のもとに、仏教徒社会事業研究会ができ、一四年六月第一回全国仏教徒社会事業大会を開いた。公的機関で「社会事業」を名乗ったはじまりである。一九〇一年真宗本願寺派は板垣退助の勧めもあり、大日本仏教慈善会財団を結成した。一一年真宗大谷派も大谷派慈善協会を結成した。

施設としては、防貧施設も誕生した、即ち真宗大谷派大草慧実による一九〇一年四月設立の東京本所の無料宿泊所、一一年七月浄土宗渡辺海旭による浄土宗労働共済会等である。

救貧事業としては、一〇年浄土宗松濤神達による東京養老院である。災害救助活動は一九〇五年東北大凶作に対する東北仏教各宗連合会、一九一〇年八月関東大水害に対する天台宗浅草寺の救済活動、特に医療活動が著しい。医療保護としては古義真言宗祖風宣揚会による一九〇九年九月開業の京都東寺の済世医院がある。特筆されるのは一九〇六年一〇月設立の日蓮宗綱脇龍妙によるハンセン病患者の医療施設深敬病院である。児童保護としては一九〇五年四月の養護施設浄土宗平安養育院がある。この期は各宗による各県の代用感化院の設立も多い。

監獄教誨は真宗本願寺派が、一九〇〇年四月教務講究所を設け訓練した。免囚者の保護施設も各地に誕生した。廃娼運動は新仏教徒同志会が着手し、禁酒運動は高島米峰・渡辺海旭らが尽力した（拙著『改訂増補版日本近代仏教社会史研究（下）』著作集6、一九九一年）。

(三) 近代仏教の形成(二) 信仰と教学

精神主義、求道学舎

明治二〇年代の仏教の自然科学的、哲学的研究に対し、三〇年代は宗教の自律性をはかる運動が現われたのが特色である。それは信仰の近代化といってもよく、そこではすでにキリスト教に対する「護法」等は姿を隠している。その代表的人物は清沢満之(一八六三―一九〇三)である。清沢の回心についてはすでに触れた。

清沢満之の信仰体験に基づいた思想は、「精神主義」と呼ばれている。清沢は精神主義を、第一に自家の精神内に充足を求めるものである。第二に自家の確立を先要とするが、外物を排斥せず、自己一偏を目的とせず、協共和合によって、社会国家の福祉をねがうものである。第三に精神主義は完全な自由主義であるが、自由に伴う彼我の衝突を意味しない。完全な自由と完全な服従は平行するもので、服従に伴う煩悶憂苦は、他より興るのではなく、自己の妄想から起こると考えるから、精神主義の実行が進歩すれば、苦悩も退散するといっている。そして、精神主義は世に処する実行主義と結論づけている。

清沢は弱肉強食主義や競争主義を著しく嫌い、「和合」や「同情」を主張した。その点帝国主義の出立に対置する点がある。進歩主義や生存競争は、近代の特色である。しかし、宗教の近代化とは、反近代の姿勢をとり、宗教の自律性を護る場合がある。真宗の教義に即していえば、「真俗二諦」から「俗諦」を切り離し、「真諦」を主張することが、真宗信仰の近代化である。

清沢の「仏教の要義」たる「公共主義の大慈悲」は、仏教の普遍主義の確信に基づいている。それは資本主義的競争主義や、清沢の死前後からはじまる日本帝国主義、その表現としての富国強兵に対置している。それは明治人として天皇個人に親近感を持つことと関係がない。この「公共」「和合」「同情」などが宗教的普遍性として「大慈悲」に昇化されているのである。

清沢の時代にすでに「個我」や「自我」の覚醒がはじまっている。しかし、強力な帝国主義や軍国主義はこの覚醒を押しつぶしにかかる。清沢の精神主義は、この近代的自我の救いのない絶望の淵からの救いの役目を持つものであった。

島地黙雷らの国益仏教、井上円了らの百科全書的仏教を離れたところで、清沢の信仰仏教は樹立された。「如来の仏教」という信仰の純粋性と、「地獄・極楽の有無、霊根の滅否は無用の論題なり」と従来の伝統的宗学から離れ、「異安心」ともみれる信仰に、清沢の近代信仰があった。

清沢の死の一週間前に書いた「わが信念」によくその信仰が現われている。清沢は一級の哲学者であり、その著『宗教哲学骸骨』は学問的書であると共に、その信仰と不可分の関係にある。哲学を突き抜けながら、しかも信仰にまで高めたところにも、その近代性がみえる。

清沢のこのような信仰を中心に集った場所は、東京本郷の浩々洞《こうこうどう》である。浩々洞を代表する同人の代表は佐々木月樵《げっしょう》・多田鼎《かなえ》・暁烏《あけがらす》敏《はや》があり、後にも浩々洞から曽我量深・金子大栄ら影響力のある人を生んだ。清沢に明治人らしいナショナリズムがあり、その後継者達に、戦争に協力した人びとがあったことも否定できない（拙著『清沢満之』一九六一年）。

清沢満之と近い関係にあったのは、同じ真宗大谷派の近角常観《ちかずみじょうかん》（一八七〇―一九四一）である。求道学舎を設け、雑誌『求道』を発行した。近角は『歎異抄』を広く社会に紹介したが、また東京本郷森川町の求道会館によって、大学生等に親鸞教を説き感化を与えた。教えを受けた人に岩波茂雄・中野正剛・谷川徹三・嘉村礒多その他がある。

近角の信仰生活は『懺悔録』と『信仰の余瀝』『歎異抄講話』その他がある。近角の入信は九七年で二七歳の時であった。この点兄事する清沢の回心とほぼ時期を同じくしている。両者の入信内容は、共に古い宗学に拘泥せず、自由に親鸞を追体験し、また解釈の方法も同じであったが、その内容は必ずしも同じとはいえなかった。近角は清沢を敬愛していたが「清沢先生は理想を行く人、自分はそれが砕けたところから信仰に入ったのである」といっている。清沢は理づめで、そして、激しい苦闘の生涯の中で信仰を樹立していったが、近角の信仰は情熱的純一的で「愛山護法」の精神も強く、それがストレートに『歎異抄』その他に結びついている。清沢は在俗者からの出家であるが、近角の場合、父常随の信仰の影響が大きかったことも、両者の相違点を生んだ理由の一つであろう（吉田編解説『明治宗教文学集（一）』一九六九年）。

無我愛と一灯園

仏教思想も日露戦争後は、日清戦争後と異なる。いわば転機を迎える。真宗大谷派の伊藤証信が洋々たる前途を捨て、貧困者の集団地巣鴨の大日堂にこもり、無我愛の体験をしつつ、雑誌『無我の愛』を発刊したのは、〇五（明治三八年）六月である。伊藤の回心は〇四年八月二七日で、無我の愛を次のように説明している。

宇宙の真相は無我の愛也、宇宙の組織せる一々の個体は、その真相において無我愛の活動也。即ち、一個体が自己の運命を全く他の愛に任せ、同時に全力を献げて他を愛する。之を無我愛の活動といふ。

いま無我愛思想の特徴を整理してみると、(1)宇宙の中心を愛意識とみて我執からの解放をはかったこと。(2)周囲と自己の障壁を除いて、両者が愛し愛されていることを自覚すること。(3)一切の我執から解放された個人を中心として、自己以外に主義を持たないこと。(4)社会的に最も強く我執が現われている帝国主義や独占資本、それを国策とする軍国主義や政治権力から人間の解放を考えていることである。それはまた独占資本形成等の社会変動の中で、事業の失敗蹉跌、理想と現実との矛盾、死生問題等を背景としている。若い日の河上肇も無我苑入りをし、『人生の帰趣』等を書いている(三宅守常『無我愛　哲学の基礎的研究』、一九八九年)。

仏教そのものとはいえないが、西田天香の一灯園の出発も日露戦争期である。一灯園は綱島梁川の『一灯録』からヒントを得たもので、〇五年西田三二歳の時であった。七二年滋賀県長浜に生まれた西田は、九一年徴兵忌避のため北海道に渡った。北海道開墾の挫折の原因は小作人・労働者と地主・資本家の対立であった。西田はすべてを捨てて路頭の人として生き、労働の報酬を求めず、自分のために生きず、捧げつくす生活をはじめた。

この回心は著名な二一年の『懺悔の生活』に現れている「嬰児の泣き声」である。そして一灯園は生存競争を否定し、無一物・無所有の共同生活を通じて、社会を変革しようとした。西田の回心について、山折哲雄は「赤ん坊の泣き声――西田天香の場合」（『近代日本人の宗教意識』一九九六年）で説明している。西田は資本主義社会における生存競争の現実を否定したが、それは各個人の生活態度の変革が主であり、社会の変革ではなかった。

田中智学と本多日生

田中（一八六一―一九三九）は優陀那日輝流の摂受主義教学が肌に合わず、一たび得度したが、一八七九（明治一二）年還俗した。一九〇一年『宗門の維新』を著し、宗門の革新を叫んだ。その要点は宗法・制度・教育・布教の四点である。宗法においては、再び日蓮に帰って、自由討究的異義邪説を撲滅するという「復古的」態度である。しかし、制度その他については「進歩的」態度で改革に当らんとした。そして、全体としては「退嬰主義」を排して「侵略的態度」をとるとした。

田中の「侵略的態度」は世間で有名になった。それは人類を日蓮の妙道に帰せしめるもので、『法華経』における「折伏」は、経典自体の持つ「妙力」であり、単なる手段とは考えなかった。法華折伏主義、田中の言葉でいえば「侵略的態度」を「宗是」と定め、「法華的侵略」すなわち「聖侵略」を展開しようとしたのである。高山樗牛は本書の「侵略的態度」に感激し、居を田中の住する鎌倉に移し、指導を受けた。樗牛は愛国者日蓮像を否定し、上行菩薩の自覚に到達した日蓮を重視したのである。

田中智学は〇二年『本化摂折論』を刊行した。「序言」で「予は折伏主義の主張実行者として」とのべている。田中は摂受・折伏を共に日蓮教学の母胎と認めつつも、折伏主義を基本とすることを説いたのである。

『田中智学先生略伝』(一九五三年)を著した田中芳谷は「あとがき」で、「その国体学は〇二―〇四年が分水嶺で」〇四年以後は日蓮主義に立つ日本国体学の構築、啓蒙宣伝で、単なる国体学ではないといっている。田中智学の国柱会は日蓮の「我れ日本の柱とならん」からきているが、彼の日蓮主義が国家迎合的な「国主法従説」なのか、或いは「法主国従説」なのかは議論が分かれる。日露戦争の〇四年「世界統一の天業」で、万邦統一の使命を持つ日本国体と、諸経を統一する法華経精神とを「先天的に王仏冥合している」とのべ、同年の『勅語主義』では「妙法の大理想」と「道徳的国家」の調和により、「世界統一の大業」を成し遂げることをのべている。

本多日生は一八九二年日蓮宗の剃牒処分を受けたが、九五年僧籍に復し、九八年顕本法華宗の宗名公認が認可され、一九〇五年管長に当選した(磯部満事『本多日生上人』一九三一年)。この点還俗で通した田中智学と異なる。

本多は大逆事件公判を傍聴し、その後いわゆる「危険思想」の防止に努力した。一一年地明会を結成し、翌年帝都布教道場統一閣を結成したが、大正以後の活動は次章に譲る。

今北洪川と釈宗演

今北洪川は円覚寺派管長に就任したが、岩国永興寺時代に『禅海一瀾』を著した。「知」より「行」の人である。『一瀾』は儒の古典語三〇則を選び、禅的解釈を施し、儒家の排仏的陋習を正さんとしたものである。その禅風は単に典籍を提唱するものと異なり、体験と思索の上に積み重ねられたものである（鈴木大拙『今北洪川』一九九二年）。洪川の進歩的側面は弟子の釈宗演《しやくそうえん》（一八五九―一九一九）に継受された。宗演は慶応義塾に学んだが、それは仏教に世界的普遍的解釈を与え、とりわけ禅を世界に宣布したいと考えたからである。宗演は仏教の革新を目指した世界主義、合理主義的な新しいタイプの指導者である。死者よりも生者に対する布教、そして、僧侶よりも在家信者に仏教の将来を期待した。彼の禅の世界的弘布は弟子の鈴木大拙によって達せられた。

宗演の多くの論文を集めた『筌蹄録』（一九〇九〈明治四二〉年）の「禅の要旨」に世には遠く俗塵を避けて山に入りひとり自らを高うするものがあるがそれ等は禅の本旨を得たものと云はれない。禅は何処までも血あり涙あつて俗世間のものを救ふといふ大慈悲心のあるものでなければならぬ。

と力説している。また「産業と社会」で、宗教的信念を基礎とし、社会的活動の原動力となってこそ、大乗仏教の本意であるとしている。

夏目漱石は早くから仏教に関心を持ち、晩年「則天去私」を標榜した。『こゝろ』『明暗』を書き、『門』で宗演への参禅を描いている。漱石の作品には仏教に関係したものが多いが、それは学問としての仏教ではなく、信仰者としてのそれである。

曹洞宗の忽滑谷快天《ぬかりやかいてん》も、明治後期に近代的思惟に耐え得る禅仏教の展開に力を尽した。キリスト教から出て、仏教に近づいた自我の救済を宗教に求めんとした人も多い。綱島梁川は『予が見神の実験』(一九〇五年)で著名になったが、清沢満之の精神主義に近似した思想を展開した(『新島襄・植村正久・清沢満之・綱島梁川集』明治文学全集46、一九七七年)。

また木下尚江はキリスト教社会主義者として活躍したが、〇六年『懺悔』を書いて隠遁生活に入った。木下には『日蓮論』(一九一〇年)、翌年の『法然と親鸞』等の著作がある。『日蓮論』は日蓮愛国者像の否定ではあるが、彼の社会主義時代への反省的懐疑的自己批判が見える。

仏教学の近代化

江戸時代以来の護教的宗学から脱して、自由にして科学的な近代仏教学の途を歩みはじめたのは、明治後半期からである。それは単に研究にとどまらず、近代仏教思想にも寄与した。それにはさまざまな理由があるが、日清戦争前後からの「自由討究」が基本的要因であるが、またヨーロッパへの渡航留学生によって、近代的インド学等が輸入摂取されたからである。もともと日本の仏教研究者は漢訳仏典の造詣が深かったから、サンスクリット・パーリ・チベット等の語学を身につければ、ヨーロッパ仏教学の水準を抜くことは難事でない。事実サンスクリットにおける南条文雄《なんじょうぶんゆう》・笠原研寿・高楠順次郎・荻原雲来・渡辺海旭、パーリ語の高楠順次郎・長井真琴、チベット語の河口慧海の世界的業績がある。折りからM・A・スタインをはじめとする西域学術探険や、河口慧海によるチベット探険が行なわれた。

これらのアカデミックな研究を手がかりとして、原始仏教の性格も明らかになってきた。たとえば清沢満之は『阿含《あごん》』の研究を通じて、その近代信仰を形成する一因とした。姉崎正治の根本仏教の考え方も、近代仏教研究の一時期を画した。仏教研究において、「人間精神の人文史的発達の開明」を期した姉崎は、研究方法を歴史的手法に求めた。釈迦や各宗祖の現実が歴史的研究によって明らかになると、近代思想家や文学者による研究・創作の対象となった。親鸞・日蓮・法然が好んで取り上げられた。

思弁的な仏教の哲学的研究より、生きた現実的な仏教史が問題となった。その意義はすでにのべたが、その結果である明治の大乗非仏説論の双璧は、村上専精と姉崎正治である。姉崎には『仏教聖典史論』(一八九九年)その他があり、村上の『仏教統一論』についてはすでに触れた。

(四) 日露戦争と仏教

戦時仏教

日露戦争の勃発と共に、内務省は「訓令」第三号を発し、宗教の時局に対する態度につき訓示した。政府は宗教に対し、戦威昂揚はむろんであるが、国債の応募、恤兵、遺族援護等を期待した。〇四（明治三七）年五月神儒仏基教は、芝弥生館で日本宗教大会を開催し、

日露の交戦は日本帝国の安全と東洋の永遠平和とを図り世界の文明正義人道の為に起れるものにして、毫も宗教の別、人種の異同に関する所なし。故に我輩宗教家は、宗派人種の異同を問はず、此に相会し、各自公正の信念に愬へ、相与に奮て此交戦の真実を宗内に表明し、以て速に光栄ある平和の回復を見んことを望む。

と宣言した。

各教団はあげて戦争に協力した。例えば〇四年二月二五日東本願寺彰如の「消息」は

専ら報国の忠誠を抽んじ、軍気の振興をはかり、又軍役にしたがふものは、すみやかに他力本願を信じて、平生業成の安心に住し、身命を君国に捧げて涓埃の報効をはかるべきものなり。

である。具体的施策は、真宗本願寺派は開戦と共に「臨時部」をおき、〇四年二月「臨時部出張規則」を定めた。その管掌事務は、(1)軍事献納又は恤兵金品寄贈奨励、(2)軍事公債国庫債務応募、(3)出師凱旋の送迎慰問、(4)軍人留守家族の慰問及び救護、(5)軍人傷病者の慰問、(6)戦死者の葬儀及追弔、(7)戦死者の慰問及救護で、戦時協力策の大体がわかる。日露戦争には教団はむろん、仏教輿論の大部分も戦争正当化の論説を発表した。最も多いのは戦争を「法為」とする正当化である。次いで「東洋の平和」とする名分論で、日露戦争は正義の戦争であり、慈悲的行為とする見方である。

軍事援護

開戦と共に各宗派共に、派内末寺に軍事援護に関する「諭達」を発している。禅宗の連合各派は〇四（明治三七）年二月管長名で、末寺一般寺院に

本宗僧侶に在りては、此際本分の職を愆《あやま》らず興禅護国の宗義に遵《したが》ひ各自檀信徒に対し義勇奉公の精神を鼓舞すると同時に節約を旨とし分に応じ軍資の応募・恤兵及遺族の救護等愛国的

の至情を扶け之か奨励に勗《つと》め其軍役に在るものをして安心立命の皈着を誤らしめす身命を国家に致し勇往邁進以て国威を海外に発揚し内外一致同心戮力宜しく大詔の聖旨に奉答せんことに努むべし。

と達した。

寺院住職も盛んに軍事援護に尽した。『六大新報』は「遺族救護事業に就いて」「戦死者及遺家族の優遇につき」「再び戦病死者の遺族につき」等の社説を発表している。本誌論説に関係している古義真言宗の毛利柴庵は社会主義者とみられているが、また主戦論者でもあって、出征家族自助団を組織している。このほか真宗本願寺派仏教慈善会財団は、〇五年二月軍人遺孤養育院を設立し、同派築地本願寺は〇三年四月出征軍人幼児保育所を開設した。

傷病兵の援護も行なわれた。各宗管長による、各陸海軍病院の慰問も行なわれたが、特に社会の注目を集めたのが、いわゆる「廃兵」問題である。廃兵院は〇六年九月東京渋谷に創設された。本願寺派軍隊布教師松浦貞憲は、廃兵院に如来堂を寄贈し、築地本願寺有志信徒、東京牛乳組合と共同で、〇七年七月廃兵救護会を組織し、松浦が会務に当たった。そして、「廃兵」慰藉と家族救護を目的に、醍醐館と称する六軒長屋二棟を新築した。

日清戦争ほどではないが、日露戦争においても「怨親平等」の見地から「捕虜撫恤」が行なわれた。天台宗妙法院には日本海海戦の捕虜が収容されていた。〇五年八月戦没者冥福祈禱会も行なわれている。智積院・本国寺でも捕虜を収容していたが、盆会に当たるため捕虜を集め、妙法院門跡村田寂順が「願文」を読んだ。その中には「立教雖レ異所レ帰一。至二其怨親平等一自他不二、極旨渾然融会。寔是不可思議之妙法門哉」と述べられており、ロシアが信ずるキリスト教的愛と仏教的慈悲は、終局において一致するとしている（拙著『日本近代仏教社会史研究（下）』著作集6）。

日露戦争における非戦・反戦

日露戦争に対し、新仏教徒の林竹次郎（古渓）は非戦論をとった。林は戦争中の〇四（明治三七）年六月「煩悶録」で「戦勝の祈禱は、人類を相手にする宗教のやることとしては、実に矛盾の甚しきものなり。宗教家及教育家は、戦争に対してよろしく超然たるべきなり」と警告している。詩人林古渓には「兵馬倥偬《こうそう》」（『新仏教』六巻二号）という非戦詩というより、反戦詩に近い作品がある。

一時雨過ぎ行きし後、木枯も音なくなりつ。月冴えて寒さましゆく、霜いてし都大路に、くつの音、車のひびき……をののく胸をしづめて、つつしみて耳聳つれば、幾むれの馬のいななき。あはれこは、何のためぞも、『昨夜《よべ》はしも、車を徴《と》られ、今日はまた、馬めし出され、明日こそは、我子征戦《ゆく》べき。』声高にののしりゆくは、みちのくに三春の野辺に、世を老いし馬飼下部……馬たらず、馬をせめとり、人足らず、人を召しよせ、車足らず、車めしあげ、銭たらず、みつぎまた取る……罪討つと、まず罪つくり、不義うつと、おのが不義をす。義戦なき、春秋のみにあらずけり……田も畑も草生ひしげり、厨には蜘蛛ぞうしはく（下略）

戦時中新仏教徒の境野黄洋・和田不可得その他も厭戦的立場をとった。境野は一九〇四年三月「戦争と今の仏教家」で、戦争は理性を失った野蛮行為で、職業軍人や資本家に利益はあるが、戦争で苦しむ者は下流貧民である。自分も非戦論者にならざるを得ないといっている。

戦争直後、戦勝の宴に狂っていた最中、無我愛の伊藤証信は、三つの日露戦争関係の批判的論文を発表し、戦争の罪悪性を衝き、絶対永遠の平和を主張している。

日露戦争中ではないが、大逆事件の内山愚童は反戦論を主張し、『帝国軍人座右の銘』を執筆した。高木顕明は各宗寺院が戦捷祈願に熱狂していることに批判的であったし、各宗寺院の戦捷記念碑建立に反対したので、各宗寺院の怒りをかっていた。

大逆事件で家宅捜査を受けた新仏教徒同志会の曹洞宗井上秀天は、無抵抗主義の平和論をとった。日露戦争中も平民社の反戦論に興味を持ち、〇六年に「須磨病間録」を執筆し、第一次世界大戦前後にも「虎嘯録」「須磨の浦より」で戦争批判をしている。それは国際的視野からの東洋的平和論であった。

五章　大正デモクラシーと仏教

㈠ 仏教教団の動向

仏教連合会の結成、僧侶参政権問題

大正時代の基本問題は、独占資本の成立と階級分化、米騒動や一九二〇（大正九）年恐慌と資本主義的危機のはじまり、そこから生ずる社会問題が中心である。と同時に政党政治の実現、憲法擁護を目標とする大正政変、普選法案の議会通過、対外的には第一次世界大戦、シベリヤ出兵、対中国二一か条条約等の海外侵略、ロシア革命と日本共産党の成立、治安維持法の成立、加えて関東大震災の勃発等である。

思想的には吉野作造・福田徳三らの民本主義、河上肇・武者小路実篤ら、或いはトルストイの影響等のヒューマニズム、山川均らのマルクス主義、安部磯雄らのフェビアン系社会主義、プラグマティズムや綴方運動等である。

総じていえば、内は立憲主義と社会問題、外は帝国主義という中に、仏教がおかれるわけである。

教団仏教の中心仏教連合会は、一五年秋仏教懇話会を改め、一三宗五六派の結集を図ったものである。仏教連合会が母胎となって、一六年六月には仏教護国団が結成された。その目的には国民精神の振作統一や尊皇護国、済世利民を掲げ、具体的には欧州戦局や中国動乱への対処であることをのべている。

中国動乱とは、二五年の日本の「対中二一か条要求」に伴う中国侵略や、中国各地の排日運動を指している。護国団は各地にも設立された。

仏教連合会は各方面の政治運動を行なったが、一六年三月文部大臣に面会し、「宗教制度調査に関する申請」「神職と神道教師区別に関する申請」等四項の申請書を提出した。中に宗教教師僧侶参政権を求める項目がある。二六年五月「宗教制度調査会官制」が公布され、会長平沼騏一郎ら四五名の調査会委員が任命された（土屋詮教『大正仏教史』一九四〇年）。

仏教連合会は二一年二月東京芝増上寺で僧侶参政権問題仏教徒大会を開き、「民心統一挙国協同の実を示す」ため、被選挙権に関する不合理な制限をやめ、教化の充実と社会活動の徹底を期すべきを宣言した。京都仏教護国団もこれに呼応し、大阪仏教徒大会も「各種選挙法中僧侶の被選挙権制限の撤廃を期す」と決議した。

僧侶の被選挙権獲得運動は、長年にわたる運動であるが、大正デモクラシーの風潮のもとで、二五年五月普通選挙法の実施により獲得された。注目されるのは、前述の東京芝増上寺の僧侶参政権問題仏教徒大会が開会の辞で、この運動は世間の普通選挙運動とは無関係としていることである。仏教教団がデモクラシー運動と同一とみられることを避けたためと思われる。大正期の教団仏教は、国民教化・思想善導・海外侵略への協力、社会事業の活発化による階級分化の防止に、焦点が当てられている。

国際仏教会議・各宗の教勢

一三（大正二）年七月カナダ太平洋万国博覧会を機として、北米沿岸各仏教会代表者会は、仏教徒の世界的大会開催を決議し、一四年八月サンフランシスコ仏教会主唱の下に、世界仏教大会をサンフランシスコで開いた。そして、同大会の決議に基づき、日本仏教徒の代表者は、米国大統領ウィルソンと会見し、平和促進を献言した。

大会の決議に「東西文明の融和と世界人類の近接を計り、以て仏教の精神たる世界永遠の平和の理想を実現せんことを期す」等があるが、特に項目四には

今回の欧洲大戦争は人類歴史上未曾有の大事変にして、その延引はこの恐るべき残忍なる悲劇の局面を無制限に拡張することとなれば、此に会合せる世界仏教徒は平和及博愛の福音の信奉者として、一刻も早く此残酷なる戦争の休止と世界平和の克復せん事を念願して止まず。

由つて此に吾人は巴奈馬《パナマ》太平洋万国大博覧会に連関して桑港《サンフランシスコ》に開催せる全世界の仏教を代表する世界仏教大会の名に於て亜米利加《アメリカ》合衆国大統領ウードワー・ウイルソン閣下が、その人道の大義に対する崇高なる精神に基き、交戦国民の人心を平和の方面に向はしむることに向つて、その顕要の地位の凡ての勢能を尽されんことを懇請熱望す。

（土屋詮教『大正仏教史』）

との大文字がある。

次に二五年一一月、仏教連合会の主催により、東京芝増上寺で、東亜仏教大会が開かれた。中国・朝鮮半島・台湾と日本が参加し、教養研究部・教養宣伝部・社会事業部・教育事業部の四分科会で討議した。主要協議題目には、(1)将来の教化法改善策、(2)全世界への宣伝法案、(3)仏教と社会との関係、(4)仏教主義による一般教育法、であった。社会事業部決議の「悉有仏性の本旨に基き婦人及び児童の人格に反するが如き風習弊竇を矯正し其保護に関する施設を一層振起すること」などがある。

この大会が開かれた年の二月と四月に、上海と青島の日本系紡績会社における中国人労働者の一斉ストライキ、五月の上海共同租界における、租界警察による中国人群集の大衆デモへの一斉射撃という五・三〇事件があり、六月末には、対日二一か条約修正要求に対し、日本側の拒絶問題があったことも記憶しておかねばならない。

大正初期の各宗派教勢は、松岡良友によれば、寺院七万一七五九、各宗派所属の教会説教所五二八六、僧侶一八万一一六五人（内住職五万三五五八、教師非教師一二万七六〇七）、檀信徒五万一五一一、六〇八人、境外仏堂七万一七八一である（土屋詮教『大正仏教史』）。

海外布教・思想善導

一四（大正三）年の各宗の朝鮮半島、中国における教会・説教所数は、（朝鮮半島）真言宗二五、浄土宗三二、曹洞宗二四、真宗七五、日蓮宗九、（中国）真言宗二一、浄土宗二九、曹洞宗二〇、真宗三一、日蓮宗九である（小室裕充『近代仏教史研究』一九八七年）。一五年対中国仏教布教権獲得仏教徒有志大会が浅草本願寺別院で開かれ、その決議を首相・外相・文相に陳情した。欧米諸国が中国に布教権を持っていたが、日本にないことは、日中親善のため遺憾としたものであった。

しかし、中国には日本の二一か条不平等条約があり、排日運動が盛んで、布教権問題は実行をみることができなかった。日・中仏教会のしばしばの会合や日中仏教親善も掛け声に終わる感があった。一七年の日蒙仏教連合会の結成も、ロシア革命による蒙古の共産化に対する危機感があったからである。

第一次世界大戦後の慢性的不況、労働運動、農民運動、社会主義運動の昂揚に対応し、内務大臣は一九年「内務省訓令第九四号」で民力涵養等五大要綱を発した。各仏教団体は訓告や講演を行なったが、本願寺派の訓告は「露国を覆滅したる険悪の思想は」たちまち波及して「国家及社会の根礎を震撼し」とあり、仏教教団の役割は「思想善導」「精神作興」におかれることになった。

二三年一一月一〇日「国民精神作興に関する詔書」が発布された。一つは関東大震災を契機とするが、一つは本書発布前に難波大助事件があり、内閣更迭をみた事情もあった。「詔書」は教育勅語に準拠したものであるが、中に「国家興隆の本は国民精神の剛健にあり」と前提をおき、「浮華放縦を斥けて質実剛健に趨き、軽佻詭激を矯めて醇厚中正に帰し……」とある。

政府は詔書の実行に当たり、思想善導の目的を達成するため、二四年二月宗教団体の代表者を首相官邸に招いて懇談会を開いた。また内務・文部次官名で、詔書の趣旨徹底宣伝に関する宗教活動に、十分の便宜を与えるよう地方長官に通達した。また民心の作興・思想善導を任とする教化団体連合会が設立されたが、その最も大きな支柱は仏教であった。

仏教連合会はこれに応じて、教化宣揚に関する全国的大挙運動を、各宗派寺院に通牒督励した。先の宗教家招待当日の仏教各宗派管長の代表新井石禅の答辞は、明治維新の廃仏毀釈以来の仏教疎外の実情をのべ、自由に教化活動を行なうことを政府に要望したものであった。

かつての三教会同に対する新仏教徒の批判は、政教分離の視点からであったが、この宗教家招待は、治安維持法の発布等をめぐる中で、「思想善導」等を宗教に期待したためのものであった。

思想善導に追随したのでもなく、また教団人でもない田中智学の国家主義的な日蓮信仰であるが、同じ役割を担った。田中の信仰は普遍性を持つ宇宙実相の信仰があり、また民衆が中心で、単なる「御用的」思想善導ではなかった。

田中は一四年国柱会を設立し、機関誌『天業民報』を発刊した。王仏冥合の理想世界を日本に実現しようとして、日蓮主義的国体観の普及を目的とした。田中の主張は「日本帝国主義の昂揚期にふさわしい折伏主義」(中濃教篤『近代日蓮教団の思想家』一九七七年)ではあったが、日蓮教学の研究者としての田中は、丸ごとの「国主法従」ではなく、「法主国従」の点も捨てられてはいないといわれる。

これに対し本多日生は、顕本法華宗の管長であった。哲学館に学び「護国愛理」の哲学仏教が基礎にある。田中のような在俗者でなく、教団人本多は昭和の軍国主義にも協力的で、教団仏教からも受けいれられ易かった。一八年三月労働者の思想善導の目的で自慶会を発足させた。ロシア革命勃発、労働争議、小作争議頻発の中での国策協力である。二四年一月には国本会を「国民精神作興に関する詔書」に答える目的で発足させた。神仏耶の三教融合、社会教化、社会政策等を内容としている。

二八年七月国策に積極的意味を持って発足したのが、「知法思国会」である。「宣言」に「この法国冥合の大善に参加せられんことを」とある。また「宣伝綱領」には、国体保護と共産・無政府主義攻撃を任務とし、東亜の盟主日本が主張されている(前掲磯部満事『本多日生上人』)。

田中・本多はそれぞれ方向は違うが、大正デモクラシー期に、早くも昭和の日本型ファシズムを暗示する方向をとっている。

(二) 仏教の社会的活動

部落解放と真宗

政府の被差別部落改善は、明治末からの融和政策「部落改善」を「地方改善」へと名称を変更した。一九二二(大正一一)年三月京都での水平社創立の「綱領」は「我々特殊部落民は部落民自身の行動によって絶対の解放を期す」と、従来の融和政策を「侮辱的恩恵」として、被差別部落自身の力で問題解決を行なおうとしたのである。部落改善的な「改善」ではなく「解放」が基本的理念となっている。

水平社創立大会の「決議」三項目中の一には

部落民の絶対多数を門信徒とする東西両本願寺が此際我々の運動に対して抱蔵する赤裸々なる意見を聴取し、其の回答により機宣の行動をとること

とある。部落の約八割を真宗両派の門徒とする両派に、「解放」の連帯を求めたものである。部落問題と真宗の関係について、毛利悠「部落問題における真宗の課題」(信楽峻麿編

『近代真宗教団史研究』一九八二年）その他がある。

大正期の真宗部落問題は、先述の本願寺派巡教師の差別発言事件がきっかけとなり、一二年大和同志会が結成発足した。同志会の会則に「宗教の刷新」がある。同志会は融和運動の域を出なかったようであるが、その機関誌『明治の光』には、多くの本願寺改革論が載っている。真宗教団は体質ばかりでなく、本願寺派は大谷光瑞問題、大谷派は大谷句仏問題を抱えていた。

一一年二月大阪での大日本平等会創立が機縁で、同三月京都岡崎の公会堂で水平社設立大会が開かれた。その「水平社宣言」は西光万吉が起草したもので、後々まで名文として語り伝えられている。西光は本願寺派寺院の出身で、『西光万吉著作集』がある。水平社大会で注目されるものは、第一年次の東西本願寺に対する募財拒絶である。

水平社運動と仏教の関係は、西光や大逆事件に関係した阪本清一郎が親鸞主義をとっただけではない。教団の陋習、堂班の廃止主張がある。水平社の生まれた一一年一〇月に奈良県五条町明西寺住職広岡智教の提唱で、同県柏原誓願寺三浦参玄洞、和歌山県西光寺亀井雲海などの参加で、黒衣同盟が生まれた。同盟は水平社運動に呼応するもので、「黒衣こそ我等同族が、聖親鸞に帰った象徴であらねばならぬ」とのべている。黒衣とは本願寺の階級制を示す堂班制、色衣制を廃し、黒衣に限定して親鸞の精神に帰る運動である。水平社運動と連繋して募財拒否等を行なった。

水平社運動や黒衣同盟に対応して、本願寺派は二四年一〇月「一如会」を設立し、同朋精神に基づく融和運動を展開した。後に政府主導の中央融和事業協会に加盟した。また大谷派では二六年三月「真身会」を創立したが余り振わなかった。

真宗が教義的に苦慮したのは「煩悩」や「罪悪深重の凡夫」という基本的人間観の解釈である。また仏教の一般的教義や教典としては、「業《ごう》」や「旃陀羅《せんだら》」についてである。それは江戸時代以来強調された教説である。この世の「苦」のあきらめと、未来往生におけるそこからの脱出の教義であった。それは後あとまで尾を引く問題であった。

米騒動・関東大震災と仏教

大阪米穀相場は、一八（大正七）年七月八日摂津中米相場二九円一〇銭が、一か月後の八月七日には四三円二〇銭の高値となり、白米の小売相場は一升五〇銭を突破した。これを背景に米騒動が勃発し全国を巻きこんだ。この騒動の検挙者は一八年末の地方裁判所調査では、人員数八一八五名に達したが、貧困層はそれほど多くはなく、低額所得層に集中している。名古屋裁判所吉川光貞検事が「細民群の絶望的暴動とは、全くその趣を異にするものなるを立証するものなり」と、飢餓暴動との相違を指摘している。生活難に追いつめられた人びとの社会的公正の要求である（拙著『改訂版日本貧困史』著作集2、一九九三年）。

一八年八月米騒動が勃発すると、各宗は告諭を発し、救済に努めた。米騒動に対する仏教の活動を年表式にあげてみる。

（八月）東京府知事米騒動につき各宗管長に救済対策を依頼　○浄土宗米騒動緊急対策、職業紹介、施米、廉価販売等　○曹洞宗救済費一千円を内務省に寄贈　○大谷派救済金を義捐、名古屋に簡易食堂設立　○日蓮宗救護団組織　○東京各宗連合団生活援護、米穀廉売　○滋賀県浄土宗窮民救済　○浅草寺施米

（九月）東京府知事井上友一、渡辺海旭《わたなべかいきょく》らを招き米価暴騰を協議　○浄土宗労働共済会東京府営廉売第二むさしやを開く　○東京府豊山派寺院施米　○大垣公徳会米騒動救済金を募集　○本願寺派救済事業調査会

（一一月）仏教徒社会事業研究会米価調節のため米食廃止日を献策

（拙稿「日本近代仏教社会事業年表」著作集6）

米騒動は大正期仏教社会活動隆盛の基礎的要因となっている。

これと並んで、関東大震災にも仏教の活動が目をひく。大震災は震災と同時に震災恐慌を招いた。この大震災は、二〇（大正九）年戦後恐慌の上に起こったという認識が重要で

ある。震災の被害が及ぶ地域は東京・横浜の大工業地帯で、工場被害だけでも、東京府は全体の九一パーセント、神奈川県は全体の八七パーセントに達した。工場閉鎖の続出、諸事業中枢の崩壊である。

大震災における仏教活動も年表的にあげてみる。

（九月）関東大震災勃発。天台宗臨時関東震災救援事務局を設く　○浅草寺に救護所設置　○浄土宗震災につき告諭　○真言宗各派罹災者収容を諭達、震災救助隊を組織し募金　○浄土宗知恩院看護婦を派遣　○浄土宗各寺院罹災者、児童を収容　○東京浄土宗救護団組織、宗務所に臨時救護部を設く　○禅宗各派救護金を挙出、末寺より募金　○本願寺派管長垂示、臨時救済事務所臨時慰問部設置、看護婦派遣、築地本願寺診療所設置　○大谷派臨時議制会会議を開き、管長震災地巡錫《じゅんしゃく》、浅草本願寺に救護本部を置き、桜花看護婦学校生徒上京、無料宿泊所、託児所、簡易食堂、医療施設、職業紹介所、移動浴場を開く　○日蓮宗報効団を組織、無料宿泊所、休憩所、慰問所を開く　○福田会育児院迷児収容

（一〇月）本願寺派罹災盲人収容所、無料簡易宿泊所、婦人職業紹介所、人事相談所、施薬所、上野コドモ学校、無料浴場

（拙稿前掲年表）

等々で、米騒動・関東大震災が社会事業成立の主要因となっており、その一翼に仏教社会事業もあったのである。

仏教社会事業

大正期は慈善・救済事業から脱皮し、社会事業の成立期である。その役割の一端をになったのが仏教、特に浄土宗であった（拙著『改訂増補版現代社会事業史研究』著作集3、一九九〇年）。

渡辺海旭は一二（大正元）年全国組織仏教徒社会事業研究会を結成し、また前年浄土宗労働共済会も設立した。渡辺は世界的インド学者で、その観点から「慈善救済」でなく、「共済的」社会事業を開始したのである。その著名な論文「現代感化救済事業の五大方針」で、感情中心主義から理性中心主義へ、一時的断片的から科学的系統的へ、施与救済から共済主義へ、奴隷主義から人権主義へ、事後救済から防貧への五点を現代の方針としてあげている。

同じ浄土宗の矢吹慶輝は、そのアメリカ留学時代がアメリカ社会事業の成立期に当たり、それを日本に持ち帰り、日本社会事業近代化の先駆者となったのである。しかし、矢吹には日本仏教社会事業の伝統、特に幕藩時代浄土宗捨世派の無能《むのう》の影響がある。矢吹は慈善・救済・感化事業と社会事業の相違点を「組織的」「科学的」「社会的」「人道的」等々の諸点に求めた。矢吹は主著『社会事業概説』（谷山恵林との共著、一九二六年）の「総論」で、社会事業成立の要因として、人道主義、社会連帯、政策化、防貧事業、生存権、社会調査をあげている。
長谷川良信も浄土宗である。一九年早くも『社会事業とは何ぞや』を著した。長谷川の社会事業思想は、ナショナリスティックな立場と、汎大乗的《パンマハヤナニズム》な理念とを基礎としつつ、大正民主主義の影響下に、セツルメントその他を設立した。長谷川は師渡辺海旭の「社会共済」を継受しつつ、隣保事業マハヤナ学園を開設し、後に淑徳大学社会福祉学部を開創した。

大正社会事業成立の目やすは、従来の救貧に対し、少額所得者対策の防貧、児童保護の成立、方面委員制度等の組織化、そして、大正デモクラシーを背景とするセツルメント等である。ここでも紙数の節約から、大正一五年間の主な仏教社会事業をあげてみよう。

(一九一二)各宗派大赦減刑につき協議　○各宗懇談会司法保護につき共同声明　○浄土宗報恩明照会　○下野三楽園　○日蓮宗慈済会
(〃〃一三)浄土宗労働共済会商工労働者慰安会　○明照社会館人事相談部　○東京興仁会
(〃〃一四)東北・北海道凶作各宗救済につとむ　○昭憲皇太后逝去、特赦令各宗司法保護につき「達」
(〃〃一五)浄土宗四恩報答会　○浄土宗東京慈善団発会　○大典恩赦各宗司法保護につとむ

(〃〃一六) 東京仏教護国団発会 ○盲人教育会十周年記念盲人大会
(〃〃一七) 宗教大学社会事業研究室開室 ○東京府慈善協会設立、部長渡辺海旭
(〃〃一八) 政府の救済事業調査会委員に大谷瑩韶 ○本願寺派救済事業調査会
(〃〃一九) 長谷川良信マハヤナ学園創立 ○隣保事業施設名古屋慈友会 ○大日本仏教慈善会財団社会事業研究所設立
(〃〃二〇) 仏教朝鮮協会東京在住朝鮮半島人相談所設立をはかる ○本派社会事業研究所社会事業講習会 ○第五回社会事業大会寺院に社会事業施設設置論 ○東京府社会事業協会、福田会ポーランド孤児を多磨川原公園に招待
(〃〃二一) 隣保事業施設光徳寺善隣館 ○慈光学園 ○和光教園(ソウル)
(〃〃二二) 本、大両派連合地方改善協議会 ○浄土宗労働共済会朝鮮半島人労働者懇談会 ○加藤首相仏教各宗派に社会事業尽力方依頼
(〃〃二三) 本願寺派管長社会事業等告論 ○東京仏教護国団農村問題懇談会 ○京都仏教護国団養老院新築 ○隣保事業仁風会館 ○浅草寺婦人相談所
(〃〃二四) 浅草寺病院 ○総持寺社会事業会館 ○新潟仏眼協会眼科診療所 ○釜山共生園 ○四恩学園共同貯金部 ○浅草寺婦人会館 ○上宮教会簡易宿泊所
(〃〃二五) 仏教朝鮮協会朝鮮半島人失業者慰安会 ○上田明照会児童遊園 ○但馬地方震

災各宗救助につとむ　○全国社会事業大会増上寺に開く　○朝鮮半島漢江水害仏教朝鮮協会募金　○全国養老事業大会を大阪養老院に開く　○札幌養老院　○東亜仏教大会東亜各国に仏教社会事業連盟結成決議　○東京大学仏教青年会児童相談所

（〃〃一二六）渡辺海旭ら仏教禁酒運動　○浄土宗社会事業指導員制　○大阪仏教徒社会事業同盟総会　○日蓮宗全生病院遷座式　○鶴見社会館食堂　○仏教連合会社会事業大会　○高津学園少年保護院　○今泉山精神病患者療養所　○司法保護帝国更新会　○築地本願寺歳末巡回診療

（前掲「日本近代仏教社会事業年表」）

(三) 仏教学の隆盛、自由討究、異安心

仏教学の隆盛

宗学や教団仏教の閉鎖性を打破して、仏教学が科学的な仏教学として成立したのが本期である。原始仏教の研究は南条文雄《なんじょうぶんゆう》・高楠順次郎《たかくすじゅんじろう》・荻原雲来・長井真琴らの言語学的研究、木村泰賢・宇井伯寿・赤沼智善らの哲学的研究、歴史研究では中国仏教史の常盤大定・羽渓了諦・矢吹慶輝、日本仏教史では辻善之助の日本仏教史、島地大等らの仏教教学史等々であり、いずれも世界の学会に大きく寄与した。また仏教大辞典の編纂もはじまり、織田得能は小項目主義で一八八九（明治二二）年着手し、一九一七年完成した。望月信亨は大項目主義で一九〇六年着手し、一九三六年完成したが、いずれも長年月の作業であった。また宗典の編纂も『真宗全書』以下各宗で行なわれた。

しかし、何といっても、世界の学会に貢献したのは『大正新脩大蔵経』で、後に図鑑部一二巻を加えた一〇〇巻の刊行で、高楠順次郎・渡辺海旭を都監に、小野玄妙を編集主任と

したものであった。一九二四年に開始され、一九三二年に終了した。「厳密博渉」等五つの新方針のもとに行なわれ、その後の仏教研究に計り知れない貢献をした。高楠は大蔵経刊行の機関誌的意味を持つ月刊『現代仏教』を主宰し、近代仏教研究に欠かせない雑誌となった。高楠は多くの研究者と共に『南伝大蔵経』『大日本仏教全書』も刊行している。

教学の自由討究

仏教学者であり、仏教の社会化に尽力、「諸縁和合」の「共生《ともいき》」運動を展開した椎尾《しいお》弁《べん》匡《きょう》(一八七六―一九七一)は、一九二二年鎌倉光明寺で第一回共生結集《けつじゅう》をした。共生《ともいき》を椎尾は唐代善導大師の「六時礼讃」にある「願共諸衆生《がんぐしょしゅじょう》」の「共」と、「往生安楽国」の「生」と一つにしたところが「共生《ぐしょう》」であり共生《ともいき》といっている。『共生《ともいき》教本』は共生会のバイブルであるが①人間がその本来の在り方に目覚めるべきこと、②人間がありとあらゆる生きとし生けるものとの平等の共生、また自然との共生にたつべきこと、③理想世界の共生浄土の実現を目指す三点に総括できるであろう(前田恵学「椎尾弁匡師と共生の思想」『印度学仏教学研究』一九九七年三月)。

椎尾と同じ浄土宗の林霊法は『椎尾弁匡先生と共生浄土教』(一九四一年)でその共生《ともいき》浄土教の思想を整理して「縁起を認識すること」「縁起とは総合進動してゆく一大生命」「縁

起とは慈悲である」「釈尊仏教は浄土教なり」「絶対的現在における創造」「創造とは縁起的であること」「共生運動は出門位に重点をおく」とまとめ、基本に縁起創造をおいている。そして、「往相」のみを説き、「還相」を消極的に理解することに疑問を呈している。「縁起・創造＝共生」に基本をおく椎尾の考え方は、所属する浄土宗の伝統的解釈からみれば、ある種の「異安心《いあんじん》」であろう。

椎尾には『人間の宗教』の姉妹編である『社会の宗教』（一九二六年）がある。その中で「宗教は生活の中心とすべきものである……人間の宗教は社会的生命、社会の宗教となって現われなくてはならない」「一切を共存共生の上に眺めるのでなくては本当のことは分らない」「共同の大生命による共同の大生活、是れ吾人の主張する共生道である」と結び、個人主義・社会主義に対し同胞相愛を主張している。

椎尾は拠点名古屋だけでなく、各地のセツルメント誕生の原動力となり、それは朝鮮半島にも及んでいる。確かに椎尾には近代仏教が重視してこなかった社会生活がある。有機体的縁起としての共生を、学説だけでなく運動として展開した。しかし、そこには帝国主義国家への批判があるわけではない。天皇制に対しても「国運の無窮」や「億兆一心」がみえる。椎尾は一九二三年の「国民精神作興に関する詔書」に対し「衍義」をかいている。昭和期の椎尾の「皇道仏教」の萌芽がみられる。縁起共生は卓見であるが、そこには封建共同体、或いは資本主義の独占化に伴う生存競争や功率主義の現実をいかに批判し、乗りこえるかという問題が残る。椎尾には『椎尾弁匡選集』がある。

椎尾と並んで同じ浄土宗の山崎弁栄《やまざきべんねい》（一八五九―一九二〇）には、一九二〇年設立した光明会がある。山崎は宗門と自分の宗教をはっきり区別したので、宗門から「異端」としての排斥があった。光明会は在家信者がほとんどである。口称三昧による弥陀の観仏や合神を説いた。「人生の帰趣」で「身は娑婆に在りながら神《こころ》は弥陀の中に逍遥する」とのべている。浄土教の伝統教学である「厭離穢土、欣求浄土」は余り説かれていない。会員は関西や中国・四国・九州に多かったが、自分らの信仰は未来主義でなく、現実に適応する精神的安定と考えた。体験主義・現世救済主義・信仰復興主義・神秘主義で、宗門の伝統から全く自由であった。

浄土宗宗門人であったが、渡辺海旭の新戒律運動は、名称の通り、戒律としては近代に適応したもので、近代の中に埋没しようとする戒律の再発見でもあった。渡辺は仏教の最大欠陥は戒律の欠如によると考えた。彼は明治の傑僧福田行誡を継受しているが、行誡の保守的傾向に対し、新仏教徒同志会出身の進歩派であった。文明社会の宗教として、仏教の復興を新戒律に求めたのである。

真田増丸は本願寺派の出身であったが、前田慧遠や近角常観の影響を受けた。一四年活動を開始し、翌年大正天皇の大典を記念して「大日本仏教済世軍」を創立し、一七年機関誌『仏教済世軍』を発行した。「宣言」に「聖徳太子の御遺訓に依り厚く仏法を信じ済世利世の天職を全うせんことを期すべき事」、「本領」に「仏陀の慈光を世界に輝かし、以て全人類を救済すること」とある。国家主義傾向もあったが、民衆の中で貧民救済を実践し、信者も都市の製鉄所や兵器工廠の労働者などが多かった。しかし、「王法為本」を強調したり、大正中期の労働者が当面する社会的矛盾を掘り下げたりしたものでない。無寺院仏教の立場を貫いた。

仏教関係の新宗教は、日蓮宗が大部分である。西田無学は日露戦争後頃より法華経に独自の解釈を行ない、先祖供養及び万霊供養を説いた。法華信仰のもと、仏所護念会（現仏所護念会とは別）を開いた。徹底した在家主義で、先祖の霊魂を僧侶に委ねることを否認し、民衆自身が祭祀し管理することを基本とした。「吾国民今日の急務は只祖先の法名を取り集め朝夕に礼拝を行ずることにあり」とある。僧侶の背信行為を責め、その改革を主張した西田の先祖供法は、法華経系新宗教、特に霊友会等に影響を与えた。

創価学会を除く法華経系新宗教は、ほとんど霊友会を母胎としている。久保角太郎・小谷喜美の霊友会は、法華経の功徳と懺悔の法、及び祖先崇拝を中心として二五年開創された。久保は千葉小湊の漁夫の子、喜美は神奈川三浦の貧農の子である。霊友会は教線拡張につれ孝道教団・立正佼成会等が分かれ、第二次大戦後の「神々のラッシュ・アワー」時代には、さらに教団は多くに分かれた。

異安心問題

浄土真宗では宗義に外れた異端思想を異安心《いあんじん》と呼んだ。幕藩時代以降「三業惑乱《さんごうわくらん》」等多くの異安心があり、擯斥《ひんせき》処分が加えられた(小谷寿『異安心史の研究』等、一九三四年)。大正末期から昭和のはじめ、自由討究の風潮のもとに、本・大両派とも、従来の伝統的宗学に対し、異安心問題が起こった。

龍谷大学教授野々村直太郎は『中外日報』に「浄土教革新論」等を発表していたが、二三年『浄土教批判』を著した。六章からなり、第一章「封建時代と浄土教」、第二章「現代とヒューマニズム」、第三章「往生思想は宗教に非ず」、第四章「浄土教は何故に宗教なるか(上)」、第五章「浄土教は何故に宗教なるか(下)」、第六章「過去の宗学と将来の宗学」からなっている。

章題でも明らかなように「往生思想は宗教に非ず」で、往生思想そのものは元来宗教とは全く何等の関係も無き別個の思想たることが明かに知らる丶ではないか。

とのべている。そして、浄土教宗学は八方ふさがりで、往生思想や阿弥陀仏の構造等は一種の神話で、近代ヒューマニズムに合致しないと、ヒューマニズムの観点から、伝統的宗学の批判を展開した。

本願寺派教団は、野々村の僧籍を剝奪し、野々村の解職を要求した。龍谷大学教授会は解職を否定したが、結局前書発刊の同年一二月一〇日依願退職となった。野々村の主張は浄土教の神話性を否定し、信仰を主体的に考察しようとするところにあった。

大谷派の異安心と目された金子大栄・曾我量深は共に精神主義の清沢満之の流れを汲んでいる。金子は二五年『浄土の観念』『彼岸の世界』、二六年『真宗における如来及び浄土の観念』を著した。二八年六月宗義違反とされ、大谷大学教授を罷免され、翌二九年二月僧籍を削除された。

『浄土の観念』は、浄土の真の意味は心霊の世界、内向的な天地である。観念界こそ万物が帰入する浄土である。弥陀の浄土もかかる想定から出たものであるとしている。

金子は『彼岸の世界』が「私の著作において宿命的であった」としている。その「序論」で

彼岸の世界へと念生することは、この世を無意味とするものでありながら、その実かえって意味を与うるものである。(中略) 彼岸の世界に念生することは、真実に独立するの道であ

り、こうしてその独立こそは如実に自己を救うものである。

と記している。『彼岸の世界』の最も重要な一節は、金子の信仰生活を端的に表現した「受苦と随喜と尊重」である（拙編・解説『現代仏教思想入門』一九九六年）。

金子は清沢満之が、地獄極楽が存在するから信ずるのではなく、信ずるから存在するとの考えを踏襲している。伝統的仏教思想を近代化する際の最も重要な意味を持っている。

曾我量深は二七年著した「如来表現の範疇としての三心観」が、三〇年に至り異安心とされ、大谷大学教授を辞任した。曾我は「仏に成る、成仏ということが、阿弥陀仏の本当の眼目ではない、信心を獲《え》るということが本願の眼目である」といっている。曾我は教学の最高責任者となってからも、米寿記念会で、異解者として非難されたが、今日でも自分の考えが間違っているとは思われないと、異安心とされた当時の態度を変えなかった。

曾我の思想の大きな部分を占めるのが法蔵菩薩の展開である（大江修「曾我量深の思想」『近代真宗思想史研究』一九八八年、前掲拙編・解説）。法とは固定しない生々流転で、蔵は阿《あ》頼耶識《らやしき》で、平等の目で万法を受けとっていくことと考えた。

曾我は如来と自己とは不離なものとみて、「自己を信ずるということと如来を信ずるということとは、一つである」とのべ、自己を本当に信ずるからこそ、仏は自分を本当に信じ、仏の願力が、自分を救済してくれるといっている。

曾我のいう本願念仏とは、現在与えられた分限に安んずることとし、われわれの環境は如来が与えたものとみて、

> お念仏の尊さとは、つまり、相対有限の中に絶対無限があるということであり、相対有限を知り、相対有限に満足すれば、相対有限がすなわち絶対無限である。それを南無阿弥陀仏と言うのでありましょう。これは、釈迦以前にあるところの仏法である。これは、人間として必ずそれがなければならぬところのみのりというものであります。

曾我の思想は、曾我の稀な長寿と相まって、理性的な師の清沢満之を継承して、一つの結実に導いたものであった。

(四) 大正文芸と仏教

仏教芸文

仏教学者であり、また仏教思想家でもあった島地大等は、「明治宗教史」(拙編・解説「明治宗教文学集(一)」)で、明治期の思潮が政治的・国民的であるに比し、大正期は汎人的・社会的・世界的としている。それは島地の研究者としての視点と、自己の人生経験からの判別である。大正時代は経済的には独占資本の成立期であり「社会的」であった。政治的にはデモクラシーの風潮が盛んとなり、また「世界的」であった。思想的には個人主義・教養主義・文化主義等の個人的側面と、吉野作造らの民本主義、賀川豊彦ら宗教的ヒューマニズム等の社会的側面に分かれるが、総じていえば「汎人的」であった。

大正芸文の旗手倉田百三が一灯園で宗教的実践を試みた後、戯曲『出家とその弟子』を発表したのが一九一六(大正五)年一二月で、有楽座で初演されたのは翌々年の七月である。一四年旧制一高校友会雑誌に発表した論文「愛と認識との出発」に他の論文を加え、二一年一書として世に送り、青年層に広く愛読された。倉田は西田幾多郎の『善の研究』を手にし、鼓動がとまるほど感激したのは著名な話である。この期の倉田の思想は『歎異抄』よりも、キリスト教的ヒューマニズムで、高楠順次郎は、その親鸞はキリスト教化した親鸞だと指摘している。

しかし、ケーベル流の教養主義を嫌って、論証よりも、自我の心情をなまの形で告白する信証を志した倉田は、長い闘病生活を続けながら『絶対的生活』から『一枚起請文・歎異抄、法然と親鸞の信仰』に進み、浄土教的他力信仰を明確にした。しかし、倉田は日中戦争勃発ごろから観念化し、右翼的側面も現われた。

西田天香の『懺悔の生活』は二一年の出版であるが、その思想は「福田《ふくでん》」によく表われている。

あなたが菩提心をおこして、私に供養されるなら食べてもよい。また着ることも宿ることもかまひませぬ。ただ願はくは、私を供養するときには、あなたの方に供養の何十倍何百倍の福田の出来てあるやうにと祈ります。

とのべている。一灯園では自己の生活を生存競争の必要がない生活に建てかえようとした。絶対平等の無一物、無所有一如の世界の建立である。

西田における生活所有欲の否定は、欧州大戦後の成金や、独占資本から生ずる人間疎外批判として重要である。個人生活態度としては徹底した真剣さはあるが、社会的運動にはなりにくく、日中戦争などに妥協もみえなくはない。

大正教養主義を代表する文芸運動は『白樺』であるが、そこから出発して仏教に近づいたのは柳宗悦《むねよし》である。柳にとって宗教的思索と民芸運動は不二のものであった。彼は『宗教随想』の巻頭に「仏ト名ナキモノノ御名ナルニ」と記している。民衆の生命を無心に表明した木食《もくじき》の美を発見したり、妙好人の無心の念仏の発見など、民衆の目で仏教を取り上げた。柳は美的求道者といえよう。

柳は『柳宗悦宗教選集』の「総序」でのべているように、第一期では西洋中世のキリスト教神秘思想にひかれ、その神秘思想が媒介となって、第二期の東洋宗教、特に老子教や大乗仏教に関心を持つに至った。そして、柳の生涯の仕事であった民芸美を梃としながら、最後に仏教の他力思想に到達し、名著『南無阿弥陀仏』に結実し、一遍信仰の形成となった。

柳は宗教の究意の境である不二の世界を「即如」と表現している。「理知は即如については盲目である。即如を光として示しうるのは宗教の信と芸術の美とのみである」といっている。柳には宗教と美が二つであって、しかも二つではない。病に倒れた五七年「無有好醜の願」が、仏教美学として実を結んだ。美からも醜からも脱した好醜賢愚に左右されない「不二の美」が「如美」である。美は「法美」で、信（法）と美の円融であるとしてている。

柳の浄土思想が展開されたのは五〇年前後からである。『美の法門』、続いて『妙好人因幡の源左』が出版された。易行道の美を追った柳が、妙好人を発掘したのは当然であった。宗門で造り上げた妙好人や、宗教的天才としての妙好人ではなく、柳は妙好人を真宗の伝統ある土地で、信者全体が育てあげたものとして「真宗の園生に咲いたいとも美しい花」と表現している。

五五年柳は『南無阿弥陀仏』を著し、法然から親鸞へ、そして、一遍へと進んだ。その「序」で特に注目される点は、他力と自力は上下の別でなく、左右の別で、いずれかの途に徹することによって、一つに結ばれる所以を明らかにしたい、といっていることである。柳は一遍の「南無阿弥陀仏」は、人も仏もない不二の命根に帰るものであり、不信の者をこそ不信のまま救う途だと考え、「平生即臨終」に注目した。

柳は朝鮮の工芸に愛着し、日本政府の朝鮮半島における民族文化の破壊に抗議した。また沖縄の文化に早くから関心を持ち、標準語を沖縄住民に強制しようとする中央政府と衝突し、沖縄滞在中警察に連れて行かれるようなこともあった。

松岡譲は夏目漱石の門下で、大谷派末寺の出身である。その著『法城を護る人々』（一九二三—二六年、三巻）は、直接既成教団の内情を知る者として、教団の内部の封建性を批判することによって、仏教の民衆的あり方を追求しようとした。宗教界ばかりでなく一般にも広く読まれた。

一八八五年生まれの中勘助は『銀の匙』『提婆達多』その他で知られ、漱石を師とした。その生涯は求道的であったが、既成仏教に近づかず、仏教を研究したわけでもなかった。

このほか親鸞を中心に、多くの仏教の文芸物が出版された（土屋詮教『大正仏教史』）。文芸者ではないが、俗人で医者である富士川游は、親鸞聖人讃仰会（後に正信協会）を組織し、宗教思想雑誌『法爾』を発刊した。富士川は中山文化研究所長であり、一時唯物論研究会が、その談話室を借りていたことがある。

大作『大菩薩峠』を著した中里介山は若い日に平民社に近づき、内村鑑三の非戦論にひかれた。聖徳太子の片岡山の飢えたる人に着目し、聖徳太子を研究したが、長編『大菩薩峠』に一九一三年とりかかった。巻頭に「人間界の諸相を曲尽して、大乗遊戯の境に参入するカルマ曼陀羅の面影を大凡下の筆にうつし見んとするにあり」としるしている。鈴木範久はこのカルマは、仏教思想より「根源的な不気味な力」（『現代人の心と仏教』一九八六年）といっている。

西田幾多郎と和辻哲郎

西田の『善の研究』(一九一一〈明治四四〉年)は、「純粋経験」「実在」「善」「宗教」の四編からなり、「宗教」の「むすび」で「故に我は神を知らず我ただ神を愛す、またはこれを信ずるという者は、最も能く神を知りおる者である」といっている。この結言は清沢満之の「わが信念」に似ている。西田は金沢の洗心庵雪門に参禅し、また京都妙心寺の接心会に参じた。また同郷の禅学者鈴木大拙との心交も著名である。

西田は主観—客観のわくをいったんは外し、主客未分の「純粋経験の自発自展」「物我一体、ただ一事実あるのみ」「個人あって経験あるにあらず、経験あって個人あるのである」と主張するのである。西田は日露戦争後、日本の外的な帝国主義的発展に対し、内的な日本の伝統と欧米との結びつきを図った。西欧的近代の導入と、日本の伝統的精神の分裂の中に身を置いて苦闘したのである。日本の帝国主義政策としたアジアの植民地化に対し、自ら内側の西洋の近代化と日本ないし東洋文化の裂け目に身を置いて、思索をしたのである。この点西田は単なる大正教養主義者と異なる。『善の研究』の基底には人間探求の問題があり、そこに哲学書を超えて、一般読者にまで愛読されたゆえんがある。西田の哲学は、仏教が近代的普遍性を持つために、避けて通れないものであった。

和辻哲郎の『古寺巡礼』は、一九一九年出版された。奈良の古寺を訪れ、古美術を鑑賞し、感想を記したもので、山折哲雄はそれは『古寺巡礼』でなく古美術巡礼であったかも知れないといっている（「倫理から芸術へ——和辻哲郎の場合——」『近代日本の宗教意識』一九九六年）、この書は多くの読者を得て、日本の古美術に目を開かせた。

和辻は一九二七年『原始仏教の実践哲学』を出版した。この書はむろん研究書であるが、和辻にとっては仏教に傾倒したというのではなく、釈迦もイエスもソクラテスも孔子も、人類の教師として尊敬しているのであった。

大正デモクラシーと仏教の評価

大正デモクラシーは民主主義としては、戦後デモクラシーの前段階である。しかし、この両者を連続か、断続かと問われれば、大正デモクラシーの先端は戦後デモクラシーに連続しているとしても、大部分は戦時中に消滅し、戦後への連続は僅かである。大正デモクラシーは教養として、知識層では盛んであったが、ほんとうに民衆自身のものになったとはいえない。

仏教教義と民主主義の関係は、説明が困難である。教義的には縁起相関、そして、無我と、個を基本とする人権や市民革命、歴史的には、西欧は数百年の歴史を所有しているのに対し、日本では明治維新以前は封建制度であり、日本の民主主義の歴史は僅かな歴史を持つにすぎない。このような事情の中で、大正デモクラシーと仏教を考えることは、困難な諸点が多い。しかし、近代は、民主主義が普遍的概念であり、それを通らずに「近代化」とはナンセンスであろう。

大正デモクラシー下の仏教は、次の三つの方向があるであろう。第一に教団仏教の場合、中身はおおむね封建的残滓が多く、外装が民主主義である。これは付説する要がない。

第二は社会的民主主義で、黒衣同盟やセツルメントにみられる。部落解放には民主主義の芽が多く含まれるが、仏教の多くは部落解放より部落改善である。セツルメントはマハヤナ学園や光徳寺善隣館等、個人の人格の地域交流が建て前であるが、戦時下では「人的資源」を基本とする「隣保」に変質してしまった。

第三は西欧と東洋、ないし日本のはざまにあって、両者の文化を内面化しようとする試みである。かつて漱石が、深く考えれば、神経衰弱になるといった、その西欧思考の内面化でもある。この方向は西田幾多郎に代表されるもので、仏教として最も重要な意味を持っている。太平洋戦争中における西田については、七章でふれる。

仏教の民主化は、他の文化・宗教部門に比し一歩遅れたが、民主主義と仏教の関係が、歴史上どういう意味を持つかは、現代の歴史でふれる。いずれにしても、仏教が近代的普遍的宗教を志すならば、この難題に向き合わなければならないことはいうまでもない。

第二部　現代仏教の歴史

六章　社会的危機＝過渡期と仏教

㈠ 仏教界の動向、社会活動、新宗教

仏教界の動向

本章（一九二六〈昭和元〉—一九三六〈昭和一一〉年）から、時代区分を現代と改め、仏教の歴史を叙述したい。

日本では、近代社会の基本的特徴である自由とか人種、或いは都市化・産業化・合理化等が成熟したわけでない。それどころか、封建制が色濃く残在し、それが日中戦争や太平洋戦争の引きがねの一つとなった。

しかし、日本資本主義にとって、昭和初期は社会的危機であり、それが原因の一つとなり、日中戦争・太平洋戦争が起こったことも否定しがたい。また政治史的にみても、明治維新から現在（一九九七年）までの歴史の中で、中心的なできごとは日中戦争・太平洋戦争であろうから、近代から現代への過渡期である昭和初頭からを、現代と考えることも不当ではあるまい。

むろん教団仏教が、昭和初頭時代を社会的危機とみる認識は浅い。むしろ仏教に関心を持つ思想家達が先頭にたって教団全体がそれに流されたとみるほうが正しいであろう。はじめに一九二八年における文部省宗教局による既成仏教教団の現勢をあげておく。宗派数一三宗五八派、寺院数七万一三三六。教会及説教所数六五一八、境外仏堂数三万五〇〇六、住職数五万四四七九、教師数八万三〇一六、非教師数六万八三三九である（『日本仏教史』Ⅲより、藤谷俊雄）。仏教関係施設総数一一万余、僧侶総数（教師・非教師合計）一五万人となり、当時の日本本土人口を六四〇〇万とすれば、僧侶数は国民四〇〇人につき一人の割合となる。

この時期の政治が宗教に期待した役割は、一九三一年満州事変の勃発前と後では異なる。昭和初頭では大正後半以降の唯物論思想や共産主義思想、労働争議・小作争議激発の中での「思想善導」の役割である。二八年六月神・仏・基による御大典記念を機に開かれた日本宗教大会における文部省への建議では、「文部省訓令第一二号の適用を改正すること」「各教科書に宗教教材を増加すること」その他があった。

三〇年七月にはホノルルで、汎太平洋仏教青年大会が開かれ、三一年五月には日本宗教平和会議が開かれた。これが仏教が平和を名乗る最後であり、大正デモクラシーの終末でもあった。

三五年三月文部省は宗教教育に関する協議会を設けた。協議会の答申を受け、文部省は学校における宗教的情操の涵養に関する通牒を発した。それには次のような項目が含まれている。「修身公民科の教授に於ては一層宗教的方面に留意すべし」等である。

満州事変勃発の年以後は、一九三三年日本の国際連盟脱退には、真宗各派連合が聖旨奉戴の告示を発し、真宗大谷派は「満蒙事変戦病死者追弔法要」を行ない、また「満州国」新京に満州別院をおいた。翌三四年真宗協和会はパンフレット『日本精神と宗教』『日本精神と聖徳太子』を刊行した。三五年には思想犯釈放者保護団体白光会が設立された。三六年日満仏教会が東京で発会式を行なった（『「戦時教学」と真宗』第三巻、年表、一九九五年）。

大正デモクラシーとファシズムの分岐点は三二年前後であろう。仏教がようやく身につけ始めた大正民主主義は、三一年の日本宗教平和会議が最後で終末となった。教団仏教の民主主義的努力は、歴史としてはとりたてていうほどのこともなかった。そして、仏教の民主主義化の役割も、むしろ知識層に托された。

仏教の社会活動

二〇（大正九）年以降の資本主義の構造的恐慌、特に二七年、二九—三一年にかけての昭和恐慌、世界恐慌は日本資本主義に危機をもたらした。そして、三一年の満州事変以降の軍需景気が、日中戦争への前哨戦となり、この両者の分岐が三二年ごろとみられる。昭和初頭前期は労働者の賃金不払い、切り下げ、失業、実質賃金低下、そして三〇―三一年にかけての農村恐慌等々は、国民体位の低下をもたらした。このような時期は、資本主義国としては、福祉国家の道を選ばざるを得ないのであるが、日本は軍国主義的ファシズムの途を選択した。

昭和初期は朝鮮半島農村の疲弊、労働条件の低劣等から、日本への渡来者が激増し、日雇層等日本不安定労働者層の中核の一つとなった。特に民族的蔑視の中で、借家一つも自由ではなかった（拙稿「昭和恐慌期前後の貧困」『改訂版日本貧困史』著作集2、一九九三年）。

このような実情の中では、国家の方向は社会主義、福祉国家、ファシズムのいずれかを選択することになる。そして、このような危機の人心不安を、宗教が黙止できるものではない。欧米の多くのキリスト教国は福祉国家の途を歩んだ。福祉国家の途か、非常時国策の途か、教団仏教はたいした抵抗もなしに、ファシズムの途に積極的協力をした。それは、宗教として自己否定に近いものであるが、日本のキリスト教も例外ではなかった。

教団仏教による社会活動としての社会事業は、満州事変以前には顕著な社会対策的活動もみえるが、三二年前後からは国策協力が主になった。二七―三六年に至る主な社会事業活動を挙げてみよう。

（一九二七）文部省大赦につき各宗管長に諭達 ○四恩学園無料診療所

（〃〃二八）恩赦、本・大両派、司法保護につき諭達告諭 ○四恩学園消費組合

（〃〃二九）大日本仏教慈善会財団猿江（東京）善隣館 ○浄土宗「寺院を中心とする農繁期託児所の手びき」

（〃〃三〇）四恩学園一新会消費組合 ○本・大両派刑務協会「思想犯と教誨問題」 ○世界恐慌、浄土宗青年連盟欠食児童施米運動 ○仏教会、不景気自殺防止運動 ○失業者続出、大阪市議会無産党議員貧困無宿者のため寺院解放を要求

（〃〃三一）農村不況、浄土宗秋田教区欠食児童救済運動 ○あそか病院（東京）開院 ○上宮教会失業者のため、浮浪者無宿宿泊所 ○浄土宗青年連盟欠食児童救済 ○増上寺社会課、失業救済炊出 ○仏教和衷会、思想犯保護を決議 ○曹洞宗四谷寺院（東京）、欠食児童救済 ○各宗派、東北・北海道凶作地救援運動 ○真宗、長島愛生園に同朋会

（〃〃三二）各宗派、北海道・青森凶作義損金募集、欠食児童救済 ○仏教救済世軍、失業保護幼児保育所新館落成 ○仏教系大学、凶作地欠食児童救援活動 ○浮浪者保護、又上宮教会梅田農園（東京）○辛未会、高松刑務所にて思想犯保護対策研究会 ○各宗派、北海道飢饉救済

(〃〃三三) 上宮教会、宿泊所、日暮里食堂(東京) ○三陸地方震水災、大谷派義捐金募集 ○四恩学園・累徳学園従業員共済組合結成 ○仏教和衷会、思想犯保護事業開始 ○杉並学園(東京) 虐待児童保護開始 ○東京築地本願寺、満州事変傷病軍人収容所 ○本・大両派、思想犯教誨研究 ○上宮教会父子ホーム ○仏眼協会、盲人欠食児救済
(〃〃三四) 鶴見総持寺病院設立 ○仏教済世軍、思想転向者指導 ○浄土宗宗務所、四恩学園、累徳学園に、東北六県凶作地女子就職斡旋を依頼 ○関西大風水害、各宗派救済に努む ○本願寺派、成功館を思想転向者保護に使用 ○農村社会事業隆盛 ○浄土宗、臨時救援部規定、救援協議会等、東北七教務所長会議調査員派遣、身売防止運動、婦女就職紹介、臨時託児所、農民講座開設等、林文雄等を派遣 ○本願寺派、東北女子五〇〇名、女中一〇〇名受入れる ○各宗東北救済活動活発 ○京都仏教徒方面委員幹事会、親子心中防止、人事相談所 ○浄土宗東北救援部、臨時託児所三四か所、出稼者紹介連絡その他 ○各宗派、凶作地募金 ○帝国更新会(東京)、思想部設置
(〃〃三五) 大谷派、思想犯保護講習会 ○本願寺派、転向者同友会を結成 ○大谷派、思想犯青年修養会 ○本願寺派、津村別院(大阪)にて青年融和事業協会 ○全日本仏教徒方面委員連盟結成 ○浅野研真、仏教社会学院設立 ○高木武三郎ら多摩川農民訓練所(東京) 第一回修了生を満州に特別農業移民として送る ○第十三回全国水平社大会、本・大両

派の融和事業を問責
（〃〃三六）千葉県仏教社会事業協会、農村隣保館設置運動　○四天王寺施薬療病院（大阪）新館落成　○大和同志会・一如会共催、宗教家融和事業講習会　○東京浅草寺病院設立
（前掲「日本近代仏教社会事業年表」）

本年表によっても、思想犯問題、満州移民問題等時局迎合的なものもあるが、また昭和恐慌や、東北・北海道大凶作下における仏教のなまなましい活動がうかがえる。

仏教系新宗教

社会的危機下の社会不安や精神不安が、既成仏教に頼れない人々を対象にした新宗教を生んだ。社会教育協会調査では、一九二六（昭和元）年新宗教は神道系六五、仏教系二九、キリスト教系四、計九八であるが、三〇年には四一九、三五年一〇二九に達している（孝本貢「大正昭和期の国家、既成教団、宗教運動」『論集・日本仏教史、大正・昭和時代』一九八八年）。一九年文部省宗教局は「宗教及之に類する行為をなす者の行動通報方の件」で、「神仏道基督教等の教宗派に属せずして宗教類似の行為をなす者」を「類似宗教」と規定している。

仏教系新宗教は、前述の霊友会が都市下層・市民層・零細経営者層・労働者層にひろが

って行ったが、この期に生まれた新宗教で大きなものは仏教系外の大本教・生長の家等々である。

仏教系新宗教の中で注目されるのは創価学会で、三〇年、牧口常三郎によって創立された創価教育学会にはじまる。牧口は札幌師範卒業後地理学者を志し、上京して『人生地理学』等を出版したが、のち教員となった。牧口は合理主義的、プラグマティズム的教育観を持ち、教育者としての実力を認められたが、文部系統の視学等と衝突することも多く、その思想傾向が危険視されていた。二八年に日蓮正宗の、戦闘的で非妥協的態度にひかれて入信した。島薗進は、創価学会の思想形成を「郷土史+価値論+教育学+日蓮正宗」と整理し、牧口の「生活知の開発」に特に注目している（「生活知と近代宗教運動——牧口常三郎の教育思想と信仰——」『宗教と社会科学』一九九二年）。

三〇年牧口を会長とし、戸田城聖（甚一）を理事長とする、創価教育学会が結成された（正式発会式は三七年）。三六年大石寺（日蓮正宗本山）における第一回夏期講習会で、牧口の価値哲学と日蓮正宗教学の結合が図られ、学会の教義的準備がなった。牧口は教育学者として合理的性格の所有者であったが、戸田は企業家的経営能力に富み、宗教伝道者にふさわしかった。

戦時中、身延山と日蓮正宗の合同という国家的強制に日蓮正宗は反対し、四三年の僧俗護法会議では、伊勢神宮の神札受容を拒んだ。四二年機関誌『価値創造』の廃刊が命ぜられ、四三年六月会員二人が舌禍で検挙された。翌月牧口・戸田以下二一名が治安維持法違反、神宮に対する不敬罪で検挙された。牧口・戸田・矢島周平の三名は最後まで信仰を変えず、牧口は四四年一一月「南無妙法蓮華経」を唱えつつ、七四歳で獄死した。既成仏教では例がないことである。このような事情が、学会による教団仏教攻撃の理由の一つになったのである。

(二) 社会主義思想、社会運動と仏教

社会主義思想と仏教

仏教にはキリスト教社会主義のような伝統はない。それはキリスト教と社会主義のような理論的基礎づけも、その社会的運動としての英国労働党等のような歴史も持たない。「娑婆即寂光土」を教義に持つ仏教は、このような社会的危機時代には、むしろ知識層を中心に、マルクス主義（講座派・労農派をとわず）により近くなる。しかし、それは労働者や農民が支えているわけでなく、参加は社会的基盤を持たないインテリ集団や末寺等である。そして、その出自の教団は圧倒的に真宗が多く、次いで日蓮宗である。高津正道・三浦参玄洞・服部之総・浅野研真・三枝博音・本荘可宗等々で、彼等の多くは真宗寺院の出身者であった。

二七（昭和二）年佐野学は『マルクス主義と無神論』を著した。無神論を巡る論戦の舞台は三〇年一月以降の『中外日報』で、宗教対マルクス主義論争を積極的に取り上げ、他

の論者の執筆も加えて、三〇年五月、『マルキシズムと宗教』として出版された。この論争に参加した仏教系の思想家は木村泰賢・矢吹慶輝・高島米峰・宇野円空・古野清人・森川智徳等々、マルクス主義者ないし仏教批判者は服部之総・三枝博音・本荘可宗・高津正道・大宅壮一・長谷川如是閑・江口渙・小林多喜二・細田源吉・神近市子等で、マルクス主義に関心を持っていた三木清も論争に加わっている。仏教思想家、仏教批判者にもさまざまな立場があり、一定の結論は出なかったが、仏教とマルクス主義のはじめての本格的出会いであった。

この中で注目されるのは、講座派で真宗本願寺派出身の服部之総で、「唯物弁証法と空観弁証法」や「三木清氏の宗教学」を発表し、前者で、「空観弁証法」や「煩悩即菩提」の「即」を批判し、唯物弁証法の正しさを社会科学から証明している。後者では三木の宗教論を「本質的に非マルクス主義的な宗教理論をマルクス主義的なそれにするための無意識な手品の役割」と批判している。

この時期の三木は唯物史観に傾斜していた。プロレタリア科学研究所に所属していた哲学者三木は、「如何に宗教を批判するか」「文芸と宗教とプロレタリア運動」「宗教闘争と階級闘争——批評家に答える——」を発表している。その中で「プロレタリア運動は本質的にはかかる物化した人間の解放の運動である。それ故に宗教もまたこの運動に結びつくことによって初めて自己を生かすための地盤を獲得し得るのである」「宗教の本質は「純粋な」宗教ともいうべきものは決して否定さるべきでない。我々は宗教の本質に新しい衣を着せさえすればよいのである」「搾取なき社会にあっても宗教もそれに応じる全く新しい形態をとるであろう。しかしその時にも宗教はある」とのべている。哲学者三木はすでに資本主義社会における「人間疎外」等に気がついていた。

『唯物論研究』編集者で、唯物論研究会の三羽烏戸坂潤・岡邦雄・三枝博音の中の三枝も本願寺派の出身である。三枝は治安維持法で共産党のシンパとして検挙されたが、機関誌『唯物論研究』は六五号まで続き、宗教関係の論文も多い。また同研究会は『唯物論全集』も刊行したが、中に秋沢修二『無神論』、巌本勝『仏教論』等が含まれている。

これらインテリ集団ではないが、『左翼戦線と宗教』を著した三浦参玄洞は、『中外日報』の記者であった。先述のように水平社運動に協力した。三浦は前著で「パンテイスムス（汎神論）に立脚する無我思想の我仏教には相当らない」と、仏教否定を否定している。そして、「マルクス主義は我仏教思想によって修正さるるとき、始めて完全なものとなるであろう」とのべている。三浦の意見は学問的なものでなく、いわば常識論であった。教団側にもこのような意見は多かったろう。三浦は本著で朝鮮半島統治は失敗であり、かつ不倫不道徳としているのが注目される。

日本教職員組合の基礎をつくった浅野研真は大谷派の出身である。社会学を専攻、パリに留学し、デュルケイム理論の日本における初期開拓者であり、マルクス主義者でもあった。行動的で仏教革新家、社会事業の理論研究者等、多面な活動をした。『社会の変革過程と宗教』(一九三二年)の「仏教革新草案」にみるように、教義から寺族の問題にまで及んでいる。『仏教社会学』(一九三五年)『日本仏教社会事業史』(一九三四年)その他の著もある(拙著『社会事業理論の歴史』一九七四年)。

反宗教運動

一九三一(昭和六)年四月プロレタリア科学研究所員の秋田雨雀・川内唯彦・真渓蒼九郎・松岡均平らは「反宗教闘争同盟準備会」を結成、六月機関誌『反宗教闘争』を創刊した。後に「日本戦闘無神論者同盟(略称戦無)」と改称したが、機関誌はすでに『戦闘的無神論者』と改め、同盟も「国際プロレタリヤ無神論者同盟日本支部」と改めている。「戦無」は「宗教は支配階級による大衆の阿片的去勢薬」という規定である。『反宗教闘争の旗の下に』を刊行し、また大衆的な月刊誌『われらの世界』をも創刊した。

三三年一月秘密裡に全国大会を開き、コミンテルンの日本共産党の任務に関する「三二年テーゼ」に基づき、運動方針として「天皇制の打倒とこの政治体制の宗教的支援に対する闘争こそ、吾々無神論運動の戦略的目標」とし、緊急任務一一項目を定めた。「行動綱領」に盂蘭盆会闘争などがある。しかし、二九年四月の四・一六事件で共産党幹部の佐野学・鍋山貞親の検挙、三三年六月の佐野・鍋山の転向声明に打撃を受け、三四年五月書記長川内唯彦の検挙で幕を閉じた。戦無の反宗教闘争は、思想的には尖鋭ではあったが、労働者や農民に足場を持たなかった。

日本反宗教同盟は三一年日本共産党と対立した、労農派の高津正道・堺利彦・中村高一・鶴田知也らが、その中心であった。本願寺派出身の高津正道を中央執行委員長として、三一年六月結成大会を開き、「宗教は支配階級の特権維持の精神的用具である」等八項目を定めた。機関誌『反宗教』を発刊し、花まつりや盂蘭盆会等に反対したが、三五年前後からその活動を停止した（木村四郎「戦前日本のマルクス主義無神論運動」『現代日本の宗教』一九八五年）。

同盟は合法的で戦無のように革命運動の一環として位置づけるよりも、無産階級の解放として、宗教の反動性に対する争闘を主とし、宿命論的宿業説や、退嬰的悪人観等の反動性を攻撃した（藤谷俊雄「昭和前期の仏教」『日本仏教史』Ⅲ）。

戦無や同盟に対し、宗教擁護の団体や、「思想善導」を目的とする既成教団の運動も活発であった。「戦無」や同盟は、既成教団の社会的開眼にその役割を果したが、戦時下で消滅した。「戦無」はむろん同盟もその目的としたプロレタリア階級にほとんど足場を持たなかった。また理論も両者とも西欧にみられたヘーゲル左派→フォイエルバッハ→マルクスのような理論的歴史を持たず、また西欧にみられるような、対決対象としてキリスト教のような宗教を持ったわけでもない。仏教に至っては、大正デモクラシーを通して、はじめて社会的開眼をしたばかりである。それは逆に日本が対決相手としての宗教を持たなかったことが、マルクス主義にとって思想的に不幸なことであった。

新興仏教青年同盟

知識層のマルキシズムによる無神論でなく、実践運動としての仏教の社会主義が、日蓮主義者妹尾義郎《せのおぎろう》を中心とする新興仏教青年同盟により行なわれた（拙稿「妹尾義郎――求道と社会主義――」著作集7）。同盟は多くの宗派を横断的に、一九三一（昭和六）年結成され、日中戦争勃発の年、三七年一〇月二〇日、弾圧下に解散させられた。結成の年は満州事変が起こった年で、すでに社会運動の日の当る時代は過ぎ、ファシズムが忍びよる中であったので、弾圧は当然覚悟しなければならなかった。

同盟の三綱領は「一、われらは、人類の有する最高の人格、釈迦牟尼仏を鑽仰し、同胞同愛の教綱に則って仏国土建設の実現を期す」「二、われらは、全既成教団は仏教精神を冒瀆したる残骸的存在なりと認め、之を排撃して仏教の新時代的宣揚を期す」「三、われらは、現資本主義経済組織は仏教精神に背反して、大衆生活の福利を阻害するものと認め、これを改革して当来社会の実現を期す」という穏和なものであった。

例年の大会中とくに重要なのは、三三年の第三回大会で、妹尾は仏教の帰依仏、帰依法、帰依僧の三帰礼をマルクス主義と対照しつつ、実践綱領を「一、仏陀のみ名による仏教の統一」「二、御用化された国家主義的仏教の清算」「三、国際主義仏教の高揚」「四、個人的観念的福音主義から社会的解放運動へ」「五、階級的立場の認識と仏教の方向」「六、既成教団に失われた戒律の現代的実践」と規定し、具体的に示している。ここで定められた四大運動方針は、国際主義の勢力的昂揚、資本主義改造運動の強化、反宗教運動の徹底的排撃、個人の内面生活浄化の徹底で、革命よりむしろ改良的志向が強い。また主項目の「運動綱領」を定めたが、国際平和運動の参加、各国の軍備縮小と全廃以下で国際性が重視されている。同盟の壬生照順によれば、運動の指導原理や方針は、妹尾の私案であり、行動要領も実施に移ろうとしたやさきに、妹尾が検挙されてしまったという。

新興仏青運動は反ファッショ運動であったから、労働運動、人民戦線運動と結びつくことは必然であった。妹尾は城北勤労市民クラブの顧問となり、反ナチス、反ファッショ粉砕同盟に加盟し、鈴木茂三郎・加藤勘十・高野実らと国際平和主義運動や帝国主義反対運動を行なった。新興仏青運動弾圧の直接のきっかけは、同盟委員長妹尾が小岩井浄・川上貫一らと『労働雑誌』を発刊し、その発行責任者となったからである。妹尾は三六年検挙されたので、次いで林霊法が第二代委員長となったが、翌三七年同盟の一斉検挙となり、起訴者も多数に及んだ。

大審院検事局による新興仏教青年同盟の定義は「仏教真理の現代的実践を標榜し、革命的手段により我国体を変革し、私有財産制度を否認し、もって無搾取、無支配の共同社会たるいわゆる仏国土建設の実現を目的とする結社なり」である。

同盟は『新興仏教新聞』や『新興仏教の提唱』をはじめとする、数多くの「新興仏教叢書」を出版している。もっとも体系的なものは『社会変革途上の新興仏教』(拙篇・解説『仏教』現代日本思想大系7、一九六五年)で、本著には妹尾の思想がよくうかがわれる。

新興仏青運動は、無神論のような知識層の社会科学的視点のみでなく、運動のリーダー達によるかなり深い仏教研究に基づく、大衆をまきこんだ運動であり、その意味でははじめての仏教社会主義運動といえるものであった。理論的にはそれほど精緻でなく、妹尾が唯物弁証法に対する仏教弁証法といっても、一般には納得されるほどの論理性はもっていない。しかし、求道者妹尾には長い仏教研究やその求道生活があり、苦闘の果てに見出した新興仏教青年運動であった。

このような仏教青年運動であってみれば、左右両翼からの批判にさらされるのは当然である。教団仏教から「アカ」呼ばわりされるのは当然としても、同盟員は壬生照順（天台宗）、林霊法（浄土宗）以下寺院生活者が多く、或る種の自己否定を伴わざるを得ない。次にマルクス主義者、特に宗教否定論者からは、賀川豊彦の「神の国」運動と並んで、無神論運動の妨害者とみられた。第三に新興仏青は、友松円諦らの「真理運動」、椎尾弁匡らの「共生運動」等と並ぶ同時代の社会運動であった。「真理運動」の出発ころには妹尾も共感を持ったものの、「真理運動」の個人主義的方向とは対決せざるを得なかった。また「共生運動」と新興仏青の「サンガ」思想とは同根であった。しかし、椎尾の「共生」は時局の展開の中で、「皇道仏教」に転換し、一方妹尾は平和運動や労働運動に挺身していった。

転向について

転向という言葉は、国家によって強制された思想変化（鶴見俊輔『戦時期日本の精神史――一九三一～一九四五年』一九九一年）という意味では一致しているが、単なる改心・変心・イデオロギー変化等をさす場合もある。戦時中の転向も三三（昭和八）年段階での転向、四〇年の「紀元二六〇〇年」期での転向、そして四三年の決戦段階での転向等、時期によってその様相を異にする。初期の三三年八月の日本共産党中央委員佐野学・鍋山貞親の獄中での転向声明を契機として、集団的に転向が行なわれるようになった。三六年五月末では、治安維持法による全受刑者四三八名中、三二四名（七四パーセント）が転向という数字がある。その動機は多々あるが、真宗が大部分を占める仏教教誨師の働きかけも大きいといわれる。「共産主義から念仏信仰へ」が一つの「流行」となった。まだ充分にマルクス主義等の社会的認識ができていないため、性格的に感性に弱い日本人の感覚に復帰した者もあったといわれる（藤田省三『転向の思想史的研究』一九七五年）。むろん転向を拒否したマルクス主義で、親鸞に関心を持った林田茂雄のような例や、『共産党を脱するまで』を執筆した小野陽一のような、物狂おしいほどの念仏への宗教的転向もあった。しかし、藤田の指摘のような例も多かったであろう。また田中清玄の「共産主義から禅へ」のように、山本玄峰を知って禅に入ったものもあった。殿平善彦は「「転向」と仏教思想——教務所教誨と関連して——」（『講座日本近代と仏教』）で、詳細な調査をしている。

入獄と仏教の関係で注目されるのは河上肇で、三七年に執筆した「マルクス主義について」「宗教的真理及び宗教について」（「獄中贅語」拙編・解説『現代仏教思想入門』）がある。河上は宗教的体験を経てマルクス主義者になったので、彼自身マルクス主義者中最も仏教に通じていると自負している。

河上は宗教的真理と宗教を区別し、宗教を排しながら、宗教的真理を認めた。彼の宗教的真理とは意識そのものを意識することで、心に心を映すことであった。そして、宗教的真理と無神論は衝突しないとのべている。河上はマルクス主義者の、浄土教的転向を激しく非難している。儒教・仏教を通りながら、自己をマルクス主義者に育てた、いわば求道者の河上にとってはそれが浅薄にみえたからであろう。

戦時中の仏教の汚点の一つに、三六年五月法律第二九号で公布された思想犯保護観察法がある。第二条に「保護観察に於て本人を保護して更に罪を犯すの危険を防止する為其の思想及行動を観察するものとす」とある。教誨師は前述のように獄中転向をすすめたが、司法保護団体も釈放後の保護観察を行なった。そこでは教誨師同様真宗が多い。

(三) 超国家主義運動と日蓮主義

井上日召

三一(昭和六)年の満州事変ころからファシズム期に入る。そして、井上日召・北一輝・石原莞爾らの日蓮主義者が、その中心にいたことが注目される。

井上日召は群馬県生まれ、幼名四郎、法名日召である。僧侶ではない。東洋協会専門学校等に入学したが中退し、後中国にわたり浪人生活を送った。井上準之助・団琢磨を暗殺し、その他元老・重臣・財界・政党の要人暗殺を謀った血盟団の首領である。

幼児より戦闘的で、同時に懐疑心の強い性格であった。キリスト教、マルクス主義、無政府主義等思想的遍歴をしたが安住できず、山本玄峰に帰依し参禅したりした。そして、生来の国家主義的性格が日蓮と結びつくことになった。二四年ごろから田中智学・本多日生の講義を聴き、神秘的霊感を受けた。

二三年宗教的苦行生活をはじめ、その異常体験の中で「南無妙法蓮華経」によって法悦を得、天地は一体であり、森羅万象そのまま自己の姿だと知った。二九年茨城県磯浜町立正護国堂に参籠した。飢饉で農村が壊滅していく姿を見て、「一殺多生」の菩薩行として、「一人一殺」を決意した。彼の指導した血盟団員から、小沼正が大蔵大臣井上準之助を、菱沼五郎が三井会長団琢磨を暗殺した。

井上は青年達に「王仏冥合」を説き、『涅槃経』の「王法を護る者はまさに刀剣器杖を執持すべし」をテロ行為是認と受け取った。近江幸正によれば、日蓮の教えの本質である「地涌の菩薩」や「同苦」を「日蓮と同意ならば地涌の菩薩たらんか」との使命感を持った（近江幸正「ファシズムと仏教——国家主義思想としての日蓮主義——」中濃教篤編『戦時下の仏教』一九七七年）。「地涌の菩薩」の思想は北一輝・石原莞爾にも共通している。また「同苦」は「一切衆生の同一の苦は悉く日蓮一人が苦」と感じた。そして、「国民は神人一如の天皇の赤子であり、大御宝である」と、天皇への忠誠に生命を捨てることを説いた。

井上の国体論は、「日本の国体は宇宙の真理、自然の法則を基礎母体として生じた万邦に唯一の絶対国である」という結論である。天皇を唯一絶対の元首とみて、そこから対立分離する個を考えないことである。井上は日蓮の「われ日本国の柱とならん」を建て前としているが、その宗教観は井上独特の皇道宗教とでもいうべきものであろう。「一殺多生」「破壊即建設」「捨石」も、井上独特の宗教体験に裏付けられている。支配層の強大権力に、支配層自身の危機感を与えることによって、反省自覚をさせようという手段に出たのである。井上は獄中で書した『梅の実』で、私の国家改造運動は宇宙の真理を覚証体得した結果で、同時に私の宗教であるといっている。井上には『日召自伝』『一人一殺』がある。無期判決を受けたが、四〇年恩赦を受けている。

北一輝

北は二・二六事件による処刑の前日、養子大輝に、法華経最後の紙背に「父は汝に何物も残さず、而も此の無常最尊の宝珠を望むる者なり」としたためた形見を残している。

北は八三（明治一六）年日蓮遠流の地であり、日蓮教学にとっても重要な佐渡に生まれた。一九〇〇年佐渡中学を退学し、社会主義思想に関心を持った。右眼失明したが、〇六年二三歳で『国体論及純正社会主義』（『北一輝著作集』一巻）を自費出版した。福田徳三は「思うに此書マルクスの資本論に及ばずと雖も、其他の平凡者流を抜くこと一頭地」との賛辞を与え、河上肇・片山潜等からの賛辞も受けた。土地及び生産機関の公有と公共的経済が主張されている。

一一年中国で辛亥革命が勃発すると共に上海に渡り、支援活動に従事した。一九年『国家改造案原理大綱』（著作集二巻）を秘密裡に出版した。二三年の『日本改造法案大綱』（前掲二巻）は、本著の手直しである。北は黒龍会等の右翼と接触すると同時に、一方では片山潜・幸徳秋水・大杉栄らと交流を持った。その方向は国家社会主義（戸頃重基「テロと日蓮主義の関係」『日本近代と日蓮主義』一九七二年）といわれるが、社会主義といっても、労働者や農民等と手を結んだものではない。

北が意識的に『法華経』に結びつけたのは、一五年の著『支那革命外史』である。「序文」に日蓮の主著『立正安国論』に因んで、「大正安国論」と呼び、日蓮主義に基づく中国革命論を展開した。とくに『法華経』に説く「地涌の菩薩」につき、「地下層に埋る、教主の群」「下層階級の義傑偉人」を指すと解して、底辺からの革命家の出現を期待した。そこでは神秘主義と革命的情熱が結びついている。『外史』後半の執筆は一六年四月であるが、この年一月から法華信仰が深まった。『外史』の前半との差異を、松本健一は「外史を書き綴るに従って、北は次第に人間以上の力にめざめてくるのは、その宋教仁（注、一三年暗殺）の亡霊をはじめとして、革命過半での人間の力を超越する諸相を反芻し、追体験していることによるのだろうか」と仮説を提起している（『北一輝論』一九九六年）。松本の北については「唯一者とその浪漫的革命」（『辺境』一九七一年四月）等がある。

一六年六月再び中国に渡り、中国での排日運動を経験し、日本国内の改造を先決とし、一九年帰国し、二三年前述の『日本改造法案大綱』を刊行した。本書は天皇を頂点としたクーデターを説き、日本をアジアの盟主とするアジア連盟の形成を論じている。本書は右翼活動家や青年将校の強い共感を呼び、やがて北は、これら右翼活動家や、皇道派青年将校の指導者とみられるに至った。三六年の二・二六事件には実際の計画や実行に関係しなかったが、黒幕として翌年八月銃殺刑に処せられた。

日蓮の持つカリスマ的啓示的信仰の側面が、北の使命観となり、ファシズムの支えとなった。日蓮の折伏的思想が北の帝国主義的信念と結びついたのである。その点、井上日召の天皇信仰と結びついた日蓮信仰とは相違している。

石原莞爾

石原は一八八九(明治二二)年山形県鶴岡の貧乏士族の子として出生、一九一八(大正七)年三〇歳で陸軍大学校を卒業した。一九年ごろ田中智学に帰依し、国柱会に入会した。石原の満蒙対策の初期は占領論で、永田鉄山らと謀り、満州事変を起こし、「満州国」を建設した。三六年参謀本部作戦部長となり、世界最終戦に備えて日中協力、民族協和、王道楽土、大東亜共栄圏、満州事変不拡大方針をとった。三七年侵略政策をとる軍の大勢によって日中戦争に突入した東条英機と対立し、陸軍中将で退役した。

退役後「東亜連盟」建設を志した。連盟の「要綱」に日満官吏の交渉の名に於て、日本の上級官吏が若干の期限をもって満州国政府の要を占めている事実、及びかかる事実が当然のこととして何等一般の疑惑を招かざること……

との批判的文章がある（中濃教篤「石原莞爾」『日本近代と日蓮主義』一九七二年）。四一年汪精衛を会長に「東亜連盟中国総会」を結成した。

石原が日蓮の遺言にヒントを得た「世界最終戦論」は著名である。その戦略は満州征圧後、日本軍部の帝国主義政策から退転し、五族共和による分権自治を基本とする協和政体の実現である。仏国土顕現を理想とする民族協和の独立国援助である、「満州国」建国こそ日蓮の教えと信じた。日中戦争に反対した石原の「東亜連盟」は危険団体と見なされた。石原と日蓮の関係を著名にしたのは四一年六月発行『東亜連盟』誌の「戦争史大観の由来記」で、日蓮の「前代未聞の大闘諍一閻浮提に起るべし」の一文である。石原は

数十年後の最終戦争における最初の動機は依然経済に関する問題があろう。しかし、戦争の進行中に必ず急速に戦争目的に大変化を来たして、主義の争いとなり、結局は王覇両文明の雌雄を決することとなるものと信ずる。日蓮聖人が前代未聞の大闘争につき、最初は利益のために戦いつつも、争いの深刻化するにしたがい、ついに頼るべきものは正法のみなることを頓悟して急速に信仰の統一を来たすべきことを説いているのは、最終戦争の本質をよく示すべきものである。

（前掲近江幸正「ファシズムと仏教」より）

という。日蓮の前記言葉は戦争肯定を意味したものではない。石原のいう最終戦争を指導するのは日本の天皇である。その根拠は「観心本尊抄」に求めた。上行菩薩が二回出現を示し、一回は僧となりて法華経を広めた日蓮であり、一回は世界最終戦を指揮する天皇であると解釈している。

石原によれば、「本門戒壇」建立の時が最終戦と考えた。石原の信仰は、法華経にある予言者的要素と、日蓮の予言者的行為にひかされた。王法と仏法が一体となった時が「本門戒壇」の時と考えた王仏冥合論で、天皇制国家による世界統一論であった。それは戸頃重基によれば「明治以来の軍の伝統と国柱会型の日蓮主義との抱合であって、日蓮主義の原典から由来するものではない」（『近代社会と日蓮主義』）という。ただし西山茂は「日蓮主義と日本国体論」で、石原と田中智学との相違は、(1)世界統一の主体を、田中は本国土妙として開顕された日本、石原は金輪王として開顕された天皇個人、(2)田中は末法「五五百歳説」、石原は「五五百歳説」による金輪王としての天皇による「世界最終戦争」による世界統一、(3)石原は「選時抄」における日蓮の「最終戦争」の予言に異常な関心を持ったが、田中にはそのような思いつめはないとしている（孝本貢編『論集・日本仏教史、大正昭和時代』一九八八年）。

東亜連盟は敗戦と共に、四六年ＧＨＱにより解散させられた。戦後石原は世界最終戦争の不可避的到来の主張をやめ、戦争回避や恒久平和達成の努力をした。四九年八月不武装論者として、死の直前『日蓮教入門』を残し、故郷山形県遊佐町の西山開拓地で六〇歳の生涯を閉じた。墓には石原の筆で「私はただ仏さまの予言と日蓮聖人の霊を信じているのです」と書されている。

㈣「仏教復興」、宮沢賢治

「仏教復興」

戦争前夜「仏教復興」が叫ばれたが、それも戦争の抑止力とはならず、不安の時代の小市民に対する「慰藉」に留まった。三四（昭和九）年三月一日―一五日にかけて友松円諦が『法句経講義』を、その後を受けて高神覚昇《たかがみかくしょう》の『般若心経講義』が放送され、そのたぐい稀な現代的説教に小市民が魅了されたのは事実である。その後出版されてマス・メディアの宣伝もあり、不安の中にあった小市民に訴えるものがあって、「仏教復興」を思わしめた。

友松・高神に江部鴨村・松岡譲・増谷文雄・梅原真隆・山辺習学等も加わって、三四年真理運動が開始され、三五（昭和一〇）年一月から機関誌『真理』を発刊した。支部四四〇余、会員二万人、『真理』発行部数は三万といわれる。

旧来の既成仏教が、社会的危機に対して、なすすべもなく、体制順応に奔走する中で、友松らが既成仏教から離れて、新鮮な仏教教典の解釈をしたため、日中戦争前後の不安な民衆に影響を与えたものである。大正デモクラシーの残照を残す時代の小市民の感性に訴えるものがあったのである。しかし、同運動は社会運動ではなく、宗教運動であり、「非常時」に対する批判勢力とはならなかった。

友松は三二年から三六年まで仏教の法律・政治・経済を研究する仏教法制研究所を主宰した。機関誌『仏教』は編集方針を「自由にして進歩的な学風」「現実的な諸問題への最も鋭敏な関心」を掲げ、優れた論文も多かった。所員には浅野研真・増谷文雄・林霊法等々がおり、所長には友松の恩師瀧本誠一が就任している。

多才な友松はまた明治仏教史研究開拓者の一人でもある。その蒐集した史資料は後に続く近代仏教史研究者に便益を与えた。

宮沢賢治——「法華経」と福祉、岡本かの子

この時期、法華経から出て、後世に影響を与えた人物が二人いる。石橋湛山と宮沢賢治である。ジャーナリスト石橋は『東洋経済新報』を拠点として、「小国日本主義論」を展開し、言論の自由を主張した。一代のリベラリスト石橋には、内面的には日蓮が支えであったろうが、その活動舞台は経済・政治であったからここでは深入りはしない。

宮沢賢治は三七歳の短命に終わったが、熱烈な法華経信者として、宇宙的福祉を身証しつつ世を去った。

宮沢賢治が生涯を送ったイーハトーヴ東北岩手は連年凶作の中にあり、特に三〇―三一年は「豊作飢饉」と呼ばれる大恐慌の中にあった。父の家業質商は、このような時代には父の主観的心情は別にして、搾取性が一層強まる時期である。天明大飢饉の遠野遠人某の『動転愁記』（南部叢書）を彷彿させる状況であったろう。宮沢が没した一九三三年の二年前には満州事変がはじまっている。こうした中で、世界全体の幸福を身証しようとすることはどういう意味を持つのか。大恐慌や大凶作が、一五年戦争誘発の一因となったことは、五・一五や二・二六事件の被告たちの陳述を待つまでもない。

宮沢賢治が島地大等の『国訳法華経』頒布を遺言して永眠したことはよく知られている。島地大等は島地黙雷の嗣子で、盛岡市北山願教寺に住した一代の学僧で、影響力の強い人物である。法華経は福祉と関係の深い教典で、宇宙の統一的真理（一乗妙法）、久遠の人格的生命（久遠釈迦）、現実の人間的活動（菩薩行道）を説く。宮沢はこの三者を体認しようとした。

と同時に「常不軽菩薩品」第二〇（岩波文庫本による）の漢訳読み下しには「われは深く汝等を敬う。敢て軽め慢らず、所以は何如ん。汝等は皆菩薩の道を行じて、当に仏と作ることを得べければなり」とある。

宮沢の作品には「修羅」(『春と修羅』全集)や「土偶《でく》の坊」(手帳「雨ニモ負ケズ」)が多く現われ、それを通じて宇宙的「共生」が主張されている。

宮沢賢治が県立盛岡中学校寄宿舎に入る時、父に伴われたが、その時の短歌に「父よ父よなどて舎監の前にしてかのとき銀の時計を捲きし」と歌っている。家業としての質商と『法華経』信仰の矛盾でもある。宮沢の生涯はまさに修羅道であった。「おれは修羅なのだ」「まことの言葉ここになく、修羅の涙は土に降る」(『春と修羅』)。しかし、宮沢の修羅はニヒリズムではなく、やがて「菩薩行道」に目覚めていく。最愛の妹トシの死(一九二二年)後、北方の挽歌の旅に立つが、「青森挽歌」で「みんなむかしからのきやうだいなのだからけつしてひとり(注トシ)を祈つてはいけない」。それは宇宙共生・人間共生への祈りということであろう。

宮沢は恵まれた農学校の四年余の教員生活を捨てて、貧農の生活に入る。それは洋服の教員生活は、凶作下の農民の前に耐えがたかったからである。そして、羅須地人協会を始める。自炊生活をしながら、本当の農民になろうとした。それはあくまでも「実践」の中に生活を発見したいという宮沢の特性でもある。

彼は社会主義者か、その否定論者かの二説がある。確かに労農派に興味を持ち、また羅須地人協会も花巻警察署の捜査を受けている。しかし、恐らく分裂から分裂を続ける社会運動に宮沢の神経は耐え得なかったろうし、何よりも彼の目標は宇宙福祉で、人間社会のことだけではなかった。また質商を父に持ち、抗争を続けていることからして、資本主義とは縁が遠いであろう。「銀河」のジョバンニの「切符」は人間社会だけに限らず、作品に見える「犠牲」や「献身奉仕」も単なるヒューマニズムではない。しかし、人間社会に限れば、「共生的協同」は最もふさわしい思想と思われる。

宮沢の福祉に対する考えは「虔十《けんじゅ》はいつも縄の帯をしめて、わらつて杜の中や畑の間をゆつくりあるいてゐるのでした」にはじまる「虔十公園林」によく現われている。それは智慧遅れの人間が、誠実に生きぬいて、社会の幸福に寄与する物語である。

二六年はじめた羅須地人協会は、自分も一農民として自炊しながら、作物指導や音楽やエスペラント語を教えた地域福祉活動であった。ここには二つの特徴があった。一つは宮沢は組織者でなく、一農民であった。一つは協会は北方花巻、あるいはイーハトーヴ岩手に拠点を置きながら、それが普遍的なマクロとしての宇宙的共生の一環となっていることである。この点、盛岡中学一〇年先輩の石川啄木とは著しく異なる。

「グスコーブドリの伝記」は、宮沢最後の完成度の高い作品である。冷害の続く中で、自己の身体を火山に投ずることにより、社会に再びあたたかい日がおとずれる物語りである。

それは犠牲や献身のヒューマニズムでなく、『法華経』から流出した福祉である。

自然共同体を含む封建的共同体は、宮沢の時代にも濃厚に存在していた。宮沢も家との相克は、自己を「修羅」と見立てるほど深刻で、彼は短編「家長制度」も執筆している。

宮沢の生きた近代は、戦争の連続であり、資本主義恐慌は生活を破壊するばかりでなく、地球環境をも破壊した。宮沢の宇宙的共生は、グスコーブドリのように、宇宙社会共生のために、「死」をも通過するものであろう。そして、ジョバンニの「切符」を手に入れ再生するものであろう。宮沢の信じた『法華経』は天国や神を予定したものでなく、「娑婆即寂光土」の世界である。ボランタリズムの土壌を持たない日本の共生福祉は、現世においても「死復活」がなければ、極めて浅薄なものになる。そこに宮沢が提起する宇宙的な共生福祉の現代的意味があるように思われる。

宮沢賢治と同時代の岡本かの子は一八八九年生まれ、前半生は歌人、若い時キリスト教に関心を持ったが、後に『歎異抄』を契機に仏教に帰し、『散華抄』『仏教読本』を著した。小説家として『母子叙情』『老妓抄』等があり、『生々流転』は遺稿である。

かの子は仏教により信仰を得て、『総合仏教聖典講話』にみるように、般若心経・法華経をはじめ、学も大乗仏教や各教典に及んだ。かの子には一種の生命哲学があり、『老妓抄』にのせた「年々にわが悲しみは深くしていよよ華やぐいのちなりけり」は広く知られている。一九三九年日中戦争の泥沼化の中で世を去った。満四九歳であった。夫は岡本一平、長男太郎がある。

七章　日中戦争・太平洋戦争と仏教

(一) 戦時下の教団仏教

戦時下の教団仏教

戦時下の八年間は、日中戦争の勃発期、日中戦争の泥沼期、太平洋戦争の勃発期、決戦並びに崩壊期の四期に分けられると思う。そして、日本の戦時国家はドイツ等のファシズム国家と異なり、近代戦争という合理的側面と、天皇制を基本とする家族国家や隣組等を基幹とする共同組織の下で、いわば近代戦争を推進しなければならないという合理性と、封建制の二重構造を持ち、国内では国民総融和を、国外では南京事件その他にみえる残虐性をという、相反する現実を招くことになった。仏教教団は宗教教団としての宗教性を放棄して、戦争協力したが、そこには、かつての日清戦争にみえる「怨親平等」による「捕虜撫恤」、日露戦争における非戦論や厭戦論はすでに姿を消している。

仏教の侵略動員のしくみは、菱木政晴の整理によれば①聖戦教義「自国の戦闘行為は常に正しく、それに参加することは崇高な義務である」②英霊教義「そうした戦闘に従事して死ねば神になる」③顕彰教義「それ（英霊）を模範とし、それを見習って後につづけ」である（「近代日本仏教の戦争責任」前掲『仏教における和平』）。

この戦争協力の推移を真宗本願寺派の「御消息」関係によってうかがってみよう（『戦時教学』と真宗』第一巻、一九八八年）。日中戦争勃発前一九三七（昭和一二）年一月一六日の「直諭」には「皇化を翼賛し宗運を恢弘せばや」とあるが、日中戦争が深まり、紀元「二六〇〇年」が記念される四〇年二月一一日「直諭」では、「日本仏教は鎮護国家の大任を荷負して古今を徹貫せりわが宗祖大師開顕の宗意実に茲《ここ》に存す」とある。また同年一〇月二四日の「消息」には「本宗は王法為本の教義なれば」と示されている。太平洋戦争宣戦の大詔発布の四一年一二月九日の「消息」には、「水火にも滅せざる六字の心情名号の利剣に無窮の皇基を厳護して」とある。敗戦段階の「消息」にも「念仏護国の大道を邁進すべきなり」とのべている。戦争の進行につれ、特に決戦―敗戦段階になればなるほど、教団仏教とその教団のもつ宗教信仰の裂け目が大きくなるのは、いずれの教団も同じであろう。

戦時下の仏教教団でまず注目されるのは、一九三四年貴、衆両院を通過した宗教団体法（同年四月八日法律第七七号、実施は四〇年四月一日）で、国家が宗教団体を保護監督し、戦時下日本の国民教化に動員しようとしたものであった。荒木貞夫文部大臣の提案理由に、宗教が国民精神の振作、国民思想の啓導に重大なる関係を有すること言を俟たぬ所でありますが、特に現下非常時局に際しては、人心の感化、社会風教の上に甚大なる影響を齎《もたら》す宗教の健全なる発達こそ肝要であると申さねばならぬのであります。

とある。法のねらいは、戦時宗教総動員のための宗教団体に対する取締まりの強化による統制監督であった。

仏教教団の中央団体仏教連合会は四一年改組され、大日本仏教会となり、さらに四四年九月には神道・キリスト教各連合会と共に解消して、「大日本戦時宗教報国会」を結成した。

宗団法の成立と共に、仏教教団を国家権力により掌握しようとしたのは宗派合同政策である。政治も政党が解散して、四〇年一〇月大政翼賛会となり、労働組合も同じ月に解散し、大日本産業報国会となった。宗派合同もその一翼を担った。四〇年九月文部省は神仏基代表者を集め、各宗派の合同を希望した。特に仏教については、各宗派代表懇談会を開いて「一宗派一派」を目標にした。認可申請期限は四一年三月末日とし、新宗制の単独認可は当分留保の方針と提示した。合同は困難で、論議は沸騰し、結局天台宗の三派、臨済宗の一三派、日蓮宗の三派、法華宗の三派、本化正宗の二派が一派に合同し、一三宗五六派が一三宗二八派となった（柏原祐泉『日本仏教史・近代』）。真宗はこの合同に反対し、一〇派が従来のままであった。これと共に宗門大学の合同も論ぜられたが、宗門六大学の合同はほとんど進まなかった。

四一年七月文部省、大政翼賛会後援の下に、各宗首脳五〇〇名が集まり、大日本宗教報国会が開かれ、「肇国の精神に基づく国民信仰の昂揚を図り以て高度国防国家体制の完成に貢献せんことを期す」「皇国宗教の本旨を発揚し以て大東亜共栄圏の建設に邁進し、世界新秩序の樹立に協力せんことを期す」と宣言した。

文部省は四二年一一月宗教局を廃して教化局宗教課とし、各宗教団体に戦時報国会をつくらせた。四四年九月には神・仏・基三教連合して大日本戦時宗教報国会が結成された。「設立趣旨書」に「本会は神・仏・基三宗教の全教団が一致協力のもと文部省と表裏一体となり宗教報国に邁進すること」とある。事務局を文部省におき、決戦下の戦時宗教総動員を図った。同年全国道府県に支部を結成し、国内では、戦時軍需産業に徴用された者に対する宗教教化運動、空襲被災地への巡回供養、戦時祈願大法要などを行ない、植民地、占領地では軍特務機関、大東亜省などの協力の下に、大量の宗教宣撫班を送った。

政府は四四年一月文部大臣の下に宗教教化委員会を設置し、神・仏・基三教参加の下に、五月「宗教教化活動の強化促進に関する答申」をした。

それぞれの教団の動向については、例えば赤松徹真「本願寺教団における「戦時報国体制」の確立」（前掲『戦時教学と真宗』第三巻、一九九五年）、あるいは柏原祐泉『近代大谷派の教団』（一九八六年）その他がある。教団の戦争協力は、日本軍が南京を占領、南京虐殺事件が行なわれた最中の三七年一一月二九日から一二月二五日の約一か月間、本願寺派法主が上海から南京への「中支皇軍慰問」に旅立ったが、その「ステートメント」に、「現地に活躍せられつゝある将兵各位、並びに敵弾に傷つき、病瘴に悩まされつゝある諸勇士……感激慰問の敬意を表すと共に……」とある（野世英水「戦時下真宗の軍隊慰問――本願寺法主「中支皇軍慰問」をめぐって――」『真宗と靖国問題』一九九一年）。ここにはかつての日清戦争における「怨親平等」等は姿を消している。

仏教のアジア伝道

「宣教師の後に商人あり、商人の後に軍艦あり」（ホブソン『帝国主義論』）という著名な言葉がある。特定の社会主義者を除いては、日中戦争の帝国主義性に言及した仏教者はほとんどいない。アジア侵略や植民地支配（「特集白書・日本の戦争責任」『世界』一九九四年二月号）に対する、現代仏教の反省ないしそれを通じての「懺悔」・「保償」こそ、現代仏教最大のテーマの一つである。

戦時下のアジア伝道には中濃教篤の「仏教のアジア伝道と植民地主義」（前掲『戦時下の

仏教』）がある。また仏教各宗の敗戦時までの、大陸伝道に関する機関設立一覧については、仏教タイムス社編『仏教大年鑑』（一九六九年版）があり、仏教各宗派の活動状況を知ることができる。仏教伝道は日中戦争以降の大陸侵略、「八紘一宇」「大東亜共栄圏」の強行の中でさかんであった。

その中で二、三のめぼしいものを挙げれば、一九四三（昭和一八）年七月大東亜仏教青年大会が開かれたが、提出された主要議案に「仏教を通じての大東亜精神の確立とその普及徹底」「大東亜共栄圏内仏教文化交流の一大機関の創設」「仏教を通じて大東亜共栄圏建設に挺身すべき方途」等があった。

四二年四月神・仏・基・回（教）等各宗教団体が集まって、興亜宗教同盟の結成大会が開かれた。「綱領」に「皇国宗教の本義に則り、惟神《かんながら》の大道を中外に顕揚し、以て世界宣化の先達ならんとす」「崇高なる宗教的信念に基き、熾《し》烈《れつ》なる運動を展開し、以て大東亜建設の精神的基礎たらしめんとす」「反皇道思想を掃滅して、皇道文化を創建し、以て聖紀の創造を期す」とある。

植民地朝鮮半島については、朝鮮皇民化政策に仏教も協力した。内鮮融和、内鮮協和が強調された。三八年九月愛国日が制定されたが、そこでの理念は、正しい時局認識、国体明徴、内鮮一体で、その儀式は国旗掲揚、神社参拝、宮城遥拝、皇国臣民の誓詞斉唱・勤労奉仕であった。このほか言語や改姓、或いは日本の労働力不足からくる朝鮮半島労働者の強制連行、慰安婦連行、さらには国家神道の強制も行なわれた。仏教開教使の個々の心情には、朝鮮半島に対する愛情もあったかもしれないが、国策に従わざるを得なかった。また開教使は思想犯の教化や挺身報国隊の結成にも参加した。

旧満州では真宗両派の寺院、布教師が最も多かった。旧満州には居留民、開拓民も多く、その布教拡大でもあったが、また現地住民の宣撫にも仏教が利用された。そして、日満一体の「満州国仏教総会」が結成され、「日満仏教協会」も組織された。

中国では中支宗教大同連盟等ができたが、特に特務機関と宣撫班による宣撫工作が注目される。三八年八月文部省宗教局長は各宗教教団にあてた、「支那に関する基本方針」の通牒の「目的」に次の項目がある。「布教使をして住民の宣撫に当らしめ対支文化工作に寄与せしむること」。また「方法」には「布教使をして善良なる住民を信徒に択ばしめ軍の了解の下に、特別の保護を与え地方治安維持、労役、宣撫工作に之を利用すること」「現地の情況に鑑み当分の間は宗教の宣布は之を従とすること」、また「手続」として「布教使は常に軍特務部内文部省派遣員と連絡を保つこと」等がある(前掲中濃教篤論文)。ここではすでに「宗教性」は消滅している。

戦時下の仏教同和、厚生事業

戦時下被差別部落問題は、同和問題、社会事業は厚生事業と改称した。全国水平社は三八(昭和一三)年六月綱領の改正を余儀なくされ、「国民融和の完成」と方針を改めた。この年八月水平社は第一六回大会で、方針を融和団体との合同による「大和《だいわ》報国運動」とし、翌年八月大和報国会を結成した。間もなく大政翼賛会傘下の大日本興亜同盟に加盟したが、四二年四月解散した。

真宗の真身会、一如会が加盟していた中央融和事業協会は、同和奉公会と改称した。真宗両派と浄土宗は仏教同和会を結成したが、ほとんど活動していない。

社会事業は「弱者救済」というヒューマニズムが基本であったが、戦時下厚生事業は「人的資源の保護育成」が使命で、強力な兵力、軍需労働力育成が基本目標であった。むろん仏教徒の中にも、戦時国民生活が低下する中で、窮乏化した国民生活を献身的に保護しようとしたものがあったろう。しかし、すでに「社会」の名辞はタブーになった。そして、大部分の仏教徒はこれに従い、積極的に協力した。そのいちいちをあげられないので、拙著「日本近代仏教社会事業年表」(著作集6)からピックアップして引用することにする。

(一九三七)大谷派、長崎別院上海難民収容　○本願寺派、六条診療所出征軍人遺家族救恤相談所

(〃〃三八) 全日本仏教徒社会事業総連盟結成 ○北京孤児引取に佐伯祐正・森田潮応・林文雄ら出張、悲田院に収容 ○大谷派東亜仏教会を結成し中国貧困児童を収容
(〃〃三九) 全日本仏教社会事業大会仏教社会事業の大陸進出を議す ○本・大両派厦門《アモイ》(中国) 無料宿泊所・託児所設立、施米もする ○文部次官、各宗管長に結核予防国民運動実施を通牒 ○仏教連合会、各宗派宛に傷兵保護を通達、第一回傷兵保護講習会
(〃〃四〇) 本願寺派、農繁期託児所に寺院解放を達す ○全日本水平社と本・大両派合同会議 ○本願寺派思想犯保護団体白光会館新築
(〃〃四一) 浅草寺社会部結婚相談所 ○大谷派釜山別院看護婦養成所設立
(〃〃四二) 浄土宗寺院婦人銃後生活講習所 ○大谷派銃後託児所強化 ○大谷派浅草本願寺妊産婦保護結婚相談所 ○池田市(大阪) 仏教会、在日朝鮮半島人協和運動 ○大谷派名古屋別院、産業戦士不良化防止誠明学園興亜錬成道場設置
(〃〃四三) 仏眼協会無医村診療 ○本・大両派、刑務保護協会勤労青少年補導員錬成会 ○各宗管長主唱、全国各主要都市軍人援護強化運動 ○大谷派非行防止に国民塾開設を末寺に通達
(〃〃四四) 文部省各宗管長に学童集団疎開に宗派施設供用を通達 ○大谷派疎開学童受け入れを末寺に指令 ○大日本仏教会、疎開学童教護運動連絡会 ○大谷派、都市寺院に産業

戦士憩の家設置を指令
（〃〃四五）浄土宗増上寺に罹災者連絡本部を置く　○曹洞宗「戦意昂揚道義確立運動要綱」中に戦災孤児援護あり　○大谷派、孤児愛護会結成

(二)「戦時仏教」の動向

「戦時仏教」の動向

戦時国家の確立は、「紀元二六〇〇年」に表徴される一九四〇（昭和一五）年であろう。むろん戦時国家には物的人的資源の要求が中心で、宗教は第二列的存在にすぎない。しかも、仏教には「靖国」の「英霊」や、神社神道が強制されて、「信心」等の個人信仰は陰の存在にならざるを得ない。

大日本仏教連合会は「紀元二六〇〇年」を記念して、四一年「仏教報国綱領」を発行した。そこでは「大東亜共栄圏の確立と共に全世界の平和の招来」のため、仏教徒が「翼賛運動」の先駆として、あらゆる階級に、あらゆる職域に仏教の真髄を普及し、もって皇運扶翼の大義に「尽瘁」がうたわれている。その「綱領」とは「一、以和為貴、一、承詔必謹、一、背私向公、一、篤敬三宝、一、挺身実践、一、職分奉公、一、厚生興国、一、報恩謝徳」で、それぞれに解説がほどこされているが、「篤敬三宝」のごときは、四番目にあげられているにすぎない。

民間もこれに応じていることが、四〇年発刊の著書『前進仏教（日本仏教の再出発）』によく現われている。それは「皇紀二千六百年奉讃論文」を巻頭に、「国策と仏教」「仏教教学の時代的転向」「学問思想の仏教的批判」「教団の革新」「新東亜圏の建設と仏教対他宗教」「国内諸問題と仏教」「国民精神総動員と仏教」「軍人の信仰問題」の九テーマ七〇項目、戦時下仏教のあらゆる問題にわたり、山川智応・椎尾弁匡以下仏教学者、宗務行政担当者、仏教ジャーナリズムが総動員されている。何より「前進仏教──日本仏教の再出発──」という表題が注目される。

「戦時教学」といっても学問的に確立されたわけではない。そのいちいちをあげることができないので、「戦時教学」研究会が、詳細な年表を『「戦時教学」と真宗』第一巻（一九八八年）第三巻（一九九五年）に発表しているので、その内「諸宗教」に関する欄より、特に重要なものを抜粋して掲げたい。

（一九三七）文部省宗教局長、国民精神総動員運動につき宗教家の奮起を促す　〇仏教護国団、日比谷（東京）で報国大会

（〃〃三八）仏教連合会時局協議会毎月一五日に報国托鉢勤行実施　〇日蓮宗高佐日煌ら、皇道仏教行道会結成　〇仏教連合会支那開教講習会を開催

（〃〃三九）東西本願寺共催、開教使養成講習会　○文部省、宗教宗派代表協議会

（〃〃四〇）文部省、国民精神総動員宗教家懇談会　○各宗紀元二六〇〇年記念奉祝法要等　○文部省宗教局、日蓮宗に対し「皇道仏教行道問題」につき警告　○北支日本仏教連合会結成　○真宗大谷派、宗務役員橿原神宮に参拝　○第八回全国仏教大会、橿原神宮に参拝　○興亜仏教協会設立総会　○参謀本部、各宗門大学に精神文化工作科を設置し、宣撫工作人材養成を要望　○参謀本部、各派仏教代表者を招致、大陸工作、新国防体制等に協力要望　○日蓮宗京都一六貫主、伊勢・熱田両神宮に参拝

（〃〃四一）真宗大谷派、神祇観、厭欣思想、真俗二諦等時局相応の解釈を研究　○興亜団体連合会、大陸における宗教戦士養成を目的に、支那派遣宗教教師練成所開設　○宗教報国会発足　○日蓮宗右派系、日宗顕正会を結成　○神仏の相剋排除の思想特別研究会開催　○曹洞宗愛国機「曹洞号」を献納　○真宗各派協和会、神宮大麻奉安、公葬問題協議、各派別々に神宮大麻拝受通達を決定　○大日本仏教会理事会、勤労報国隊の編制決定　○曹洞宗教学懇談会、禊と禅、神社と禅宗の関係協議　○大日本仏教会、「殉国の熱誠に燃え総力を発起し一億国民総進軍の先駆たれ」と声明発表

（〃〃四二）第一回宗教団体戦時中央連絡委員会、戦時宗教活動の根本方針、対支布教練成会の設立を協議　○宗教戦時中央連絡委員会、大東亜共栄圏建設と宗教、敵性宗教の克服等

協議 ○興亜宗教同盟結成、「綱領」に「反皇道思想を掃滅して皇道宗教文化を創建し以つて聖紀の創造を期す」等あり　○金属回収令により寺院の仏具・梵鐘などの強制供出命令　○ビルマ仏教連盟結成　大森亮順・梅原真隆・山辺習学・暁烏敏ら大政翼賛会調査委員となる　○神・仏・基管長及び統理者、天皇と会見、「皇恩に答え宗教報国」協議　○文部省に貴・衆両院議員参集、国家目的帰一の宗教活動の具体策協議

（〃 〃四三）大日本仏教会聖旨奉戴報国法要　○大谷派宗議会、国体観念と宗門用語粛正の意見　○関東州宗教報国団結成　○大日本仏教青年会連盟、大東亜建設仏教青年会議開催　○東本願寺、第二次満州開拓応援作業隊出発　○東本願寺射撃錬成大会　○共栄圏各民族の興亜宗教協力会議　○大東亜仏教青年大会開催　○第一回インド独立支援仏教徒懇談会　○日華仏教共同協議会　○皇道仏教学会結成　○大日本仏教会、府県仏教会長、僧侶教師を工員として挺身率先奉公を指示

（〃 〃四四）金剛峰寺、東条首相の健闘と皇軍の加護をこめ太元国禱　○大日本仏教会、日泰会館建設協力　○駒沢大学大東亜研究所　○各宗派管長重役仏教徒総決起運動　○文部省、戦時産業動員宗教教師錬成会　○曹洞宗、玉体康寧、国土安穏、英米撃滅必勝祈願、一〇〇万円献金　○大谷派、国難突破門末統一決起運動　○大東亜仏教青年会、興亜仏教文化研究所開設　○文部省、大日本戦時宗教報国会結成、宗教団体戦時報国会常会運動実施、戦時宗

教教化指導員の設置等発表　○大東亜仏教青年会、青年仏教徒総決起運動決戦要綱決定　○大日本戦時宗教報国会、中央宗教報国大会　○朝鮮戦時宗教報国会、皇運無窮を期し結成（〃〃四五）大日本戦時宗教報国会、宗教常会で内鮮融和の予算計上　○大日本戦時宗教報国会、空襲災害激化の情況下「敵国降伏のため国民志気昂揚国体護持」の声明発表　○大日本戦時宗教報国会「日本仏教徒の誓ひ」発表　○大日本戦時宗教報国会「国内戦場化に対処すべき宗教家の決意並に具体的方策」協議　○三教代表伊勢神宮に参拝　○大日本戦時宗教報国会、大東亜圏の大使らを招き、日本に対して戦争協力を求める「大東亜宣言」発表

「戦時教学」と真宗

真宗は仏教各宗中最大の教団で、経済的基礎を檀家によっている。そして、伝道宗教として、信仰が他宗に比して宗の生命である。真宗の「戦時教学」とは、全仏教中最もドラマに満ち、とりわけ戦時国家と宗教信仰という傷ましい狭間に置かれざるを得なかった。二、三の例を挙げるに止めるが、金子大栄の『皇国と仏教』、暁烏敏の『臣民道を行く』、梅原真隆『興亜精神と仏教』等がそれであり、著者はいずれも一派を代表する教学者である。

真宗教義と「戦時教学」の最も大きな裂け目を、簡単明瞭に指摘すれば、次の諸点であ

ろう。

(1)「不殺生」を生命とする仏教、特に真宗にとっては二律背反である。日中戦争の泥沼化の中で、この命題は安易に越えられた。「衆生救済のための護法の戦争」、そこにはその歯止めとなるべき仏教と戦争という認識はほとんどみられない(本派本願寺計画課『仏教と戦争』一九三七年)。

(2)「弥陀一仏」と天皇の関係、これはキリスト教も同様である。親鸞には「国王不拝」の思想がある。そこには真宗僧侶＝「皇民」として、すでに宗教的罪悪感は消滅し、「末法濁世」という自己反省も消滅し、「弥栄」の「皇民」だけが抽象化されている。

(3)真宗の神祇観と日本の神々の関係である。そこでは「神国」のみが空転し、すでに宗教的「穢土」観はない。すでに宗門当局は大麻拝受も決定した。

(4)浄土信仰における靖国と個人信仰の関係である。「聖戦」→「英霊」→「顕彰」の中で、「靖国」と「浄土」がドッキングしている。むろん「成仏」と「英霊」に違和感を持つ遺族もいたろうが、そのような死生観は「戦時教学」では消滅している。

(5)「還相廻向」と「七生報国」もやすやす癒着している。

これらは総じて「真俗二諦」を巡って解釈されている(栗山俊之「戦時教学――『真俗二諦』の帰結――」(『「戦時教学」と真宗』二巻)。「真俗二諦」は明治中期に清沢満之によって真諦の純化が試みられたが、清沢門の暁烏敏、金子大栄らにより、この戦争との癒着となっている。それは「絶対帰依」が本領の真宗では、戦争に対する社会的客観的認識を欠いたまま、「如来の国家」が容易に「戦時国家」に転換しているのである。「娑婆即寂光土」の「即」はいわば「死復活」で、社会を媒介にきびしい否定をともなわなければ、宗教より遠いものになってしまう。戦時教学の「戦時国家」即「浄土」はそれをあらわしている。しかし、同時に、宗門行政や教学指導者とは別に、末寺や布教の現場、或いは檀家が、日常生活の中で、在来からの信仰を持ち続けた人もいたに相違ない。その信仰の発掘が急がれる。『「戦時教学」と真宗』の関係は、大著三巻にまとめられている。また総論的には池田行信「戦時教学の理論構造」(信楽峻麿編『近代真宗教団史研究』一九八七年)その他がある。

(三) 戦時下仏教の受難

日蓮宗の教典改訂と国神勧請問題

いかなる宗教も受難を経験しない宗教はなく、宗教はそれによって鍛えられるものであろう。戦時下の日蓮門下教団には、さまざまな信仰教義への圧迫があった。最も象徴的な事例が日蓮遺文改訂問題と、曼荼羅国神勧請不敬問題であった(石川康明「日蓮遺文削除と国神勧請問題」『戦時下の仏教』一九七七年)。日蓮遺文削除改訂問題は、日蓮遺文に所収された天皇・国家・神祇に関する字句が、国体と国家神道の尊厳を冒瀆する「不敬」に該当するとされ、当該字句の削除抹消ならびに伏字改訂を、政府によって強要されたことである。それに対して、法華宗教学審議会は遺文削除に反対決議をしている。

曼荼羅国神勧請不敬問題は、日蓮が図顕した曼荼羅本尊のうちに勧請された国神＝天照大神、八幡大菩薩に関し、両神が列座すること自体が、皇祖神の尊厳を冒瀆する「不敬」と断定され、その信仰教義をとる日蓮門下教団に弾圧が加えられた。「神」と「仏」を無理に関係づけられながら、戦時中「不敬」とされた。

いま一つ日蓮宗で注目されたのは、皇道仏教行道会問題がある（中濃教篤「皇道仏教行道会と日蓮宗団」『戦時下の仏教』）。行道会は三八年「天皇本尊論」を唱えた日蓮宗僧侶高佐貫長が主導したものである。四〇（昭和一五）年六月三六回宗議会で設置された宗綱審議会で作成された日蓮宗宗制案に、行道会側は「王仏一乗」等の文字挿入を主張し、信者で組織した在京国体明徴委員会は、日蓮宗新宗制は「法主国従」に立脚した反国体的宗義なりとして、内務・文部両大臣にこの禁止処分を請願した。後に宗務当局と和解したが、要するに日蓮の教義は「法主国従」、ないし「王仏協力」ではなく、「王仏一乗」であるとの主張である。

日蓮宗ではないが、門下教団として「大麻」奉斎拒否で治安維持法と不敬罪で検挙され、四四年獄中死した創価学会の牧口について先述したが、その「訊問調書」に、「本尊に帰依しながら他の神仏を拝む事は謗法となりますので、宗門（注、日蓮正宗）では謗法を強く戒しめ……（大麻等）一切のものを取払ひ、焼却破棄さして居ます」とあり、日蓮正宗の伝統的教義に忠実たらんとしている（中濃教篤「総論」前掲中濃編『戦時下の仏教』）。

真宗における聖典削除問題

三九（昭和一四）年六月、龍谷大学予科の真宗学教科書『真宗要義』にある、「如来本願招喚」に関する真宗的表現「勅命」「教勅」「仏勅」等を「不敬語」であるとする荒木文部大臣名による厳重な注意を受け、削除改訂の上、文部省の認可を得た事件があった。

本願寺派は四〇年四月五日、宗祖親鸞の著述『教行信証』と、『高僧和讃』及び『正像末和讃』の一部、また覚如によって記述された親鸞の伝記『御伝鈔』などの一部の文言も、日本の国体観念に矛盾し、天皇神聖の原理に抵触すると自ら認め、それらの文の拝読引用については、削除ないし改訂すべきであると決定した。その趣旨を示した「聖教の拝読ならびに引用の心得」のプリントをも作成し、教団の下部組織である全国の教区管事及び輪番あてに配布した。その通達文書の詳細は、信楽峻麿「真宗における聖典削除問題」（『戦時下の仏教』）に詳しい。

この聖典の文字削除の通達は、「王法為本の宗風を遵守して国体明徴の周到を期せんが為」に行なわれたもので、それによって宗内が納得したものではなく、樹下宝隆などの反対もあった。

このほかの真宗各派では、この本願寺派の大幅な改訂に「戸迷いし逡巡したとみるべきであろう」（柏原祐泉『日本仏教史・近代』）というのが実情であろう。日蓮宗・真宗は伝道宗教であり、民衆への影響力が大きかったので、ファシズム体制の中では「要注意」であったのであろう。このほか文部省は、浄土宗報国会発行の『国体と浄土宗』一部削除についても、事情聴取を行なっている。

若干の抵抗

服部之総・三枝博音・林田茂雄・高津正道・妹尾義郎その他の社会主義者は別として、真宗・日蓮宗の末寺住職らの「草の根」的な、抵抗とまではいえなくとも、意識・無意識を問わず、その宗教の伝統を護ろうとした人がいる。伊藤立教は「仏教徒の『草の根』抵抗と受難」(『戦時下の仏教』)で、「特高弾圧史に見る仏教」を「反戦言動」「要注意言動」「天皇や皇室とのかかわりに言及したもの」「造言の類」「民事的事件」に分けて説明している。そこに参考資料としてあがっている人の若干を引用してみる。また、毛利悠「近代真宗教学史の概観」(信楽峻麿編『近代真宗思想史研究』一九八八年)、信楽峻麿「近代真宗教団の社会的動向」、殿平善彦「国家神道下の真宗教団」(信楽編『近代真宗教団史研究』一九八八年)の事例も合わせて引用してみる。

○岐阜県明泉寺住職竹中彰元反戦的言辞で有罪判決。

○兵庫県特高課旧本門法華宗の関係者を不敬罪容疑で検挙。

○島根県真宗浄円寺住職柳井重信講演会で、神社参拝祈禱、千人針等を迷信とのべたので処罰。

○三重県大谷派住職植木徹蔵戦争に反対、出征軍人に敵を殺さぬよう、自分も死なぬよう訓誡し、逮捕。

その他三重県大谷派金蔵寺住職訓覇《くるべ》信雄も「特高弾圧史に見る仏教」に記載されている。このほか富山県本願寺派住職が戦争批判をして処罰され、石川県大谷派住職高光大船が反戦思想を流布したとの名目で、検挙起訴された。また中濃教篤による馬路村の神棚未設置や大麻返納の事例報告もある。

(四) 戦時下の仏教思想＝禅学・浄土教学

鈴木大拙

戦時中鈴木大拙・久松真一・西田幾多郎は、禅思想に焦点を当てながら、日本仏教ないし東洋文化の世界性を探求した。この三人は世界の哲学・思想に通じ、禅や東洋文化、日本文化の世界的普遍性を追求した。それは日本では数少い日本思想の「近代的内面化」であった。

しかし、この内面化も、戦時中という特異な状況の中で「諸刃の剣」という一面を伴わざるを得なかった。市川白弦は「国防国家思想」(『戦時下の仏教』)、『禅と現代思想』(一九六七年)で、戦時下の西田らを批判している。

鈴木大拙(一八七〇―一九六六)は石川県に生まれた。同じく同年齢で同県生れの西田幾多郎とは生涯の心友である。今北洪川・釈宗演の教えを受け、米国に渡ったが、生涯の海外生活四半世紀に及んだ。学習院教授、ついで佐々木月樵・西田幾多郎のすすめで、大谷大学教授となった。戦後はコロンビア大学客員教授となり、しばしば渡米し、仏教哲学、特に禅思想の普及者として知られる。『鈴木大拙全集』がある。

鈴木は戦時中多くの著作を執筆している。『禅と日本文化』(一九四七年)、『続禅と日本文化』『宗教的経験の事実』等々であるが、特に戦争の終末期一九四四年の『日本的霊性』は著名である。

『禅と日本文化』は、日本のあらゆる文化の中に禅的精神を読み取ろうとしたもので、従来の禅堂に閉じこめられた禅を、一般に解放しようとしたものである。秋月龍珉は「庶民世界に禅の絶対的世界の提示」「軍国主義の重圧の中で内的な生長の世界の提示」といっている(『世界の禅者――鈴木大拙の生涯――』一九九二年)。

大拙は戦後間もなく『日本的霊性』の再版に際して

其頃は軍閥の圧力でむやみに押へつけられて居たので、これではならぬ、日本の将来はそのやうなものであつてはならぬと考へた。それから軍閥の背後にあつた思想――即ち国家主義・全体主義・国家神道など云ふもの、これはわが国のこれから依つて立つべきところのものでないとの感じも強く出た。それやこれやの考から、日本的霊性なるものを見つけて、それで世界における日本の真の姿を映し出すことの必要を痛感した。

といっている。

妙好人を日本的霊性の生活的表現者として捉え、親鸞浄土教を百姓農夫の間に発見し、マルキスト岩倉政治を愛した大拙は、大谷大学の学生が出征する際に「決してむだ死するな」といっていたそうである。大拙は二度の世界大戦を経験し、世界は一丸となって、相互了解、共存共栄、同胞相助でなければならぬと考えていた。

大拙は禅の研究者であると共に、その体現者で、その禅は自由であった。海外生活四半世紀に及び、西洋的「生活世界」に具体的に生きた上での「本来、東西なし」「心法無形、十方に貫通す」という禅であった（『東洋的な見方』上田閑照解説より、一九九七年）。

久松真一

久松は一八八九年岐阜市生まれ。京都大学・臨済宗大学（現花園大学）教授、一九五七年には、ハーバード大学客員教授、妙心寺池上湘山についた。禅によって「東洋的無」を身証した。一九三九年に著した『東洋的無』の「序」で、自分の学問は学者になるための学問ではなく、「私の全き命自体に課せられた生きた問題」と規定している。

久松は禅の奥義を究め、その主著には『東洋的無』や『絶対的主体道』（一九四八年）があり、その他『禅と美術』（一九五八年）等もある。久松は絶対的主体道を没溺絶望の深底より、縁に随って頓に浮び出で、みずから游泳の用を生じ、もはや全く没溺の危惧なく、さらに他力の必要もなく、絶対自力的に、心や、波浪を、彼の用の不可欠なる肯定的契機として、独脱無依に波間に浮沈し、溺るるものに対して大悲の波を起し、それを機に応じてみずから泳ぐことのできるようにするものである。

と説明している。そして、西欧的神秘主義や非合理主義等に対して、「東洋的無」の独自性を明らかにして、人間中心、或いは神中心ではない、両者の統合としての絶対的主体道を解明した。

著書『東洋的無』は、「東洋的無」ほか一五篇で構成されている。「有即無、無即有、肯定即否定、否定即肯定、生即死、死即生」の世界を提示しながら、汝と我の区別を絶した「無」としての我の上に、一切が蘇る「東洋的無」が説かれている。「東洋的無」を敷衍しながら「東洋的無の無一物性」「東洋的無の虚空性」「東洋的無の即心性」「東洋的無の自己性」「東洋的無の自在性」「東洋的無の能造性」を説いている。

久松は「禅―近代文明に於ける禅の意義」で、禅の「独脱無依」「真空妙有」「一即多」「根元直入」「無相の自己」を説きながら

自己批判を忘れた人間中心の近代的自律的ヒューマニズムにも堕さず、自律にめざめぬ神中心の前近代的神律的宗教にも逆行せぬ高次の新ヒューマニスティックな宗教が樹立せられるのでありましょう。

と禅に期待をかけている。

久松は正しい自覚の根拠をなす主体は自我ではなく、自我が全然「無」である「無我的主体」であるとし、それを「根元仏」と呼んだ。無神論的宗教的人間である。それは人間主義的な自律ではなく、自律を絶対に否定した処から蘇る宗教的自律であった。久松の言葉でいえば

生死的な私とも滅度的な私とも違ったものでありながら、やはり私である。そこには全くの断絶でありながら、その断絶の中に続いているものがある。すなわち滅度的主体が働き出る所に、還相があるのであるが、還相の主体は、仏教においては、どこまでも私でなければならない。

としている。「滅度的な私」、即ち真仏は同時に、そこにはじまった清浄な生命である「真実の人間」を意味している。「無相の自己」となることが本当の自己になることであり、それが真実平等の立場、人類の平等に立つことであり、歴史を超えた深い心を持って、しかも歴史の変革のために働くことである。そこに久松の禅があったのである。

高弟藤吉慈海によれば（『禅者久松真一』一九八七年）、理性と矛盾しない理性にも納得できる宗教―行的な主体知としての禅―学問と行業を統一する生活、僧でもなく俗人でもない居士久松の禅であった。

久松は禅の宗教的内面的性格を、世界的普遍性において注目した。それを日本文化・東洋文化の根底にある、自己の依るべき根源的生命とし、それを日本文化の中に発掘しようとした。それは戦時における、日本以外には目を閉じた、閉塞状態に追いこまれた文化論に、新しい光を提示するものであった。

久松は戦争を積極的に肯定もせず、戦後民主主義を謳歌もしなかった。四四年京都大学学道場を創立した。五〇年四月の「人類の誓い」に

私たちは、よくおちついて本当の自己にめざめ、あわれみ深いところをもった人間となり、各自の使命に従って、そのもちまえを生かし、個人や社会の悩みとそのみなもとを探り、歴史の進むべきただしい方向を見きわめ、人種国家貧富の別なく、みな同胞として手をとりあい、誓って人類解放の悲願をなしとげ、真正にして幸福なる世界を建設しましょう。

とある。そこには「無相の自己に目覚め」「全人類の立場に立ち」「歴史を超えて歴史を創る」という、日本仏教の内面的でしかも普遍的な姿が示されている。

西田幾多郎

西田は哲学者であり、仏教学専攻の研究者ではないが、その学問形成の要因の一つに、禅を中心とする仏教があることは周知のところである。その意味では鈴木大拙・久松真一

と共に禅仏教の居士群を形成している。戦時中の西田については評価が分かれる。しかし、西田が「日本文化が世界史的になる」という場合、「日本精神主義者たちと全く違う根底に立った議論であった」（上田閑照『西田幾多郎――人間の生涯ということ――』一九九六年）。そして、「東西共栄」を通じて世界的世界を実現すること、これが東西諸民族の歴史、これが東西諸民族の歴史的課題であるという場合も、大東亜共栄圏を世界的世界を共に構成する諸特殊的世界の一つとして、「東西共栄圏」という普遍的発想であった。その故に軍部からは理解されず、「日本精神」主義者からも攻撃された。

西田が『国体論』の中で、国体への忠誠を語っていたころ、同僚田辺元は次章でのべるように、自己の戦争協力を反省し、「懺悔道の哲学」を講じている。そこに田辺と対比される西田の否定的評価も生ずる。しかし、西洋文化に詳しい知識と教養を持った西田によって、日本文化ははじめてその内面性を明らかにすることができたのである。

曽我量深

浄土教学を代表して曽我量深をあげてみよう。清沢満之が日清戦争のはじまった一八九四年その信仰を樹立したのは見事であった。しかし、その如来の絶対性と社会性排除の信仰が、はじめての帝国主義戦争である日露戦争の中で試みることなく、戦争直前に没した。

清沢門下佐々木月樵・多田鼎・暁烏敏・金子大栄等々の中で、最も親鸞信仰を貫き、浄土真宗教学に責任を持ち、田辺元の「懺悔道の哲学」等に影響を与えたのは、曽我量深である。

福島和人は『戦時下の諸相・親鸞思想』（一九九五年）で、戦時下の曽我量深を、「苦悩する戦時下の教学者」と表現しているが、それがふさわしい規定であろう。はじめに二、三の曽我の戦時協力とみられる発言を紹介しておこう。神祇観として

仏国と神国とは本来一つである。もと一つのものが歴史的に二つに分けられている。分かれているそのままが一如である。

（『行信の道』第四輯）

その戦争観は

戦争をやりかけた以上は、日本の国があらん限りは何処までも続けて行かねばならぬ。支那の蔣介石はいつか止めるであろうが、日本は止めない。我が日本の国の歴史の世界に於ては、いつ迄も始めが続き、止むことなし。即ち、天壌無窮である。本当に始めた限りは止めないのは日本の国体である。

（『行信の道』第三輯）

といっている。

それならば曽我教学は、二節で説明した教団の信仰を放棄した無論理な戦争ベッタリズムであろうか。前記福島和人は「共業感において受け入れての宗教的姿勢にたつ共業的歴

史観」という。曽我の戦争協力の発言は、「宗教的姿勢」の点で、真宗教団の政治的教学とは異なるであろう。

しかし、清沢の流れをくむ精神主義は、如来の絶対性を介入させることによって、戦争遂行を絶対化し、帝国主義その他の社会的客観的批判を排除した。戦時中良心的に苦闘した曽我も例外ではなかった。

八章　戦後の仏教

(一) 教団仏教の動向

社会的経済的打撃

一九五八（昭和三三）年日本経済は高度成長へ離陸し、六一年「所得倍増計画」を閣議決定した。敗戦から五八―六一年ごろまでを戦後とみて、戦後仏教を概観したい。

「日本国憲法」で保障された平和国家、民主主義、特に信教の自由は、日本仏教にとってはじめての経験といってよい。むろんこの宗教改革といってもよい変革は、日本仏教の主体的努力によって獲得されたものではない。敗戦の代償として得たものである。もしも戦後改革に、多少でも主体的発言をしようとするならば、戦争中仏教が協力した戦争責任と、一千万に余る侵略国、植民地国、そして、日本の死者に対する「懺悔」からはじめなければならないだろう。この戦争責任や「懺悔」が仏教全体の問題になったか、どうかは、戦後仏教の五〇年史が証明する。

戦後、仏教寺院の打撃は次のようなものである。

(1)経済的打撃として、まず都市寺院を中心に戦災がある。その数は寺院の約六パーセントといわれる。(2)自作農創設特別措置法により、社寺教会所有地が解放された。(3)国民全体の窮乏化から寺院離れが起こり、「身売り」する寺院すら生じた。

社会的打撃として、(1)家族制度からの解放につれ、檀家制が衰退した。そして、本末関係も弛緩した。(2)経済変動に伴って人口移動が起こった。それは村共同体の解体でもあるが、寺院の経済的基礎を崩すことでもあった。

(3)新宗教の勃興で、神々の「ラッシュ・アワー」といわれた。新宗教の七割が法華系で、創価学会・霊友会・立正佼成会等々である。新宗教には、敗戦後の貧困、病気等に対する現世利益性、啓示性に富むダイナミズムがあった。また戦後流行のキリスト教、とくにクリスマス等の風俗も、これに加わって仏教離れとなった。

教団仏教はその封建制打破、GHQの宗教政策、そして民主化政策対応に追われ、また戦後の国民の価値転換への対応も遅れ、「無気力」状態もみられた。

宗教法人法

敗戦の年一九四五(昭和二〇)年一〇月四日、GHQは日本政府に対し、「政治的、社会的及び宗教的自由の制限撤廃に関する件」を命令し、同月一五日までに報告するように指示した。そして一二月、戦時下の宗教団体法の廃止に伴い、宗教法人令が公布された。

仏教は戦後になって、本格的意味ではじめて信仰の内容や、宗教活動の自由が保障された。その法的根拠は「日本国憲法」二〇条である。即ち

㈠ 信教の自由は、何人に対してもこれを保障する。いかなる宗教団体も、国から特権を受け、又は政治上の権力を行使してはならない。

㈡ 何人も、宗教上の行為、祝典、儀式又は行事に参加することを強制されない。

㈢ 国及びその機関は、宗教教育その他いかなる宗教的活動もしてはならない。

である。従来長い時代にわたって、政治権力の宗教利用と統制・弾圧、逆に「鎮護国家」「王法為本」等にみえる、政治権力からの保護に馴れてきた教団仏教にとって、信教の自由は、さまざまな宗教的権威の低下、新宗教の興隆等々で、教団仏教の混迷をみた。しかし、この宗教的自由、すなわち宗教の自主的自律化こそ宗教の近代化と呼べるものであった。

宗教法人令は戦時の宗教団体法に代わるものであるが、これにより宗教法人の設立は、自由化、簡略化された。第一条で

神道教派、仏教宗派及基督教其の他の宗教の団体並に神社（神宮を含む以下同じ）、寺院及教会（修道会等を含む以下同じ）は本令に依り之を法人と為すことを得。

と定められている。神道は教派神道のほか、神社神道も宗教法人に含まれ、これまで伊勢神宮や靖国神社の礼拝という、仏教徒やキリスト教徒にとって、二重の宗教行為から解放された。

一九五一年四月、法律第一二六号で宗教法人令に代わって、宗教法人法が公布され、即日施行された。法は宗教団体に「法人格を賦与すること」を目的とする法律で、宗教法人を管理するための法律ではなかった。第一条第二項に

憲法で保障された信教の自由は、すべての国政において尊重されなければならない。従って、この法律のいかなる規定も、個人、集団又は団体が、その保障された自由に基いて、教義をひろめ、儀式行事を行い、その他宗教上の行為を行うことを制限するものと解釈してはならない。

と示している。宗教法人令は届け出制であったが、本法では認証制をとっている。所轄庁は、包括団体は原則として文部大臣、被包括の単位団体は、その所在する都道府県知事が担当した。宗教法人令によって、二七〇教団に還元または分派独立したものが、五一年の宗教法人法によって整理され、六四年では一六五となっている（松野純孝「現代の仏教」『日本仏教史』Ⅲ）。宗教法人法の作成過程については、古賀和則「占領下における宗教関係法令草案作成の構図」（『日本近代仏教史研究』一九九七・三）があり、法全体については

『改訂・宗教法人法の基礎的研究』(一九七二年)がある。

各宗派では戦後の民主化に応じ、戦時下に定められた「宗法」を改定せざるを得なかった。特に教団に多分に封建制を残していた真宗両派もそれぞれ「宗法」「宗憲」を改めた。両派の基本的問題点は、(1)法主制の問題、(2)教団ヒエラルヒーの清算、(3)教学内容、(4)宗法制法の教団階層で、特に焦点は血脈相続の法主制は、俗権の天皇制と重なるものであった。本願寺派の新宗法も民主化に応じ、「宗門の立法は宗会がこれを行う」と立法権を確立し、門主権から独立が図られている(大江修「本願寺教団の民主化と戦争責任」信楽峻麿編『近代真宗教団史研究』)。しかし、この宗法も旧制度の否定に止まり、教団制度の基本を門徒民衆におく、近代的なものではなかった。

真宗大谷派では四六年九月二四日「真宗大谷派宗憲」を定め、五一年には宗教法人法にもとづき、同年一二月「真宗大谷派規則」、さらに八一年五月「大谷派宗憲」が制定された。教団の中心を「教法」におき、法主制、管長制を廃して門主制を敷き、宗務に関する行為は「すべて内局の進達を必要とし、内局がその責任を負う」ことにした(柏原祐泉『近代大谷派の教団——明治以降宗政史——』一九八六年)。

教団の再建・仏教界の動向

敗戦後の新情勢に応じ、各教団はそれぞれ再建運動を図った。このうち最も注目されるのは大谷派の同胞会運動で、「家の宗教から個の宗教へ」をめざしている。その目的に「会員が自らの上に教法を聞き開き、その自覚を生活に生かし、もって健全な社会の形成に寄与すること」とある。そこには戦後の民主化や家族制度の変革に応じ、本末制や檀家制の遺制を離れ、同信者がすべて同じ資格の一会員として、聞法中心の教団をめざすもので、いわば一種の宗教改革の試みでもあった。そして、先述の「宗憲」も定められ、宗の機構も改革された。しかし、この改革に対し、宗からの独立運動や離脱寺院も出た。清沢満之は明治中期の改革で、改革は末寺から始めなければならないと告白しているが、ここでも同じである。

仏教界の動きとしては、戦争末期政府主導の「大日本戦時宗教報国会」は解散し、日本宗教会（翌年日本宗教連盟と改称）となった。四六年五月、連盟は全日本宗教平和会議を開き、満州事変以来の戦時体制協力を懺悔し、新憲法の戦争放棄は、宗教の平和精神と一致するとしている。しかし、朝鮮戦争が起こり、日本の再軍備化が進むと共に、戦争責任の懺悔・反省は影を薄くした。

全日本仏教会は、四六年結成の仏教連合会と、五二年六月発足した世界仏教徒日本連盟が、五四年六月、合同して発足したものである。その目的に、仏陀の和の精神による相互の緊密な連絡提携のもと、全国各種仏教運動に全一性と計画性をもたせ、時代即応の活発な仏教運動を展開することや、仏教による国際文化交流の促進により、仏教文化の宣揚、世界平和の進展に寄与すること、等を掲げている。

世界仏教徒連盟はスリランカの独立（一九四八年）と同時に、セイロンのマララセーケラの呼びかけで、同年結成され、コロンボで第一回世界仏教徒会議が開催された。連盟の目的に、仏法の宣揚、仏教の宣布、仏教徒の友愛・団結、社会・教育・文化および人道上の問題に尽力、人類の幸福・調和に努力し同目的で活動する他団体と共働すること、等が掲げられている。第一二回日本大会（一九七八年）では共通課題として、核兵器の廃絶、環境破壊問題等も取り上げられた。

妹尾義郎は四六年五月仏教社会主義同盟の結成に努力したが、戦時中解散させられた新興仏教青年同盟の壬生照順、林霊法らと仏教社会同盟を組織した。そのスローガンに「我等は諸宗教と協力して世界平和の実現を期す」と掲げた。ちなみに五三年日中友好協会、労働組合、仏教団体が第二次大戦中の中国人強制連行者等に対し「中国人俘虜殉難者慰霊実行委員会」（委員長大谷瑩潤）が結成され、第一、二、三次の遺骨送還をしている。

最後に全日本仏教青年会や全日本婦人連盟、世界連邦日本仏教徒協議会等の組織・再組

織がある。全日本仏教青年会は、一八九二年すでに活動を始めたが、戦時中に解散し、一九五五年再発足した。世界連邦日本仏教徒協議会は、世界平和確立のため世界連邦運動に加わったものである。

これらの団体はいずれも平和を掲げ、戦後民主化に呼応しようとしたものであるが、一、二の団体を除くほかは、経済の高度成長への国策の転換の中で、次第に影を薄くしていった。

(二) 平和と人権

平和運動

仏教は教義として「不殺生」や「非暴力」があったが、その戦争との協力の現実は、日清戦争以降の諸戦争で証明されている。太平洋戦争後の「仏教平和論」も、世界史の中で、普遍的に実証されなければ、世界の平和運動に対応はできない。

四七年五月、日本宗教各教派は、全日本宗教平和会議を開き、日中・太平洋戦争を侵略主義と規定し、戦争を防止できず、進んで戦争に協力したことを反省・懺悔した。しかし、日がたつと共にそれも風化した。

五二年第二回世界仏教徒会議が東京で開かれ、平和が論議された。五三年五月には京都清水寺大西良慶らが「京都仏教徒会議」を結成し、仏教の平和運動を続けている。また米国のビキニ水爆実験が行なわれるや、仏教者平和懇談会その他によって、世界平和者日本会議が開かれ、原水爆禁止平和宣言を決議した。五六年全日本仏教会はビルマに遺骨収集団を派遣した。

この期の教団をはじめとする仏教者の会議で、平和を掲げないものはほとんどない。しかし、仏教の平和運動は朝鮮半島戦争以降の歴史の展開の中で証明しなければならない。戦後仏教史の中で、平和運動として後世に残るものは、四節でのべる妹尾義郎らと、日本山妙法寺の藤井日達であろう。

藤井日達は一八八五年熊本県に生まれ、日蓮宗大学（現立正大学）を卒業した。アジア各地に日本山妙法寺を創建したが、三一年カルカッタに上陸した時、日蓮が「諫暁八幡鈔」の中でのべた「日本の仏教月氏へ帰るべき瑞相也」といっている。

藤井の平和思想にはガンジーの影響もあったであろうが、藤井は

余は無抵抗主義を主張し、非武装、非戦を主張するに至ったのは、ガンジー翁に会見したからではない。広島・長崎に原爆が投下され……現代戦のいかに罪悪にして狂乱、愚昧野蛮なる性質を見たるが故である。（『毒鼓』）

といっている。そして、

国際戦争を未然に阻止せんがために、南無妙法蓮華経を唱え奉って、如来の不殺生戒を全人類に全世界に、諸国家群に諸民族に宣伝せねばならない。（『宝塔』）

との使命感である。七九年日本山妙法寺を中心メンバーとして開催された世界平和者会議

の「趣意書」にも、「非暴力」が謳われている。平和憲法擁護、軍備全廃を訴えつつ、共産圏の暴力に対しても批判をしている。

しかし、藤井の平和運動には宗教を基調としながら、同時に社会に対する鋭い洞察が働いている。例えば「立正安国」(拙稿・解説『現代仏教思想入門』一九九六年)は、宗教的立場で「平和国家建設の方針」を説いたものであるが、朝鮮半島の戦争が背景となっている。そこには平和憲法による非武装という歴史的課題と、不殺生《ふせつしょう》の精神の顕揚という、宗教的課題が統一されている。単なる抽象論ではない。

自衛隊が設置された時も、藤井は「不殺生戒」を発表し、

自衛隊の職業が殺人破壊であり、不生産、不道徳、反宗教的なるのみならず、第一に自衛隊の名称からすでに不道徳であります。

と批判している。原水爆実験反対運動、基地化反対運動と反対運動を続けた。「殺生戒」を基調とする藤井の発言は、戦後平和運動に一つの位置を持っている。

人権=被差別部落問題、靖国問題

戦後民主主義の核は人権で、憲法の中心の一つもそこにある。仏教教義の縁起観や我の否定、自他不二的平等観と人権の関係は誠に困難である。西欧は人権闘争の長い歴史を持

つが、日本の人権の歴史は誠に短い。

仏教は権利感覚に弱く、被差別部落をはじめ民族差別（特にアジアの）、婦人差別、障害者差別等々の「差別」も、むしろ欧米の近代化を学習することから出発したといってよい。

被差別部落の仏教宗派は、その真偽を別として、一九二一年の内務省調査では、浄土真宗の檀家数は全檀家数の八二パーセント、次いで日蓮宗の四パーセントといわれている。一九六七年調査では、被差別部落寺院のうち九一パーセントが浄土真宗で、うち本願寺派が八〇パーセント、大谷派が二〇パーセントといわれている。

四六年一月、旧全国水平社の松本治一郎・潮田善之助・北原泰作・松田喜一や、本願寺派の梅原真隆、大谷派の武内了温らが発起人となり、全国部落代表者会議発起人会議を開き、部落解放委員会が結成された。

本願寺派では四九年六月、一如運動委員会を結成し、戦前の一如会を継承、五〇年同胞会を設置し、同胞運動として再出発したが、盛んとはいえなかった。大谷派では四八年九月戦前の真身会を復活したが、五四年二月同和問題協議会を設置した。しかし、「同和」や「融和」的色彩が強く、問題が起こる度に、事後対策に追われた。

付記しておきたいのは、信教自由の観点からの「靖国」問題がある。信教の自由の保障からいって、死後は本人の信仰によるべきことが筋である。また仏教の平等観からいって、戦時の軍隊の階級等が問題となるはずはない。

五二年の対日平和条約発行ごろから、いわゆる「逆コース」の風潮が出はじめ、靖国神社の国家護持や閣僚の公的参拝が問題になりはじめた。五二年一一月、第四回全国戦没者遺族大会で、神社慰霊行事の国庫支弁が決議され、政府、国会に要望した。五六年三月、自由民主党は「靖国神社法草案要綱」を作成した。

(三) 戦後思想と仏教（一）……哲学・思想

戦争責任

仏教者の戦争責任は仏教者全体が負うものであろう。しかし、史資料が不十分なこともあって、ここでは知識層のそれに留めざるを得ない。市川白弦は『仏教者の戦争責任』（一九七〇年）その他を執筆した。仏教教義は寛容や和合、無抵抗主義にあるが、日中戦争、太平洋戦争には、教団指導層を中心に積極的に協力したことは前章で記した通りである。それに対し、反省や懺悔を欠くことは、仏教の宗教としての自己否定である。市川の著書で注目されるのは「転向と体験」「戦争体験との対決」「西田幾多郎論――絶対無のつまき――」等である。他に「仏教における戦争体験」（『禅学研究』一九五九年）がある。

宗教の戦争責任という場合、国外的・国内的な具体的責任と、宗教的精神的責任の両面を含んでいる。国外的責任は前章でみたように、アジア侵略等であり、国内的責任とは総動員体制その他の一翼を担ったことである。

戦後思想といえば、多かれ少なかれ戦争との協力、非協力に関係するであろう。仏教関係も以下述べる人のほかに、インド哲学の中村元、歴史学の上原専禄、家永三郎をはじめ、取り上げねばならぬ人も多いであろう。しかし、今回は以下数人に留めたい。

田辺元――懺悔道の哲学

田辺元の「懺悔道の哲学」（前掲拙編・解説『現代仏教思想入門』）は、親鸞を基礎にした、戦時から戦後の出発点となる書である。田辺（一八八五―一九六二）は著名な哲学者で、「種の論理」を展開し、西田幾多郎と並んで、日本の観念論哲学の基礎づけを行なったといわれる。田辺の『懺悔道としての哲学』には「序」に「昭和二〇年一〇月、北軽井沢にて」と記している。田辺は敗戦色濃くなるころ筆を断ち、沈黙を守り、その結果、親鸞に大きな示唆を受け、「懺悔道としての哲学」に到達した。本書は哲学書ないし求道的哲学書で、単なる宗教書ではない。観念論哲学者田辺元は、敗戦色濃き危機時代に、哲学者として「七花八裂」の中に身を置きながら、なお敗戦後の社会に「懺悔道」を通じて、宗教的＝社会的発言をしようとしている。

辻村公一は『田辺元』（現代日本思想大系、筑摩書房）の二五三頁で、

絶対合理主義に立脚した「絶対媒介の哲学」が、非合理的現実（㊟戦時国家）の理性化とい

う課題の遂行において理性の絶対的分裂に陥り、七花八裂の極、懺悔の道に理性を超える他力哲学の立場を見出した。

と説明している。田辺自身、敗戦間際のすでに理性が通じ得なくなった日本で、理性を生命とする哲学者である自己が、国家に「直言」もできず、敗戦という危急存亡の中で、国家の非合理性に協力しなければならない「絶体絶命」の境地を訴えている。

その極点で到達した他力懺悔道には、曾我量深の影響もあったが、田辺自身の言葉として、「私は他力の催起に身を任せて懺悔を行じ、他力に信頼してみずからの転換復活を証せしめる」といっている。まさに懺悔道を通じての「死」と「復活」である。

田辺が「懺悔道」は「広く社会性を帯びることを初から感じていた」といっている点が重要である。その宗教的哲学的社会観は、自由と平等との統一としての博愛、民主主義と社会主義の統合としての協同連帯等、言葉を換えていえば、「第三の途」としての兄弟愛社会の発見であり、「懺悔道」は「民衆の哲学」であるという確信である。それが他力懺悔道を通じての田辺の敗戦後社会の「復活」であった。この「愛」については、基督教への接近、或いは、社会の現実理解の不足という指摘がある。田辺は「自力を傾注して而もその無力に慚愧して懺悔を行ずる求道者始めて成就するのである」といっている。本書は哲学書であると同時に、敗戦前後を舞台とした求道の書である。

三木清――「親鸞」＝歴史的自覚

三木（一八九七―一九四五）は哲学者。評論家で兵庫県生まれ。「パスカルにおける人間の研究」のような作品もあるが、一時マルクス主義にも傾斜した。「不安の時代」の哲学者で、代表的著作に『構想力の論理』『歴史哲学』等があり、敗戦後獄死したことはよく知られている。

三木は浄土真宗の家に育ち、『歎異抄』を枕頭の書としている。三木の「親鸞」は四四年ごろから稿を起こされたらしい（『三木清全集』年譜）。久野収によれば、「親鸞」は三木の獄死後疎開先から発見されたもので、執筆時間はかなり早くからという（『三木清』前掲『現代日本思想大系』中）。歴史哲学者三木は「親鸞」を、敗戦下の歴史的自覚を超越的であると同時に、内在的に自己の歴史時代に重ね合せて理解しようとした。それは戦争責任を引受けようとする歴史哲学であろう。

「親鸞」は絶筆であり遺稿であるが、未完の書である。この書はむろん親鸞の研究書ではなく、三木の「歴史的自覚」の書である。「親鸞の思想には深い体験によって滲透されていた」という書き出しではじまる本書は、次の点が重要である。

第一は、三木のいう不安な危機時代の「歴史的自覚」と、親鸞における「末法」とが組み合わされ、そして、このような時代における親鸞の「愚禿―悪人正機」の人間観が重視されていることである。

第二に「宗教的人間」を内面的超越的に理解している。それは「末法相応」の危機的人間観である。そして、親鸞の『教行信証』に引用された「三願転入」の超越的他力信仰が示されている。三木によれば「宗教的真理」はまた「実存的真理」に通い合うものである。第三に「社会的生活」として、あらゆる人間が同一、平等な真宗の「同朋同行」主義が提示されている。

本稿は多難多彩な生涯を送り、若死した三木の最後の告白の文とみることができる。

服部之総――マルクス主義者の親鸞

服部之総《しそう》・三枝博音・高津正道、加えて『たくましき親鸞――共産主義者による再発見――』を執筆した林田茂雄、『親鸞――歎異抄の人生論――』を書いた岩倉政治ら不転向、或いは偽装転向者らは、戦後の自由な新しい時代を迎えて、親鸞の新しい解釈をし、真宗関係者ばかりでなく、知識層にも広く影響を与えた。特に服部は『親鸞ノート』(一九四八年)、『続親鸞ノート』(一九五〇年)等で、階級的視点で親鸞をとらえ、宗門の伝統的教義から「王法為本」を排除し、「信心為本」の実態を明らかにした。彼の著作は社会的反響を呼び、さらに多くの歴史研究者による一向一揆研究等の呼び水となった。

服部（一九〇一―五六）は本願寺派の出身、社会学を専攻し新人会に関係し『資本主義発達史講座』(岩波版) を編集した。平野義太郎・野呂栄太郎・山田盛太郎・大塚金之助・羽仁五郎等いわゆる講座派の中心の一人であり、明治維新史研究者で『唯物論研究』『歴史科学』の創刊にも関係し、三木清の論敵でもあった。戦後は同じ本願寺派出身の三枝博音と鎌倉アカデミアを創設し、終始在野のマルクス主義史家として活躍した。

服部は『親鸞ノート』の「序」で、親鸞を寺から取り出して、その生きていた「農民」のそばに「放ってみたいと願った」といっている。そして、同時にヘーゲルや三木清ら西欧風の観念論哲学の枠の外に取り出したいといっている。

山折哲雄は『親鸞ノート』正続の問題点を、次の三点に整理できるといっている（「服部之総論」『日本仏教思想論序説』一九八五年）。すなわち(1)親鸞とその家族構成、(2)親鸞の信仰と思想を支援した階層、(3)親鸞教義における護国思想の三つである。そして服部は、蓮如が親鸞に対し教学上の至上命題として、「信心正因」と「王法為本」の二諦を打ちたてたが、蓮如のそれは「本来親鸞の思想とまったく関係のないものであった」と『ノート』でのべている。

㈣　戦後思想と仏教（二）……文芸・社会

亀井勝一郎――転向の一事例

亀井（一九〇七―六六）の転向は、中野重治らの一回の転向、そして、戦後の復活とは異なり、「回心」とか「復帰」とか、複雑なくり返しと交替がみえる（藤田省三、前掲書）。マルクス主義者としてプロレタリア作家同盟に属し、戦時中は日本浪漫派の同人となり、戦後は親鸞に近づいた。亀井の思想遍歴は、政治的なものから離れて仏教的転向の代表例である。

亀井は六七（昭和四二）年の「信仰について」の一編「信仰の無償性」（四二年）の中で、マルクス主義からの訣別の動機を語っている。そして、四四年『親鸞』、四六年『聖徳太子』などを執筆した。彼は「近代化と死」で、左翼に関係し、そこから離脱し、戦争を肯定しながら、結局敗戦を経験する中で、死に対する主体性を発見したといっている。亀井は「愛とは永続的凝視力」とし、おのずから回向されてくる仏性の凝視力と大慈悲の愛を認め、「愛の無常も、罪の意識も、我のはからいでなく、この与えられた明晰の所作」とし、親鸞に近づいた。亀井は自分の文章を「信仰の詩」と呼んでいるが、詩と宗教、美と信仰の関係、したがって芸術と信仰の関係が明らかにされているとはいえない。

武田泰淳——第一次戦後派

第一次戦後派、埴谷雄高、椎名麟三、堀田善衞、武田泰淳、野間宏、中村真一郎らの文学者は、戦争の現実や、戦後責任を痛切にその作品に投影させている。この中では武田泰淳、野間宏が特に仏教と関係が深い。

武田泰淳(一九一二—七六)は三二(昭和七)年幼名覚《さとる》を泰淳と改め、浄土宗僧侶の資格を取り、長専院に住した。七六年六四歳で早逝したが、戒名は恭蓮社謙誉上人泰淳和尚位である。父は大島泰信、インド哲学者で、武田は「僧侶の父」「坊さんらしい人」を執筆し、敬慕している。伯父(母の兄)は渡辺海旭で、サンスクリット等の世界的学者、したがって、武田の仏教の知識は並のものではなかった。『武田泰淳全集』全一八巻、別巻三がある。

このような経歴からして、武田の仏教は、単なるサイドワークとしての仏教論とは相違して、教団内部や寺院内の現実を知り尽しての発言である。

いま一つ重要なのは、旧制浦和高等学校から東大生活のはじめにかけて、五味一、大橋隆憲らと思想運動を行ない、転向体験を持っていることである。大学では中国文学を専攻し、竹内好らと知り合ったが、中国で戦争体験をし、その懺悔と逆に中国に対する愛が、武田の文学の基調となり『司馬遷』等を書くに至った。転向体験や中国体験がその作品に「含羞」さを与えている。

武田の文学は埴谷雄高が「茫洋巨大」(『増補・武田泰淳研究』のあとに)というように、近づきがたいものがある。関伊佐雄が『武田泰淳の世界——諸行無常の系譜』(一九九六年)で、武田の小説で頻度の高い言葉として拾い出しているのは、「戦争」「殺人」「罪」「罰」「司馬遷」「滅亡」「空間的」「聖書」「絶対」「無常」「親鸞」「キリスト」「平等」等である。武田はドストエフスキイに傾倒し、一面それに挑戦しようとする姿勢もみえる。

武田の仏教に関する論文、エッセイは数多いが(『武田泰淳年譜』)、文学的視点でみるとき、「諸行無常」が基本にあり、生まれ変わるという「輪廻」観がある。それはいうまでもなく仏教の「法《ダルマ》」である。自分の中に「業《ごう》」(地獄)や終末を抱え、満足を拒む「永劫の人間」であり、「滅亡に生きる人間」である。そこには弱者に徹する意識があり、絶対的なものより相対化された「平等」が展開されている。それらは「蝮のすゑ」「異形の者」「ひかりごけ」以下に示されている。

武田は「仏教と社会主義が一つのものだったら」「今の坊さんより社会主義者のほうがずっと仏教的」等、仏教と社会主義の接点に関心を持った。それは武田文学の重要な中心に政治論があったからでもあったが、それは単なる社会主義志向ではなく、仏教の「平等観」がその思想の根本にあったからであろう。

野間宏——第一次戦後派

野間は一九一五（大正四）年神戸生まれ。父卯一は信仰心が厚く、親鸞の教えを奉ずる在家仏教の一派を開き、西宮の自宅に説教所を設けた。都市下層の貧困者が卯一の説教所に多く集まったという（『野間宏全集』年譜）。京都大学仏文科に入り、非合法組織の学生グループ「京大ケルン」に接触し、卒業後大阪市役所社会部に入り、融和事業を担当して被差別部落に出入りした。四一年召集を受け、バターン、コレヒドール戦に参加した。四三年七月治安維持法に問われ、大阪陸軍刑務所に入所した。

戦後四六年四月『暗い絵』を執筆し、第一次戦後派の先頭を切ったが、この年日本共産党に入党した。しかし、四七年その「近代主義的傾向」が党から批判を受けた。この年、畢生の巨篇『青年の環』がすでに姿を現わしている。五二年『真空地帯』を刊行し、話題となった。

野間は教団人そこのけの仏教研究をしており、特に親鸞研究がそうである。「現代のなかの仏教」(一九六四年全集以下同じ)では、原水爆等自分の力でどうにもならない乱世の中の「自然法爾《じねんほうに》」が説かれ、「日本人の宗教的心情」(六五年)では、少年時代仏教にとりまかれた自分をもう一度見直そうとした。そこには父からの幼児体験や服部之総の影響があるといわれている。「仏教のなかの私」(年月不詳)では、弁証法的唯物論を奉じながら、なお仏にそむく自分が地獄におちる夢を毎日のように見ると自己告白をしている。長篇小説『わが塔はそこに立つ』(一九六二年)も、小説の中心に親鸞思想がある。野間は唯物弁証法と仏教の格闘を通じ、なお日本のマルクス主義を仏教を通じて深めなければならないと考えたのである。その親鸞は服部と同じく、農民の求めるものの中に生きている親鸞であった。

野間の仏教の代表的著作は『歎異抄』(一九六九年、筑摩書房)『親鸞』(一九七三年、岩波新書)である。『歎異抄』の前におかれた文章は、「現代にいきる仏教」「乱世のなかの泰平と『歎異抄』」がある。後者では戦争を生き抜く親鸞を「自分の横におく」ことがのべられている。野間は親鸞を民衆の中に生き、民衆と共に苦悩し、民衆救済の実践に尽した人とし、その「愚禿」の「禿」を往相廻向、「愚」を浄土から帰り民衆の浄土行を導く「還相廻向」と解釈している。これに対し親鸞に深い関心を持つ作家真継伸彦は、マルクス主義による救済の思想と、親鸞による救済の思想とは、果して結合が可能かと疑問を呈している。これに対し野間は、自分は戦争を行なう権力者に対する反戦論者で、親鸞は戦争のなかに生き、戦争を透徹した眼で見て、人類の考えに到達したと、大きく評価肯定している。

著書『親鸞』は「釈尊から親鸞へ」「末世」「教行信証の構造」「法爾自然」が含まれている。六八年宗教学者増谷文雄との対談「現代に生きる親鸞」で、「俗にあらず僧にあらず(愚禿)」を強調しているが、父の影響や自己の仏教観を表しているものと思われる。

戦後の妹尾義郎

妹尾は思想家ではなく、社会主義の実践者である。しかし、法華思想その他がその行動の牽引力となっている。法華経から出発した妹尾の転向は、知識人による論理の鞍替えや、佐野学らの真宗や禅をフィルターとしての転向と相違している。獄舎を「自己の宗教的懺悔と贖罪の道場と定めて」(『妹尾日記』五巻)との言葉がある。妹尾は『日記』で決戦段階でも社会的発言を継続している。日蓮主義の反国家性が問題となる中で、「国主法従」を排し、「法は主であり国は従であるべきだ、依然真理が先行せねばならぬ」(一九四二〈昭和一七〉年一一月一七日)と書いている。敗戦直前の一九四五年七月一三日の『日記』に真の愛国は世界精神より割り出して、祖国の浄化を祈禱しその罪を反省して、神に罰をうけざる底の進退をみちびくにありと思ふ。われ力なし、せめて黙して祈らんのみだ。

と書いている。そして敗戦の日八月一五日に「この敗戦こそ、敗北すべくして敗北したものと思わざるを得ない」とのべる。この『日記』特に決戦下のそれは良心の「証し」の一つであろう。妹尾には転向に対しても、深い「懺悔」が伴っている。

敗戦下の妹尾は、単なる「民主主義万歳」ではない。戦争を阻止できず、自己の転向にも深い懺悔反省があった。そして、祖国再建には国民の宗教的自覚が基本と考えた。その戦争責任としての「懺悔」は哲学的瞑想的なものでなく、敗戦後の激動の時代を日蓮の生きた時代と重ねた、実践的社会的戦争責任であった。四八年四月仏教社会主義同盟（後に仏教社会同盟）の委員長、四九年四月全国仏教革新同盟にも委員長に推された。仏教社会主義同盟のスローガンは、「仏陀の人格と思想による社会の実現」「教団の民主的革新」「世界国家運動への参加」「社会主義運動の道義化」等であり、全国仏教革新連盟結成の宣言は「民衆仏教」「祖国再建」「世界恒久平和樹立」等である。

戦後の妹尾を特色づけるのは、仏教的懺悔と共に、中国・朝鮮に対する贖罪と友好活動である。五三年三月中国人花岡殉難慰霊実行副委員長として訪中した。同年七月中国人遺骨送還のため再度訪中した。そして、九月日中友好協会東京都連会長に就任した。また五二年五月すでに日朝友好協会理事長にも就任している。戦前から日本の朝鮮半島支配に疑問を抱いていた妹尾は、朝鮮半島問題を日本帝国主義政策として自覚的に受け取っていた。朝鮮半島休戦祝賀平和親善使節派遣の事務局長にも推された。妹尾の対中国・朝鮮半島の活動には、宗教的贖罪感があった（拙稿「妹尾義郎——求道と社会主義——」著作集7）。

九章　高度経済成長期と仏教（低成長期を含む）

(一) 経済の高度成長と宗教(低成長期を含む)

生活不安・精神不安と宗教

一九五八(昭和三三)年日本経済は高度成長へ離陸し、六一年「所得倍増計画」を閣議決定、六七年予定より早く、所得倍増計画は実現した。しかし、七一年のニクソンショック、特に七三年のオイルショック、続く七八年の第二次オイルショックにより、経済は低成長ないし減速経済の時期を迎えねばならなかった。本稿はこの二〇年前後の時期を下敷において宗教を探ってみたい。

市場経済とプロテスタンティズムというテーマには、余り大きな違和感はないであろう。またそこに、多少なりとも宗教の抑止力を期待するであろう。しかし、高度経済成長に仏教を重ねた場合、それは多くの人にむしろ異常と映るにちがいない。かつての軍事大国に代わって、「経済大国」への途、そこから生ずる生活不安や精神不安は、宗教にとって避けて通れないものであることは、多くの人が認めるところであろう。ここでは、端的に、経済の高度成長が生む生活不安・精神不安を列挙してみよう。まず生活不安である。

(1) 成長下の技術革新は各種の企業公害を中心に各種の公害を生んだ。企業公害・食品公害・薬物公害・交通公害、さらに大気汚染・水質公害・産業廃棄物・騒音等々である。それは身体的生理的公害と共に、精神的荒廃をもたらした。高度成長下の公害は、従来の公害と比較して、発生回数が多いこと、種類が増え、新種公害が発生したこと、広地域化したことがあげられている(庄司光・宮本憲一『恐るべき公害』)。それが回数が多くなると共に多様化し、複雑化したことも特徴である。それは「衆生」を対象とする仏教の見逃せない問題である。

(2) 高度成長は労働力の社会的移動を、供給圧力型から需要牽引型に転化させ、第一次産業より第二、三次産業へと激しい流動化を巻き起こした。それは都市への人口集中となり、過疎・過密等地域間格差の新しい社会的アンバランスを生んだ。農村では兼業農家の増加となり、逆に都市の環境の悪化や、交通難を生じさせた。それは地域共同体に依存してきた教団末寺の存立の根底をゆるがすものでもあった。

(3) 核家族化の本番は高度成長期からである。核家族化は扶養能力を低下させ、直接的には老後問題、児童問題を生んだ。一方留守家族は教育上の問題を引き起こし、欠損家族は、非行等の病理現象の温床となった。そして、一般家庭にも離婚・家出・蒸発が続出し、家庭内暴力その他の諸問題も生んだ。共同体的扶養能力の崩壊が進む中で、一方マイホーム化が進み、地域との連帯も低下した。家族制崩壊が進行中で、「家」の宗教である仏教の経済的宗教的基盤も崩れざるを得ない。

(4) 高度成長期は、高齢化開始期と重なっている。その高齢化のスピードは欧米と比較にならないほど早い。その老後とは早すぎる定年制と再就職の不利、インフレと、戦前戦中世代の貯蓄の小額化、核家族化と扶養能力低下、並びに世代間の価値観の断絶、過疎過密、公害等による環境の悪化等々、これらはライフ・ステージの終末を迎える一般的不安である。そして、高齢化に宗教が欠かせないことはいうまでもない。

(5) 高度成長期に著しく目立つのは社会的消費の弱体である。私企業システムの高度成長が進めば進むほど、社会的消費は立ち遅れる。地方財政の弱体化や生活行政体制の不備が、それに拍車をかける。社会的消費と需要のアンバランスは、国民の窮乏感を生み、生活上要求不満をもたらす（拙著『日本の貧困』一九九五年）。

経済の高度成長そのものが、「人間疎外」をもたらすが、上述の生活不安は精神不安をも伴う。そして、精神不安が直接宗教的テーマであることはいうまでもない。その主なものをあげてみよう。

(1) 業績主義。業績主義は技術革新による生産第一主義によって達成される。それによって「類」的破壊が進行し、人間の社会的連帯を阻害する。とくに日本の高度成長は、猛烈なスピードでこれが達成され、業績主義、競争主義も猛烈である。この中で一見「中流状況」にみえる「豊かさ」が、上述の生活の「貧しさ」とのコンフリクトの中にある。

(2) 物象化。何よりも物質的成長であったから、本来の人間の内的感性を荒廃させ、人間としての「貧しさ」を生じさせた。物象化はとくに生活における消費財の「物神化」として現われた。それは精神と物質のアンバランスが、精神不安を招くのは必然である。それは人して現われた。人格形成能力の破損も意味している。

消費的人間は、主体性を持った全体的人間ではなく、自己本位的、他律的人間になりがちである。そして、それはエゴや個人の幸福追求が中心になる。そこでは人間の共同性は傷つけられ、人間の孤立化、アトム化を生んでいく。

(3) 管理社会の展開。効率化社会の中で、管理社会が進行した。管理化の中では人間も記号化する。そこでは人間の自発的創造力は衰弱し、無気力を招く。

(4) 「中流」化意識状況。消費生活の向上は「中流」意識を氾濫させ、自己の生活地位の確定を困難にさせる。そのことにより生活は他律的となり、それが市場経済の利潤や能率に動員されていくのである。外形的には消費が豊富に見えながら、絶えず生活不安・精神不安なのである。

生活における個人本位的傾向が強くなると共に、共同体的紐帯は弱くなっていく。「中流」意識のスタビリティが弱い。物質的水準は向上しながら、この期の内閣の「国民生活に関する世論調査」では、常に生活に対する不満が大きい。このような形での生活不安・精神不安は、仏教が対面する社会現象としては始めてであろう。

低成長期の新宗教ブーム

一九七三年ごろから、「新・新宗教」と呼ばれる宗教の「ラッシュ・アワー」がはじまった。それは従来の宗教、新宗教と異って、呪術的・神秘的・オカルト的であり、また強烈な終末思想を特徴としている。この時期はアメリカのベトナム戦争敗北、オイルショック、狂乱物価やドル危機の時期であり、「福祉国家」や「生活革命」の未来像がくずれていく時期である。

戦後の平和国家・民主主義等の価値観が風化しはじめ、消費的私生活主義、政治的無関心、無気力が一般化し、政治意識も「保守化」しはじめた。七三年一一月の総理府の「国民調査」は、生活が将来苦しくなるという人は、石油ショックのせいもあるが、前年の三二パーセントから六二パーセントに急増した。

このような先行き不安が、現状の安住ないし現状維持、現状防衛に人びとの意識を向わせた。こうした状況の中で、七〇年代後半以降「物より心」という意識が急速に広がった。それは高度成長期の「すべて金次第」現象の批判的側面もあることは間違いない。それは既成宗教に反省を求めた点がむろんあるが、より注目されるのは「新宗教」、特に「新・新宗教」であろう。

新宗教は高度成長の終りと共に、創価学会等の新宗教の高成長も終り、巨大新宗教は既成宗教化が進行した。徐々に宗教は科学的合理化、文化運動化、倫理運動化、社会運動化していった。

新・新宗教は二つのタイプがある。第一は終末論的根本主義《ファンダメンタリズム》で、真理の排他的独占、終末と千年王国到来の信念等々が特徴で、世界基督教統一神霊教会等々である。第二は、呪術的神秘主義的オカルト的宗教で、オカルト的霊現象、秘儀、奇蹟を強調している。これらは、いわば近代からの退行現象であるが、科学的な装いをしている(田畑稔「戦後第三期と「宗教回帰」」、笹田利光等「座談会「新・新宗教」を斬る」山本晴義編『現代日本の宗教』一九八五年)。

青木保は、宗教の普遍主義の退潮が、相対主義を生み、新・新宗教のオカルティズムその他まで「信教の自由」に包含される現象として公認される(「序論・現代社会と宗教」『宗教と社会科学』一九九二年)とのべ、また久米博は同書の「宗教の将来と解釈学」で、現世的なものへの関心の強化は、宗教の世俗化と多元化をたどる遠心力と、ひたすら原理への回帰をめざす三つの特徴があると指摘している。

(二) 教団仏教の動向

教勢

はじめにこの期の仏教教団の教勢を、松野純孝の「現代の仏教」(『日本仏教史』Ⅲ)から引用してみたい(数字はママ)。

数字の信憑性がないことは、表1の信徒総計一億五六一九万〇四三六でもわかるが、信徒が複数の宗教系統に属していることが察しられる。寺院・教会・布教所数は正確度が強いと思われる。信徒は伝道仏教である浄土系統、日蓮系統は数が多いが、なお古代仏教系統を継受する天台・真言系統・禅系統も多くの信徒をもっている。なおこの表に加えていないが、仏教関係の新宗教の信徒は、大部分日蓮宗系統で、その信徒数は膨大なものがある。

また、外地における教勢もあげておきたい。ここでも信徒数に疑問があるが、寺院教会・教師はほぼ表の通りであろう。真宗が圧倒的に多く、ついで高野山真言宗である。

(表1)　全国社寺教会等宗教団体・教師・信徒数　(1963. 12. 31 現在)

系統	神社	寺院	教会	布教所	計	教師	信徒
神道	80,446	1	24,246	11,520	116,213	184,659 (81,768)	80,284,643
仏教		76,298	4,840	12,090	93,228	625,605 (270,360)	69,843,367
キリスト教			3,992	2,579	6,571	17,975 (9,929)	711,636
諸教	5	7	1,136	4,702	5,850	16,284 (7,002)	5,350,790
総計	80,451	76,306	34,214	30,891	221,862	844,523 (369,059)	156,190,436

教師中カッコ内は女性教師数（文部省編『宗教年鑑』1964 版）

(表2)　主要宗派の教勢　(1963. 12. 31 現在)

宗派	寺院	教会	布教所	計	教師	信徒
天台宗	3,232	260		3,492	4,086 (441)	603,599
高野山真言宗	3,432	663	2,324	6,419	4,972 (341)	4,216,600
真言宗智山派	2,860	51		2,911	3,220 (41)	1,074,396
真言宗豊山派	3,482	21		3,503	1,722 (33)	255,092
浄土宗	7,041	104	15	7,160	8,062 (598)	2,603,040
浄土真宗本願寺派	10,426	79		10,505	14,952 (840)	6,137,408
真宗大谷派	9,490	427		9,917	16,097 (1,257)	6,500,752
曹洞宗	14,891	59		14,950	15,946 (1,383)	6,382,296
臨済宗妙心寺派	3,426	7		3,433	3,365 (217)	1,748,654
日蓮宗	4,424	388	322	5,134	6,380 (225)	1,522,100

教師中カッコ内はそのうちの女性教師数（文部省編『宗教年鑑』1964 版）

（表3）　外地における教勢　（1963. 12. 31 現在）

宗派	寺院教会	教師	信徒
浄土真宗本願寺派	173	175	295,000
真宗大谷派	35	46	35,000
高野山真言宗	49	54	568,000
浄土宗	16	19	3,200
日蓮宗	10	17	4,180

（文部省宗務課）

教団の再建

前章でも触れた教団の再建は、戦後は混乱期であったから、再建の緒につくのは本期からである。ここでも柏原祐泉に従って（『日本仏教史・近代』）一瞥してみよう。

天台宗では一九六六（昭和四一）年の最澄生誕一二〇〇年法要と、一九七一年の宗祖一一五〇回遠忌法要を機に、一九六九年六月から「一隅を照らす運動」を始めた。すなわち、宗祖の精神を檀信徒から社会全般に広め、社会の道徳的、仏教的教化運動を展開しようとしたものである。

真言宗では、高野山真言宗が一九六五年の開創一一五〇年法会を機に、全国各地の檀信徒協議会や会講員に働きかけて「大師教団づくり」にとりかかり、一九六七年から「合掌運動」をはじめ、一九七八年から「生かせいのち運動」とした。また真言宗豊山派では一九六五年から「光明曼荼羅普及運動」をはじめ、智山派では一九六九年「つくしあい運動」をはじめた。

浄土宗では「おてつぎ運動」を実施したが、それは一九六二年

「総本山知恩院護持会運動」として発足したものである。一九六六年運動は増上寺を中心とする関東を含めた全教団に浸透するように改称したものである。浄土宗西山派の「総本山護持会運動」、浄土宗西山禅林寺派の「みかえり運動」も行なわれた。

臨済宗妙心寺派には、既述のように一九四七年「花園会」が結成され、南禅寺派では一九六八年「総合掌運動」を行なっている。曹洞宗では一九六五年から教団再建のため、人材育成、寺院振興、大衆教化の三大路線を定め、とくに教化について「一仏両祖奉祀運動」を進めた。臨済宗・曹洞宗ともに、従来の坐禅の見性を本義とする出家教団の枠を脱して、在家門信徒を対象に、運動を展開している点に画期的性格がみられる。

真宗本願寺派は宗祖親鸞の七〇〇回大遠忌を機とし、一九六二年から「門信徒会運動」を展開した。目的は「親鸞聖人の生き方を学び、つねに全員が聞法し全員が伝道して、わたくしと教団の体質を改め、これによって、同朋教団の真の姿を実現し、人類の苦悩を解決すること」としている。めざすところは個の信仰確立にあった。

真宗大谷派は既述の「家の宗教から個の信仰へ」という「同朋会運動」である。一九六一年春の宗祖親鸞七〇〇回忌大遠忌法要を契機とする信仰再確立の自覚で、翌年宗議会で「真宗同朋会」の結成を公にした。同朋会の目的は、従来の教団が基盤とした江戸時代以来の本末制や檀家制の遺制を脱して、教団人を始め同信者がすべて同格の一会員として、聞法中心の教団再建をめざそうとしたものであった。

日蓮宗は一九六三年から日蓮宗総決起大会を全国主要都市で開き、一九六六年四月から「日蓮宗護法運動」を展開している。そして、その運動を、宗祖日蓮の立正安国の理想を現代に達成し、仏の正法を広め、邪義に惑わされた人を目覚めさせ、日蓮宗僧俗を中心に正しい生き方を求める人々が団結し、総決起するためのものとしている。

これら教団仏教の再建運動の中には禅宗のように出家教団の枠を脱して、在家門信徒を対象に運動を展開するものや、真宗両派のように「家の宗教から個の信仰へ」のような重要な改革案もあった。しかし、教団仏教の基本的構造は、守旧的な近代以前の構造を温存しながらの再建運動であったので、多くは微温的改革にとどまった。

戦後の仏教再建は、敗戦という「他働的」であったが、仏教の宗教改革としては、明治維新の廃仏毀釈と並んで好機であった。敗戦後に財閥解体、農地解放ｅｔｃの一種の革命が各方面に行なわれた。しかし、仏教の根本的宗教改革は行なわれずに終った。

特に残念なことは、日中戦争・太平洋戦争への「懺悔」や保償が、国民的宗教としての仏教によって行なわれなかったことである。それを抜いての宗教再建は、「再建」で、「変革」とはいえないものであろう。

寺院経済の低落傾向

　宗教の世俗化につれて、一部で仏教ブームがいわれた。それは高度成長期が生みだす「精神不安」に対応するものである。そのブームは一部仏教の「呪術性」から「親鸞ブーム」に至るまで多種多様である。「呪術」は迷信に近いものがあるが、「親鸞ブーム」も、真宗教団からというより、知識人ないし一般人の親鸞解釈によるものが多い。

　教団の根基をゆるがすものは、寺院経済の低落にあった。宗教の世俗化、多元化あるいはブームに反比例して、寺院経済は逼迫していたのである。

　高度成長が進む中で都市化・核家族化はすすんだ。それが既成教団に打撃を与えた。即ち仏教の伝統的宗教基盤の農村は、人口の都市集中により弱体化し、先祖への祭祀が中心であった家族制度が弛緩し、葬式を重要な任務とした寺院仏教に打撃を与えた。

　地域共同体が弛緩・崩壊し、さらに都市への人口の社会的移動は、寺檀関係を破壊した。その結果、新しい教化機能をまだ準備できず、従来の伝統的教化機能は消失ないし儀礼化していった。それは宗教からみれば、この高度成長に伴う都市移動が、一種の宗教的浮動層を生みだしたということになる。

　都市に移動した人口も、墓地問題その他で苦しんだ。例えば墓地についてみれば墓地の不足であり、たとえ墓地が確保できても、その祭祀を行なう宗派を求めることも容易でない。そして、何よりも従来よってきた宗派の寺院を都市で求めることも困難であった。すべて「モノ化」現象の都市では、宗教信仰も稀薄になりがちである。教団仏教は都市化の中で、宗教の多元化・世俗化風潮の中で、時代の変化に対応した新宗教にとって代られていった。

既成仏教教団の存立基盤は農漁山村であった。それが経済の高度成長の中で過疎地となっていった。曹洞宗の「宗勢総合調査報告」(一九八七年)によれば、檀信徒の職業構成は、純農家型四八・九パーセント、半農業型九・九パーセント、林漁業型二・九パーセント、計六一・七パーセントが、第一次産業中心世帯で、そこに寺院が存在している。こうした地域の一一・五パーセントまでが兼務住職・代務住職・無住職寺院である。兼務住職は第二次、第三次産業居住混合地域では二・七パーセントにすぎない。また町村部所在寺院の四五・七パーセントまでが、法人総収入として、一一大都市で六五九・九万円、中都市三六四・九万円、小都市二四九・九万円、町村部で一九二・一万円、平均二六二・三万円である(孝本貢編『論集・日本仏教史、大正・昭和時代』より、一九八八年)。法人収入が低ければ低いほど、生活費のため、他の職業を兼ねなければならない。

㈢　仏教の社会的活動

平和運動

この期は、一九六〇（昭和三五）年の安保条約改定の阻止運動と、ヴェトナム戦争反対運動があった。仏教平和運動としては、六一年七月第一回世界宗教者平和会議が京都で開かれ、「京都宣言」を発した。「軍備全廃、原水爆禁止、核非武装」の三つの主題を討議し、「宣言」の中には「日米安全保障条約などの軍事同盟は廃棄すべきであります」とのべている。この新安保条約に対し、中国人俘虜殉難者慰霊実行委員長であった真宗大谷派の大谷瑩潤は、新安保支持はできないとし、自民党を離脱した。六三年立正佼成会の庭野日敬らが、核兵器禁止宗教者平和使節団に参加し、また七七年にはアジア仏教徒平和会議日本センターが設立されている。

中国との関係では、高階瓏仙・大西良慶・藤井日達ら千五百余名が「日中不戦の誓い」に署名し、中国人俘虜殉難者名簿捧持代表団によって、中国仏教協会に贈呈された。大谷瑩潤代表は「これは日本仏教徒の中国に対する戦争の懺悔とお詫びのしるしであり、再び戦争をしないとの堅い誓いのまごころである」(小室裕充『近代仏教史研究』一九八七年)とのべている。

八八年は鑑真和上円寂一二〇〇年に当たるため、四月の鑑真和上遺徳奉賛会が結成され、東大寺で法要が営まれた。一〇月鑑真和上慶讃訪中日本仏教代表団が訪中し、楊州で共同声明を発表し、日中両国の永遠不戦と世々代々の友好増進等四点を誓い合った。

これら会議行事と共に、教団の日常の平和活動も重要である。八七年四月真宗大谷派は、従来の戦死者対象の法要の名称を「全戦没者追弔法会」と改め、全世界戦争犠牲者の追弔をめざし、「全宗門の名において、非戦・平和の誓いを内外に宣言できる日の一日も早からんことを念願し、日々の暮らしがそのまま平和運動であるような念仏者の生活実践に向かって、今からその歩みを始めます」(『真宗』一九八七年五月号)と決意を表明したのは画期的なことであった。

全日本仏教会は六三年、ヴェトナム仏教徒弾圧に抗議しているが、ヴェトナム戦争に対しては、「同盟国」アメリカとヴェトナムとの戦争であり、ヴェトナム難民救済日本仏教徒委員会の発足くらいで、ヴェトナム戦争の本質をついたものは少ない。

人権＝差別問題

近藤祐昭は『差別の現実と教育の課題』（一九九五年）で、差別を部落差別、在日韓国の朝鮮半島人差別、障害・病気に関する差別、いじめ、学校教育の差別の五つをあげている。このほか性差別、階級的差別等々もあげられよう。この期の仏教の差別問題は、部落差別が主である。

真宗本願寺派は、一九六二（昭和三七）年同和教育振興会を結成し、その機関として、京都市内に同和教育センターを設立した。七〇年七月西本願寺出版局発行雑誌『大乗』臨時増刊号に、差別内容の記事があり、部落解放同盟から糾弾を受けた。これを機会に本願寺派が推進する「門信徒会運動」と有機的関係を保ち、全派の信仰運動に位置づけた。

大谷派でも六五年大谷派同和会を設立した。一二月大阪難波別院輪番の、同所勤務者に対する差別事件が起こり、六九年部落解放同盟から糾弾される事件があった。これらは宗門全体の人権感覚の欠如や、封建的体質の残存、加えて教義上の「業《ごう》」意識の解釈等の点で、無意識のうちに差別となったものも多い。大谷派は七一年七月同和部を一派の機構として設けることになった。

真宗のように被差別部落と接触の多い宗派はまだしも、各宗にはさまざまな封建的差別が残り、戒名や法名、墓石等の差別が次々と発覚した。

政教分離＝信教の自由

遺族会による靖国神社の国家護持運動は、一九五五（昭和三〇）年から本格化し、五六年の第八回大会では、国家護持を決議し、神社本庁や生長の家等の宗教団体、旧軍人組織の日本郷友連盟も名を連ねた。そして、国家護持法案を数回にわたり議会に提出したが、不成立であった。七五年「英霊にこたえる会」が結成され、八五年には内閣閣僚も参拝を行なうようになり、改めて信教の自由と宗教的人格権が問題となった。政教分離裁判は一九六七年の津地鎮祭訴訟、一九七九年の山口県護国神社自衛官合祀事件、福岡神社公式参拝訴訟その他が起こった。

宗教的人格権は、人格権とプライバシーの権利で（平野武『信教の自由と宗教的人格権』一九九〇年）、憲法一三条の「すべて国民は、個人として尊重される……」に法的根拠があるが、それは個人の内面に関する問題のみではない。かつて侵略したアジアの民衆に苦痛を与えた問題でもある。この反対運動の先頭に立った真宗は、親鸞の教えに背くとしての反対運動であった。

六七年七月キリスト教団靖国神社法案反対声明、続いて真宗本派宗務所萌友会、六八年全日本仏教会、新日本宗教団体連合会の反対声明、龍谷大学教授団反対声明、六九年真宗本派の宗会の信教自由護持、神道復活反対からの靖国神社国家護持反対決議等々があった。

このような反対運動の中で、靖国法案は廃案となった。真宗の「神社不拝」「雑行をすてて本願に」が蘇ったのである（浄土真宗本願寺派反靖国連帯会議『真宗と靖国問題』一九九一年）。

㈣　宗門教育、学術研究

宗門教育

宗門系大学には、総合大学志向と、宗門系僧侶養成大学がある。旧制大学から継続した大学についていえば、駒沢大学・龍谷大学・立正大学等は総合大学をめざしている。僧侶養成を軽視するわけではないが、学生の大部分は宗派と関係がない学生である。それはキリスト教も同じで、神学科の位置は相対的に低くなっている。

これに対して大正大学・大谷大学・高野山大学は宗侶養成の比重が大きい。僧侶中心といっても、経営上の問題も加わって、宗門教育にだけ留まるわけではない。この中で仏教系大学に「近代仏教史」の講座が開設されはじめたのは注目される。

宗門の学生にとっては寺院経済が低落傾向・宗門行政に多分に残る封建的残滓の中で、宗教的信仰のみを純一にかざして進むことにかなりな困難を伴う。しかし、宗教である以上、原始仏教やそれぞれの宗門の教義を学ぶことも大事であるが、それだけが万能でなく、個々の学生の「生きた」信仰獲得こそが最優先課題である。そして、その当面する社会の中で、「生きた」教義をといていかねばならないわけである。

近代社会では、教団から打ち出される宗教思想よりも、知識人による仏教思想に耳を傾けがちである。しかし、知識人はあくまでも知識人である。末寺住職になる宗門学生は自分で主体的に自己の信仰を、当面する社会の中で確立しなければならない。

教育はあくまでも教育であり、宗門行政とは独立したものでなければならない。それは明治の清沢満之らが苦闘した問題でもある。教団仏教の低落傾向や「葬式仏教」等とやゆされる、いわばなしくずしの廃仏毀釈の中で、原始仏教や宗門の祖師の教義を帰依所としながら、「一隅を照す」ものとして、末寺僧侶は、明日の改革に向わねばならない。

学術研究の隆盛

戦後の学会活動では、日本印度学仏教学会（機関誌『印度学仏教学研究』）はすでに世界的学会に成長している。一九二八（昭和三年）に創立された日本仏教学会は、毎年魅力的テーマを中心に研究が進められている。その他、仏教史学会（機関誌『仏教史学研究』）、仏教文学研究会（機関誌『仏教文学研究』）がある。また隣接学会として日本宗教学会（機関誌『宗教研究』）があり、仏教研究は花盛りである。特殊な研究会ではあるが、日本近代仏教史研究会（機関誌『日本近代仏教史研究』）も、一九九二（平成四）年結成された。

戦後の仏教の学術研究の発達には目を見張るものがある。中村元のインド哲学・仏教学の世界的業績をはじめ、数多くの研究が生まれ、活発に世界との交流も行なわれている。日本については日本仏教史だけに限っても、質量ともに盛大である。戦前から戦後にかけての辻善之助の実証的研究、圭室諦成の「廃仏毀釈」をはじめとする仏教史、赤松俊秀の中世仏教史、家永三郎の仏教思想史、各宗門大学の研究等々いちいちあげられない。戦中は皇国史観が圧倒的で、仏教史もその片棒を担いだ。その反動もあり、マルクス主義による仏教社会史も盛んであった。しかし、宗教である以上、その核である信仰・思想史を欠くことはできない。今後は歴史社会と信仰思想の関係がテーマの中心となるであろう。

本章を終るに際し、成長に伴う精神を忘れた社会が、やがて宗教が克服しなければならないエゴイズムと成長社会の行きつく果の「経済大国」の持つニヒリズムを生むことに注目しなければならない。その「先見的」仏教徒が余りなかったことが反省される。

十章　二〇世紀末社会と仏教

㈠ 世紀末の不安と「歴史的自覚」

「経済大国」下の混迷と仏教

本期を第二次オイルショック後の一九七九（昭和五四）年から、本稿執筆時（一九九七年）までとしたい。いうまでもなく二〇世紀終末期である。オイルショック後、世界の資本主義国は停滞期に入った。しかし、日本経済は八七年、一人当たりGNPがアメリカを抜くころから、「経済大国」と喧伝されるようになった。

この「経済大国」は、株と地価を中心とするいわゆる「ギャンブル経済」の時期である。経済学者佐和隆光のいう「倫理的空白」（『成熟化社会の経済倫理』）の時期であった。しかし、九〇年代に入ると株・土地は下落し、金融危機が表面化し、「複合不況」が叫ばれた。不況期間も戦後最長に迫り、景気回復の曙光も見えていない。

日本型「豊かな社会」は矛盾に満ちていた。それは生活不安、精神不安となって現われた。それらは高度成長期から継続したものもあるが、八〇年代の消費社会、情報社会の中で加わったものも多い。八〇年代後半から九〇年代にかけては、経済学者中村達也『豊かさの孤独』のような書物も多く出版された。政府も九二年六月閣議決定「生活大国五か年計画——地球社会との共存をめざして——」を発表せざるを得なかった。日本の「経済大国」下の生活は、ガルブレイスの「満足の文化」にすぎなかった。

生活不安・精神不安の具体的現実を挙げてみよう。八〇年代は消費生活の時代といわれる。生活財商品の大資本による大量供給とその大衆化の展開は、人々の生活を消費と生産の完全分離に招いた。そして、その生活は、「均一化」「画一化」「社会化」した。

生活や精神も「モノ」に置き換えられる（大平健『豊かさの精神病理』）。生活が消費生活の「モノ」や「サービス」に主体的にかかわらず、「受動的」なライフ・スタイルとなり、「私」生活主義に陥った。戦後民主主義をささえる個人主義の未熟と、その上での消費中心はいわゆる「欲望民主主義」の展開に外ならない。欧米ではこのような場合、なにがしかのキリスト教、すなわち「市場」と「神」の関係を思い起こすであろう。たとえ仏教に「無」や「空」の教説があっても、それは個々バラバラの倫理で、共通認識とはなっていない。生活にとって重要な「自立」や「共感＝連帯」も阻害され、エゴイズムが放恣状態になっている。

八〇年代から九〇年代にかけては、技術革新や自然科学が「進歩」の尺度となっている。

つまり「効率化」と「便利さ」である。情報化は「疑似的」人間観を伴い、自然科学の進歩に精神の進歩が追いつかない。このような結果生じた二、三の現象をのべてみよう。

特に注目されるのは、公害はかつての高度成長期の公害と異なり、一国公害に留まらない環境汚染、すなわち大気汚染・森林破壊・砂漠化・地球温暖化・オゾン層破壊等々である。その及ぶ範囲は地球全体に拡がり、時間的には次世代にも及ぶ（米本昌平『地球環境問題とは何か』）。「効率化」と「便利さ」を得た代わりに、自分の首を自分で絞めることにもなりかねないのである。

次に家族生活、地域生活がある。家族生活は弱体化が進み、少子社会が叫ばれた。それを補う福祉も不完全・不充分である。地域生活も都市集中が続き、九〇年の統計では、都市集中地区の人口は七八一五万人で、全国人口の六三・二パーセントに達する（九三年『国民生活白書』）。過疎も更にすすみ、それは高度成長期の過疎と区別して、「新過疎」現象と呼ばれている。

これら生活不安や精神不安は、多くの社会病理現象を生んだ。アノミーや逸脱行動ばかりではなく、その終点は自殺、特に老人自殺で極まった。

この不確実な社会、そして「自己閉塞」状況の中で、精神の安定を呪術やオカルティズムに求めようとする傾向が強まった。既成仏教は、この精神不安に対する根本的検討を放棄し、新宗教にその任務を任せようとしている（「経済大国」が生み出す生活不安については、拙著『日本の貧困』一五章を参照されたい）。

世紀末の「歴史的自覚」と仏教

多くの人は後三、四年に迫る世紀末を、さほど深刻には受け取っていないかもしれない。しかし、宗教がそうであってはならないことは、法然・親鸞・日蓮等の宗教の「末法」意識を引用するまでもない。三木清は世紀末ではないが、敗戦前後の危機を「親鸞」の「末法」と組み合せて、自己の時代を「歴史的自覚」した。三木の「歴史的自覚」は歴史哲学者三木の構想力であろう。宗教家はこの自覚なくして信仰は語れないであろう（拙稿「二つの世紀末――内村鑑三と清沢満之に学ぶ――」『大谷学報』一九八九年）。それを述べる前に一九世紀末に先輩達が、いかに世紀末を自覚したかを回顧してみたい。

一九世紀末から二〇世紀初頭にかけては、仏教界は既成仏教に対する「懐疑」時代であった。その「懐疑」が批判精神となり、一方では清沢満之らの近代信仰樹立となり、一方では新仏教運動その他の社会的発言となった。その見事な結実の一つは、一九〇一年村上《むらかみ》専精《せんじょう》の『仏教統一論』である。

世紀末の「歴史的自覚」は、単なる抽象論ではない。二〇世紀末現代情報社会や、消費社会が生み出すニヒリズム、エゴイズムは前章でのべた。それが、優れて宗教的課題であることも再説の要がない。それを仏教人が「歴史的自覚」し得るかどうかが問題である。バブルの崩壊、バブルのつけとして官僚の収賄、金融資本の腐敗、そして「平成不況」は世紀末の国民生活に基礎的な不安をもたらした。戦後五〇年を迎えた九五年に、阪神・淡路大震災、サリン・オウム真理教事件が追い打ちをかけた。加えて頻発する「いじめ」、それに伴う児童の自殺、続いて神戸連続児童殺傷事件は、まさに世紀末の到来を思わせた。

九五年一月の阪神・淡路大地震は「経済大国」の先端都市神戸を襲った戦後最大の災害である。「豊かな社会」を呼号しながら、福祉社会の未熟さをも露呈した災害であった。直下型地震で、震度六（烈震）、マグニチュード七・二、死者六四二五人、行方不明者二人、負傷者四万三七七二人、住家全壊一一万四五七棟（一八万一五九一世帯）、半壊一四万七四三三棟（二七万四七一〇世帯）、一部破損二三万三三二棟（自治省消防庁一九九六・一二・二六発表、『朝日新聞』一九九六・一二・二七付）と報告されている。そして、その復興は、近代都市の復興に重点が置かれ、市民生活は第二次におかれているといわれる（内橋克人・鎌田慧『大震災・復興への警鐘』一九九五年）。いわゆる震災弱者といわれる高齢者・心身障害者・児童はむろんであるが、神戸は在日朝鮮半島人や被差別部落の多いところでもある。

震災の救援には、ボランティア活動が必要で既成寺院よりも立正佼成会、創価学会、真如苑等新宗教が主役となった。たとえば立正佼成会の「一食《じき》平和基金」による初期緊急援助、医療救援会活動（立正佼成会病院）、避難所を中心とするボランティア活動等々である（国際宗教研究所編『阪神大震災と宗教』一九九六年）。宗教の役割である震災における精神生活の安定は、それぞれの地域にある末寺寺院等の活動もあったが、即効力としては、むしろ新宗教のボランティア活動が目立った。

オウム真理教事件は、世紀末状況の中で、同じ国民に刃を向けたニヒリズムを代表するものであるが、次々節でのべることにする。ただオウム真理教に対し、既成仏教から、見るべき建設的な発言があまりなかったことは宗教として残念であった。「いじめ」事件や児童の自殺は、単なる児童問題というより、「自閉」的社会や「不確実」な時代を表わす集中的なできごとであった。

核問題は広島・長崎に留まらず、今や世界全体の普遍的問題となった。いつ核によってわれわれの明日の生命が脅かされるかわからないのは、人類の共通課題であり、核の傘の下で気休めの毎日を送っているだけのことである。沖縄の軍事基地は冷戦後も変わらず、世界のどこかに勃発した戦争につながっていることは、湾岸戦争やヴェトナム戦争で経験ずみである。

そのほか自然破壊・地球環境汚染についてはすでにのべた。それは人類の明日が保障されないもので、このような実状を招き、人類の明日を脅かすほどに加速したのは、せいぜいここ三〇年来のことである。人類の歴史からいえば一瞬にすぎない。そして、日本は「豊かな社会」を謳歌する「加害国」の有力な一国である。「先進国」対「開発途上国」の人口比は、五〇年一対二、八〇年一対三、二〇三〇年一対五と予測されている（石弘之『地球環境報告』一九八六年）。

以上人類の危機にかかわる国内外の状況をのべた。「経済大国」下の「豊かな社会」は、いわば「バベルの塔」の類で、宗教はそれに対し警鐘をならす任務がある。多くの日本人が、前述のような状況に無関心であったとしても、世紀末に当たり、それを「歴史的自覚」とするのが宗教であろう。「生きとし生けるもの」への「無量の慈悲」を生命とする仏教は、二〇世紀末のニヒリズムやエゴイズムを容認できるはずがない。

(二) 教団仏教の動向

仏教界の動向

文化庁編『平成七(一九九五)年版宗教年鑑』(平成六年一二月三一日現在)によれば、仏教系宗教団体は八万九一二八、寺院七万七三六二、教師二九万七二四八(一九六)、信者数八九八二万八五〇二である。括弧内は外国人教師である。天台系は宗教団体五一一一、教師一万九二七一、信者二七一万八九三四(以下同じ)真言系一万五三三九、五万七三〇六(二九)、一三六八万七三五四、浄土系三万〇四八九、六万一五九七(四)、一九七七万七〇二二、禅系二万一〇六六、二万三三〇五、三三二万二五〇九、日蓮系一万三六〇三、五万〇七二五(二)、二五三五万〇四三一、奈良仏教系四七一、一六二二(一〇)、七一万七四一四、その他二八、七三(一)、八万〇五〇九である。仏教系新宗教も含まれている。

この時期としては九五年一二月一五日法律第一三四号で、五一年四月の「宗教法人法」が一部改正された。この前後にオウム真理教事件があり、所轄庁の問題や財産目録の備え付け、公益事業以外の事業の停止命令等々が改正された(文化庁『宗教法人法の事務』一九九五・一〇・二〇)。改正点をいま少し詳細にいえば、①二都道府県にわたって、境内施設を有する宗教法人は文部大臣の所轄に移管する。②毎年財産目録、収支計算書、役員名簿など、備え付け帳簿の所轄庁への提出を義務づける。③法第七九・八〇・八一条に違反する疑いのあるときには、所轄庁に質問権(調査権)を与える。④信者その他利害関係人であって、正当な目的を持つ者には法人備え付け帳簿の閲覧請求権を与える。⑤宗教法人審議会委員の定数を一五人以内から二〇人以内に拡大するの五点である。国会審議では、管理法制に道を開くのではないか、信教の自由や政教分離が保障されるかが、問題となった。

この期も教団仏教は、農山村の過疎化、都市寺院の方向模索で、低落傾向が続いた。その根底には家族制の変化があり、教団仏教特に真宗教団の基礎である檀家制の崩壊へとつながって行った。家の宗教である仏教は、先祖の祭祀によってこそ成立していたからである。

この変化への対応は、むしろ新宗教のほうが巧みに先取りしている。地域社会や家族の紐帯が弛緩するということは、日本のように福祉社会が未熟な国では、扶養問題その他との直接関係が生じてくる。貧・病・争等に対し、新宗教のほうが、危機対応能力を備えていた。そして、情報化社会の進行は、寺院や仏教教師の機能を代替することも多くなった。

八八年NHKは「寺が消える」を放映した。寺院への過疎化の影響については、日蓮宗と本願寺派の調査がある（石井研士「変貌する都市寺院」『現代と仏教』一九九一年より）。日蓮宗の事例では、寺院の後継者住職不在の原因として、過疎に伴う収入減、収入減で檀家が住職の常住を望まない、村落の伝統的生活習慣が住職や寺族へのプライバシーの過干渉とうつる、等を挙げており、住職不在寺院の増加をのべている。

真宗本願寺派、大谷派はともに宗門の基盤は農山漁村にある。過疎地寺院の信徒戸数は平均七五戸とある。寺院の収入は、法務収入が主である寺院五四・四パーセント、法務収入以外の収入が主である寺院四〇パーセント以上、兼職収入が主である寺院二二・八パーセントで、約半数寺院が宗教活動以外の収入に依存している。両調査を通じると、過疎地住職の選択は、(1)住職が他寺との兼務または代務、(2)住職の兼職、(3)住職が転職して無住化する、となる。

都市寺院の開教も進んでいない。既成仏教が開教する以前に、創価学会、立正佼成会、霊友会、真如苑等々の新宗教が、都市住民にさまざまなアプローチをし、情報化、サービス化等により、現代的価値転換に適応している。そして、既成仏教にとって、土地の暴騰や都市のドーナツ化現象が、檀家の周辺部への移住をやむなくさせ、寺檀関係の分離をもたらしている。都市寺院は営利事業その他にも進出しているが、むろんそれは宗教本来の姿ではない。

既成教団の都市寺院は、宗教の世俗化に応じられない。生活不安・精神不安の一般化は、むしろ呪術やオカルトの跳梁に任せられがちだからである。都市化現象の中での「死」の意味、効率化、便利さにおける科学の独走等に対し、改めて「精神」の重要さを問わなければならない。

仏教の社会的活動

仏教の平和問題や政教分離問題に熱心なのは真宗である。本願寺派の反靖国連帯会議代表二葉憲香は、八七年の第五回全国集会の基調講演「靖国と浄土」で、従来の「王法為本」「仁義為先」は主ではなく、「大信心を抱いて生きる主体」が基本で、その大信心とは、「願作仏心」「度衆生心」「大菩提心」の如来の働きであるといっている。九一年龍谷大学靖国問題学習会は、活動一〇周年記念論集として『真宗と靖国問題』を編集した。真宗遺族会はその「運動目標」に、「わたしたち真宗遺族は、阿弥陀如来に帰依する者として、戦没者が「神」としてまつられていることを厳しく問いかえしています」と掲げている。政教分離問題として、一九八二年箕面忠魂碑・慰霊祭訴訟、一九八七年岩手靖国訴訟、一九九〇年長崎忠魂碑訴訟、一九八七年靖国神社公式参拝・関西訴訟等があったが、一九九七年七月二日靖国神社への愛媛県「玉ぐしに公費」支出に、最高裁から違憲判決があったことは特筆すべきことであった（原告団団長大谷派・安西賢二）。

戦争責任に対する「懺悔」は、九〇年四月二日大谷派全戦没者追弔法会の「表白」にも現われている。そこには「ここに真宗大谷派の無批判に戦争に荷担した罪を表明し、過去の罪障を懺悔します」とある。このころ各地では、中曾根康弘首相の靖国神社への公式参拝を契機に、違憲訴訟が起こった。その中心は浄土真宗であった。田中伸尚・田中宏・波田永実は『遺族と戦後』（一九九五年）で、日本人の宗教的無節操や、戦争体験の風化を難じている。本願寺派安芸教区は『浄土真宗の平和学』（一九九五年）を編している。

差別問題は複合化し、国際化したが、仏教の差別問題は、被差別部落問題が主で、しかも受け身の場合が多い。七九年八月町田事件が起こった。全日本仏教会理事長、曹洞宗宗務総長町田宗夫は、第三回世界宗教者平和会議で、日本では部落差別は存在しないと演説した。部落解放同盟は町田並びに曹洞宗、全日本仏教会が糾弾を受け、八四年の第四回の会議で、町田や曹洞宗、そして、全日本仏教会は陳謝し、今後被差別部落問題に積極的に取り組むことを表明した。八一年永平寺は差別戒名供養を行なった。

本願寺派では、八三年広島県同派十数か寺の過去帳に、多数の差別記載放置が明らかにされ、糾弾を受けた。また熊本県下同派寺院墓地で、多数の差別墓石が発見された事件もあった。大谷派では八四年七月宗門の教学責任者の研修会での差別発言、八七年七月の元宗務総長の研修会での差別発言があり、糾弾を受けた。八四年には空海の『性霊集』の差別表現が問題化している。各宗でもそれぞれ部落問題に取り組んだ（柏原祐泉『日本仏教史・近代』）が、仏教界全体では人権意識がまだ稀薄だったことに問題があったのである。

部落解放同盟中央本部では、一九八八年一一月、全日本仏教会加盟教団にたいして第二回「差別戒（法）名に関するアンケート調査」を実施し、八九年七月現在、四一教団の回答を得て（第一回は一九八二年）調査結果を発表している。（松根鷹「宗教教団へのアンケート調査結果の意味するもの――「業」「旃陀羅《せんだら》」「差別戒名」を中心に――」、部落解放研究所編『新版宗教と部落問題』一九九〇年）。

松根は本調査の問題点として、①自主的な取組みでなく、運動体に指摘されなければ認めようとしない体質、②おざなりの調査と方法の不備がめだち、調査実施後も次々と差別戒（法）名が発見されている。③差別戒（法）名は「歴史的遺物」と意図的に流されてきたが、過去帳の差別記載は一九六三年にまで及び、過去の問題でないといっている。被差別部落問題にとりくむ宗教教団連帯会議加盟教団（一九九〇年八月現在）は、三連合体六七教団である（前記『新版宗教と部落問題』）。

部落差別と共に、障害者、女性差別、或は朝鮮半島人・韓国人差別等複合差別も頻発している。しかも陰湿な形で行なわれている。また少年がホームレスを襲う等、閉塞的社会を背景に、無抵抗者に対する残虐で、人間無視の事件が相次いで起ったのも、この期の特徴であった。八三年真宗本願寺派は覚醒剤撲滅運動を開始した。

ターミナル・ケア、ビハーラ活動

九〇年前後からは仏教でも生命倫理に注目しはじめた。印度学仏教学会の「生命倫理委員会報告」には、生命操作の問題、脳死、臓器移植、ターミナル・ケアが取り上げられている。加えて水子地蔵、妊娠中絶などが古くから問題となっている。これらは医療問題であったが、同時に宗教者として、この暗い時代を背景に、死の教育、死後の教育に関心を寄せはじめた。

武井秀夫は『死の判定と仏教的生命観』(『現代と仏教』一九九一年)で、ユダヤ・キリスト教的生命観の「個」的指向に対し、仏教の「縁起」的生命観を提示している。また梯実圓は「仏教の生命観」として「輪廻転生」を提示し、業《ごう》による「六道輪廻」と共に、衆生の連帯観をのべ、「いきとしいけるもの」のために「不請《ふしょう》の友」となることを主張している(『ビハーラ活動』一九九三年)、この「不請の友」こそ、西欧ボランタリズムに対し、仏教ボランタリズムの根基の一つである。

もともと仏教は、本来的に「生死」を問い続ける宗教であり、「生死一如」「生死即涅槃」である。人生の終末をいかに迎えるか、人間に限らず、すべて生あるものは滅していく。「諸行無常・是生滅法」は原始経典以来仏教が語りつづけているものである。人生における終末（死）とは何か、終末を迎える患者に対し、いかに終末を迎えさせるかは、仏教者の任務である。

仏教では福田《ふくでん》思想は仏教徒の社会的実践の基本として展開されたが、『梵網経』の四八軽戒中に「八福田の中には、看病福田は是れ第一の福田なり」と説かれ、日本でも療病院・施薬院が設立された。また東洋の医療施設として無常院、往生院、看病堂があり、日本では平安中期以来、近世に至るまで、往生人の伝記集成たる『往生伝』が編まれた。特に源信の『往生要集』が著名であった。

仏教ターミナル・ケアの方法として、「ビハーラ」を提唱した一人田宮仁は「ビハーラ」の理念として

① 限りある生命の、その限りの短さを知らされた人が、静かに自身を見つめ、また見守られる場である。

② 利用者本人の願いを軸に、看とりと医療が行なわれる場である。そのために、十分な医療行為が可能なる医療機関に直結している必要がある。

③願われた生命の尊さに気づかされた人が集う、仏教を基礎とした小さな共同体である。

（「仏教ターミナル・ケアの方法論」水谷幸正編『仏教とターミナル・ケア』一九九六年）の三つを挙げている。ターミナル・ケアへの仏典応用として『ブッダ最後の旅』（中村元訳、一九八七年、岩波文庫）等が参考にされている。

仏教のターミナル・ケアやビハーラ活動はキリスト教の影響もあったが、本願寺派では八六年ビハーラ実践活動研究会が結成された。そして、『ビハーラ活動――仏教と医療と福祉のチームワーク』（一九九四年）が出版された。収録論文で特に注目されるのは奈倉道隆の「医療・福祉と共にあるビハーラ活動」である。奈倉は宗教者が、末期医療にかかわる問題として、末期告知、末期患者の苦痛と精神不安をあげている。本願寺派の目ざしているビハーラ活動の方向は、(1)広く社会の中で見つめるビハーラ、(2)いつでもだれにでも実践できるビハーラ、(3)相手の望みに応えるビハーラ、(4)医療・福祉と共にあるビハーラの四つである。

ビハーラの中村元の訳は安住・やすらかなおちつきで、看病、重病人を慰めることである（前掲『ビハーラ活動』）。

(三) 新宗教について

新宗教

前章でも触れたが、ここで新宗教（新・新宗教を含めて）、特に仏教系の新宗教を中心に概説してみたい。新宗教の発生は幕末維新期、敗戦以降、前章でのべた七〇年以降の三期説、加えて明治末から大正にかけての宗教ブームを加えて四期説がある。

新宗教の研究を勢力的に進めた西山茂や、その特徴を、(1)新たな宗教様式の樹立と普及を図る宗教、(2)近代への応答としての宗教、(3)人間と社会の矛盾との解決と補償を目ざす宗教、(4)一九世紀半ば以降に世界各地に台頭してきた宗教、(5)民衆主体の非制度的な成立宗教としている。七〇年以降の前章でのべた「新・新宗教」の呼称は西山の名称である（「新宗教の特徴と類型」『日本社会論の再検討』一九九三年）。

新宗教の信者数は、教団側の公称より少ないと思われるが、井上順孝の「新宗教の展開」（『現代日本の宗教社会学』一九九四年）の「主な新宗教教団一覧」中の仏教系統の主なる教団の信者数は、阿含宗二六万、真如苑七〇万、創価学会五六〇万、本門仏立宗五三万、立正佼成会五四七万、霊友会三二一万となっている。日蓮系統が圧倒的に多く、七〇年以降密教系も現われてくる。変動する社会に対応できない既成教団に代わって、対応しようとする意図が表れれている。

島薗進は「新宗教の大衆自立思想と権威主義」（島薗進編著『何のための〈宗教〉か』一九九四年）中の「昭和期の教団の自立思想」の項で、創価学会と霊友会を例にあげ、ともに『法華経』の伝統を継受し、とくに『法華経』の大衆主義に由来する大衆自立主義を発展させたといっている。この「自立」は既成教団の「受け身」の態度とは大きく異なる。そして、これと対比して、八〇年代後半に発展した新宗教教団には、指導者崇拝を強調し、大衆自立主義があまり強調されないタイプの教団が有力であるように見えるといっている。

七〇年代以降の日本の社会状況は、「自立と連帯」に代わって、確固たる権威体系を樹立しようとする発想が優位となり、一般社会との間に厚い壁を持った集団も多くなった。このような傾向に対し、前記島薗論文の次の結論的指摘は重要である。

戦後日本で、自明の前提とされがちだった民主主義的価値と、ある種の宗教的価値との間に亀裂の拡大の可能性を示唆するものであることもまた確かである。

新宗教の志向したかつての新宗教の「自立と連帯」は、既成仏教教団にインパクトを与えた。そこには「脱呪化」の傾向も見えた。しかし、七〇年後から勃興した新・新宗教には、自由主義的な近代的仏典解釈や多元主義、或いは民主主義的な「自立や連帯」に代わって、終末論的根本主義を掲げるもの、呪術や神秘主義を強調するオカルト的なものさえ見える。呪術的なものを含んでいても、従来の新宗教が貧・病・争の克服を目ざしたのに対し、呪術すること自体に意味を見出そうとしている。このような権威願望主義や神秘主義のひろがりが、全体主義への途を開くことは、第二次世界大戦で経験した。改めて敗戦後誓った民主主義が定着したかどうかが問われている。

仏教系新宗教

教団として最も大きな創価学会の戦前、戦中の動向については既述した。戦後の会長は池田大作・北条浩・秋谷栄之助と続いた。六四年には公明党が結成され、六七年衆院選で二五名の当選者を出し、中道政治を目ざした。六九年に言論出版抑圧事件が社会問題となり、七〇年には国立戒壇論をひっこめ、政教分離を表明した。七一年創価大学が開学され、続いて大石寺正本堂が完成した。公称信者数は一七二一万人、実数は五〇〇万人前後といわれているが、日本最大の新宗教教団である。

立正佼成会は三八年三月庭野日敬・長沼妙佼のコンビによって、はじめは「大日本立正

佼成会」として発足した。庭野は立正佼成会を

法華経は人間尊重の教えであり、人間完成の教えであり、その上に立つ人類平和の教えである。一言にして言えば、ヒューマニズム（人間主義）の教えである。

と平易に近代的に説明している（小松邦彰「霊友会・立正佼成会」『日本近代と日蓮主義』一九七二年）。その「会員綱領」にも、

立正佼成会員は恩師会長先生の指導に基づき、仏教の本質的な救われ方を認識し、在家仏教の精神に立脚して、人格完成の目的を達成するため信仰を基盤としての行学二道の研修に励み、多くの人々を導きつつ、自己の練成に努め、家庭・社会・国家・世界の平和境（常寂光土）建設のため菩薩行に挺身することを期す。

と、在家仏教、人格の完成、平和実現等近代的綱目を掲げている。庭野は世界宗教者会議日本委員会が発足した時には、初代委員長に就任した。

会名を立正佼成会と改名したのは、長沼妙佼を記念したものである。六四年大聖堂が完成し、六九年に佼成学術研究所が発足し、翌年普門館が完成した。立正佼成会は日蓮を本仏とするのではなく、根本仏教と法華経とが表裏一体となって、はじめて釈尊の教えの真価が発揮されるとし、四諦・十二因縁・八正道・六波羅蜜を修行しようとする。「法座」を重視している。公称信者数六二〇万人であるが、創価学会につぐ大教団である。

大日本霊友会は二五年久保角太郎・小谷安吉、妻喜美によって発足し、三〇年教団として確立した。三四年機関誌『大日本霊友会』を創刊した。教団は分裂が続き、孝道教団、大日本立正佼成会等が分立した。戦後最大の新宗教教団となったが、四九年本部が占領軍の捜査を受け、小谷喜美が検挙され、それを契機に仏所護念会その他が分立した。

霊友会の教義は、他の新宗教大教団ほど体系化しておらず、先祖供養や親孝行が中心とされ、「祖先崇拝在家の叫び」「法華経の眼目は仏所護念なり」等をスローガンとしている。教団名の「霊友」とは、自己の霊と過去・現在・未来の三界の霊がつながっているという意味である。霊友会は支部の独立性が強い。公称信者数三〇〇万人の大教団である。

阿含宗と真如苑は仏教系のいわゆる新・新宗教に属する。阿含宗は桐山靖雄によって一九七八年四月開設された教団である。桐山は一九七一年『変身の原理――密教、その持つ秘密神通の力――』を出版したが、このころから密教ブームが起り、桐山の存在が注目されはじめた。七七年『人間改造の原理と方法――原始仏教から密教まで』を著し、『阿含経』を聖典としている。阿含宗は、密教によって成仏法を得て、阿含経によって成仏力を身につけた桐山によって開創された仏教教団とされる。

阿含宗会員は、千座法が課せられる。この千座行の修行とは、正行としての法典の勤行と、助行としての「戒行」「課行」の実践から成り立っている。阿含宗は阿含経を所依の教典としているが、密教の修法を行なうので「阿含密教」ともいわれている(沼田健哉『現代日本の新宗教』一九八八年)。

真如苑は一九三六年伊藤真乗、妻友司《ともじ》によって開創された。五三年教団名を真如苑とし、文部省の認可を受けた。公称信者数は二〇八万とされている。

真如苑はみずからの特色を「出家仏教の修行を基礎とした在家仏教教団」「大槃涅槃経を所依の教典としている」その他である。教義的にも組織的にも独立しているが、流れとしては真言宗密教系で、総本山は立川市の真澄寺である。「接心修行」は真如苑の真髄で、「接心」は霊能者と「接心」をいただく人びとが、対座する形式で行なわれ、その場は「会座《えざ》」と呼ばれている。霊能者は入神することにより霊界とつながっている。伊藤教主と妻友司は、天霊系と地霊系の力を代表する「み仏(常住法身)」と位置づけられ、大宇宙と一体になった超越者と信じられている(小室裕充「密教系新宗論」『近代仏教史研究』等)。

親鸞の信仰ないし思想と、現代の教団政治における教学の乖離は誰も気がつくことである。従来異安心事件がしばしば起ったが、小沢浩によって紹介された「真宗「原理主義」の台頭――浄土真宗親鸞会――」は、いわばファンダメンタルへの復帰である(小沢浩『新宗教の風土』一九九七年)。新宗教というより「真宗原理主義」というべきものである。浄土真宗親鸞会は、しばしば「高森親鸞会」と呼ばれるように、高森顕徹の創立である。

会長高森は一九二九年富山県氷見市本願寺派寺院に生まれ、龍谷大学仏教学部を卒業し、四七年得度し僧侶の資格を得たが、七〇年には本願寺派の僧籍を離脱した。親鸞会の会員現在約一〇万、支部は全国にあり、教勢は南米・北米・台湾・韓国に及び、本部会館は富山県射水市にある。『顕正新聞』を発行し、講師陣も知識層が主である。

高森の基本的認識や姿勢を支えているのは、今日の本願寺の信仰は、祖師親鸞からはなはだしく逸脱しているとの危機感で、本願寺に対する「破邪顕正」が随所にみえ、そのエネルギーが教勢を拡大した。また親鸞の教えは「平生業成《へいぜいごうじょう》」に集約されているとみて、「この「世」の絶対幸福」を、人生の究極の目的においている。既存の新宗教教団の教勢が停滞している中で、教勢を伸ばしている。

オウム真理教事件

事件は裁判中なので、歴史的考察は早すぎる。オウム真理教は、処々に仏教用語を使用しているが、仏教とは関係がない。九五年三月の東京地下鉄サリン事件をはじめ、もろもろの事件の発覚は、宗教を名のる教団だけに、日本だけでなく、世界を驚かせた。神秘主義やオカルト現象、教主麻原彰晃のカリスマ性、宗教と科学のねじれ現象、瞑想とヨーガ、寄せ集めの混合宗教、世界終末観と転換変革認識、そして、何よりも多くの殺人事件は、社会を暗然とさせ、驚かせた。

ただ一人の最終解脱者と称する麻原彰晃は、オウム真理教を「オウム真理教の持っている法、この法は、原始仏典、まあ今、パーリ三蔵といわれている原始仏典を土台とし、それにチベット仏教を味付けし、そして密教的ヨーガの飾りを付けたという世界でも類を見ない最高の修行体系」(宮坂宥勝「オウム真理教とは何か」より。『仏教・別冊』オウム真理教事件、一九九六年) とのべている。インド哲学者宮坂宥勝は、この宗教的混交を、小乗仏教、インド大乗仏教、阿含宗、キリスト教の終末史観＝「黙示録」のハルマゲドン、若干の中国哲学思想等々を非体系的に寄せ集めた教義としている(宮坂前記論文)。

麻原はオウム真理教は小乗―大乗―秘密金剛乗に入ることが目的と教え、金剛乗の実践者は「金剛の心」をもって自己を捨て、利他行として悪業をも敢然として遂行して、「自己変革」「自己改造」を行なうことを教えている。

オウム真理教に対し、既成教団からは、「事件」としての批判はあるものの、宗教としての対決は余りない。たとえ似て非なる宗教であったにせよ、宗教には宗教を以って対決しなければならないが、「事件」とみて司直の手に委ねられている。

私は次の点に注目したい。仏教でいう「煩悩即菩提」の「即」は、悟りへの途であるが、同時に「悪」のエネルギーも持っている。戦争でしばしば繰り返される「一殺多生」等もそうであろう。戒律としての「不殺生戒」もそこでは摩り替え作業が行なわれている。本来仏教の「即」は「空」であろうが、「煩悩」と「菩提」の間には「死→復活」というほどの深淵がある。麻原には「煩悩」の持つ生命力が、利他行のためには殺人も許されると、積極的に肯定されてしまったのである（前掲誌、中村雄二郎「宗教と悪の問題――オウム真理教にふれて――」）。なお、オウム真理教の暴力と、日本の現代社会の関係は、島薗進『現代宗教の可能性――オウム真理教と暴力――』（一九九七年）。

日本仏教では、昭和初頭のファシズム期にも、「大乗」精神の名のもとに、殺人が行なわれた。「即」の論理は本来の意味と安易に逆の方向に向うことがあるのを、この「事件」を通じても反省させられる。オウム真理教事件に対する危機意識を梃にして、仏教はいかなる構想力を示すのであろうか。

(四) 歴史的反省、国際責任、二一世紀への期待

歴史的反省

近現代仏教の歴史的記述の終わりに、総括に代えて、歴史的反省、国際責任、二一世紀への期待について、簡単に私見をのべておきたい。

(1) 欧米では、近代社会の前提に「宗教改革」がある。日本では法然・親鸞・道元・日蓮による宗教改革はあったが、その後に展開された社会は封建社会であった。日本が近代へ歩み出す前に、宗教改革を欠いたことは、宗教はいうまでもなく、社会にとっても致命的欠陥であった。それは封建倫理をはじめ、さまざまな遺制を残すことに外ならなかった。明治以降仏教にも近代化への努力はあったが、近代精神革命を欠いた。受動的ではあるが、明治維新の廃仏毀釈期、そして、日中戦争・太平洋戦争後もその改革への好機であったが、活かされずに終った。その主な責任はやはり教団仏教にあったとみるべきであろう。

(2) 鎮護国家・興禅護国・王法為本・王仏冥合等々、仏教では政教分離、信教自由の歴

史は短かい。また伝統的宗教であった仏教は、政治の保守主義や、ナショナリズムと結びつきやすかった。そして、日本の近代国家は家族国家を基盤とし、その家族国家の祖先崇拝と「葬式仏教」が結合したのは不幸なことであった。日本の帝国主義は、家族国家を基盤としていたのである。

それが健全な個人の「自立」を妨げ、近代市民の創出を妨げた。そして、現在日本の個人主義も、多分にエゴイズム化している。仏教の「家の宗教から個人の信仰へ」の脱皮も容易でなかった。

日本の政治は明治維新から戦後の「経済大国」にいたるまで、どの時点を取っても、宗教が、その政治に内面的役割を果たす場所がなかった。仏教も「外面的」政治と「妥協」するか、あるいは全面否定して「玉砕」するかになり勝ちであった。

(3)　現在社会の基盤である資本主義への理解が、絶無に近いほど仏教では一般化していない。その結果基本階層である資本家・企業家・労働者、ひいては市民への理解が乏しい。それはキリスト教と資本主義、そして、「市民」等々の関係と対比すれば、明らかである。そして、「経済大国」のような歯止めの伴わない資本主義的自由競争に対しても、ほとんど仏教はなすすべを失った観があった。

むろん、仏教の生存競争や競争社会の否定は、それ自体意味があり、信仰の持つ反近代主義は優秀な宗教者を育てた。しかし、仏教が資本主義を理解せずに、社会と対決した場合には、無政府主義に走り勝ちであったことも、歴史の示すところである。

(4) 仏教は絶えず建て前として原始仏教や鎌倉仏教が引用されて、導入された西欧思想との「内面的」対決と、その上での思想的創造の例が少ない。

例えば敗戦後の民主主義や人権は、仏教になじみの深いものでなかった。しかし、一千万をこえるアジア、そして日本の戦死者の代償として獲得し、護持しなければならないものとすれば、仏教はそれを思想的「内面化」することを迫られている。「無常」が特色で、たえず重要なものをも「風化」していく風土の中で、仏教はいかにこの死者達に「懺悔」し、これらの思想を内化するのであろうか。

(5) 仏教は「慈悲」という教義や、「不殺生」という戒律の建て前と別に、明治維新から現代までの「戦争の世紀」に、たえず戦争国家に協力してきた。本来「非寛容」で「正義」の戦争を是認するとみられたキリスト教徒のほうに、かえって非戦主義者がみられる。それは個人としての「不殺生」戒を護っても、国家的な戦争となれば、別のことであろうか。仏教は寛容で宗教戦争もおこした経験がなく、その教説の「縁起」や「空」は平和思想に重要であるが、私的な心の平安に重点がおかれた。仏教の平和はやはりキリスト教の正義と秩序を学ぶべきであろう。

日本の近現代仏教の歴史を省みて、仏教は、宮沢賢治が指摘するように「宇宙的共生」を目ざすべきであろう。そのためには、「戦争の世紀」であった近現代における戦争における無数の死者の審判を受けながら、死者との対話を続けなければならない。

国際責任

仏教は「宇宙的共生」が目標といっても、現実の日本近現代仏教は、それとは遥かに遠い存在であった。この理想目標と現実の仏教の姿の両面を踏まえて、日本仏教の「国際責任」を考えてみたい。

(1) 二〇世紀末の仏教は、アジア各国に対する侵略や、かつての植民地への宗教的責任を、二一世紀まで積み残してはならない。日露戦争以降の日本帝国主義に協力した仏教は、それに対する国際責任を主体化しないかぎり、仏教の主体性もあり得ない。そして、その責任を果さないかぎり、世界から仏教の普遍性を受け入れられないであろう。

具体的に旧植民地の朝鮮半島だけをあげても、朝鮮半島の貧困と差別、戦時中の応召者、戦死者、労働力不足対策としての強制連行、さらに軍隊慰問婦（吉見義明『従軍慰問婦』一九九五年）等々とは仏教と別問題でない。

朝鮮半島その他の国に対する宗教的「懺悔」は、仏教界全体の問題となっているとは思えない。妹尾義郎その他先覚者少数に留まっている。

(2) 戦後日本の経済成長、「経済大国」志向はいわゆる「開発途上国」からの、資本調達によっている。環境破壊、大気汚染等々は、すでに人類を越え、世代間を越えた地球全体、生物全体に及んでいる。その上に日本は安住しているのである。これらの倫理的抑制は、宗教の役割である。「宇宙的共生」を生命とする仏教はいかなる思想や対案を用意するのであろうか。

(3) 富のギャップの深刻化は、南北問題として現われている。世界の二七の最富裕国が、世界のGNPに占める比率七九・五パーセント、それを除く一一五か国が貧困である（本山美彦『豊かな国・貧しい国』一九九三年）。一方で飽食で残飯を出し、一方では餓死者を出している現実がある。それは経済問題であると同時に、優れて宗教ヒューマニズムの問題である。仏教ではまだ少例ではあるが、東南アジアの仏教国にボランティアが活動している。例えば、曹洞宗東南アジア難民救済会議（現曹洞宗国際ボランティア会SVA）等である。

(4) 現在日本に多くの外国人労働者がいる。これら労働者は、景気拡大の時には、労働力不足、不況時には失業の波にさらされている。過去には、関東大震災に朝鮮半島労働者の虐殺事件があったし、低賃金ばかりでなく、居住の確保も困難であった。それは経済問題であったと同時に、人権問題、生存権問題でもあった。依然続く在日外国人労働者に対する民族差別等々に、「共生」を教義とする仏教は、いかに対応するのであろうか。

(5) 最後に宗教としては「先進国」「後進国」の呼称をやめたい。経済的に低位とみられる東南アジア仏教国に逆に「共生」や「公正」が生きているのが見受けられる。それが「効率」や「便利」、そして、「エゴ」がまかり通る「経済大国」日本に、反省を迫る問題である。

二一世紀への期待

(1) 「縁起相関」を教義とし、「我」を否定し他者の不幸を自己の不幸とみる仏教の「慈悲」は、「寛容」を建て前とし、それが現在の世界から望まれているものである。しかし、現在の資本主義は個人主義や自由主義を基礎としていることはいうまでもない。仏教が資本主義の弊害を抑制する役割を果そうとすれば、一応資本主義との合理性を見出したキリスト教と、その教義的相違点を確認の上に、キリスト教が資本主義の抑止力となった歴史的諸点を学ばなければならない。カトリック作家の遠藤周作は仏教界でも広く読まれている『深い河』(一九九六年)で、仏教の「慈悲」をキリスト教に吸収しようとしているかに見える。行き倒れ人をガンジス河に運ぶ大津神父、ガンジス河に向って、かつて人肉を口にしたことのあるビルマ戦線帰りの木口の「阿弥陀経」の一節の読誦、大津のような例は空也、一遍等仏教福祉の先覚に例が多い。木口の例も木口に留まらないであろう。ここに見える仏教の「生きとし生けるものへの「無量」の慈悲」や、「縁起共生」は確かに二一世紀の救いの思想であろう。しかし、仏教の現実に必要なのは、むしろ「菩薩行道」の「社会性」獲得にある。そのために仏教は逆にキリスト教から「禁欲」や「緊張」を学ばなければならない。

仏教の「慈悲」は、現在のニヒリズムやエゴイズムを超えて、二一世紀の精神に提供されるものであろう。それは現在の「効率」社会や、人間の「便利さ」に対して、他者を愛することによって、自己が輝く。それは人間に留まらず、地球の危機状況に対応する思想である。そのために、キリスト教の歴史が犯した「負」の面を承知の上で、キリスト教の「自立」そして「変革」の活力を吸収しなければならない。

(2) 東西の冷戦後、社会や宗教は「多元化」「相対化」を特徴としている。仏教は「相対化」や「寛容」が特色で、今後ますますそれが要求されると思う。しかし、それは宗教的原則を崩した拡散ではない。それにしても日本教団仏教は余りに「タコ壺」的なセクト主義と、逆に無原則な「妥協」がまかり通っている。

(3) 現在の社会は「効率」と「便利さ」と引き換えに、人間の「共同性」が著しく傷つけられている。そして、新しい型での貧困である「欠乏」や「疎外」をもたらしている。それに代わる思想や哲学は仏教の「共生」であろう。この「共生」は、むろん封建的共同体や、「効率」一辺倒な競争主義でなく、それらを克服・止揚したものである。

この「共生」の前提に個人の「自立」や「自律」が伴うものであることも忘れてはならない。それは個人の尊厳を重んずる意味で、優れて個人主義と宗教の問題である(島薗進「宗教教団と自立」『何のための〈宗教〉か』一九九四年)。この「共生」と「自立」を兼ねそなえることは困難なテーマであるが、二一世紀仏教の基本的努力目標である。

(4) 恐らく現在の「効率一辺倒」社会のあとは、「社会正義」や「社会公正」を基本とする、福祉社会以外に選択の余地はないであろう。福祉社会の歴史が浅く、その思想も稀薄な日本では、仏教の「共生」等を支えとして、その内的な裏付けを仏教に期待すべきであろう。

九・十章で詳説した世紀末的な状況の中で、よく『歎異抄』の「地獄は一定すみかぞかし」を目にする。世紀末の危機の「歴史的自覚」は、その危機を通しての宗教的創造力である。明治以降一三〇年間「受け身」であった仏教の創造力とし、私は(4)でのべた福祉社会と、それを内から支える仏教の「共生」に期待したい。いわゆる「共生の浄土」である。

(5) 「寺院仏教」の持つ「静寂」や仏教美術も、魂の安らぎの場所である。しかし、今仏教信仰にとって重要なのは「活ける仏教」である。

現在それを余り教団仏教上層部に期待もてない。それはむしろ経済的低落傾向の中で、民衆との間で、絶えず「信」の確認をしあっている末寺である。そして、津々浦々にある末寺の宗派をこえたネットワークによって「共生」を支えることである。

次いで仏教に関心を持つ市民や知識層である。それは評論家的態度や、研究のための研究などではない。また幾度かくり返されてブームとなった「慰藉仏教」でもない。それは活力にみちた仏教信仰と、社会の退廃に対する批判的発言である。

おわりに

一九八〇年代はむきだしの利潤追求やバブル的豊かさにより、倫理的感覚が著しく欠如し、個々人の生活意識は混乱の度を深めた。それは本来的には「虚構の世界」にすぎないことが、バブル崩壊後の歴史が示している。この世紀末的退廃の中で、かつて迂遠な存在として斥けられた文化・宗教が逆にレアリズムの鍵を握っていることが認識されはじめた。この文化は単なる物資に対するものでなく、物資・文化を含んだ総体的・根本的なものである。二〇世紀末の文化的・宗教的レアリズムを自覚することが、本当の歴史的自覚と思われる。

そのためには序章で引用したベラーがいう社会との「対決」や、ウェーバーの「禁欲」が重要である。幕藩体制によって、政治的につくられた仏教の諸制度やセクショナリズムが、いつまでも続くとは思われない。二〇世紀初頭の一九〇一年、村上専精は、『仏教統一論』を著した。日本の隅々まで「面」として拡がりを持った仏教を「生きた」信仰の「場」としながら、その「連帯」が望まれる。

解説

末木文美士

近年、近代仏教に関する研究が急速に盛んになり、若い研究者によって大きな成果が次々と産み出され、活気を呈している。大谷栄一・吉永進一・近藤俊太郎編『近代仏教スタディーズ』(法藏館、二〇一六)は、そうした最近の成果を集約した入門書であるが、それを読んでいくと、近代仏教に対してきわめて多様な視点から光が当てられ、その問題の広がりに興奮を覚えるほどである。同書の副題に「仏教からみたもうひとつの近代」とあり、その帯の惹句に「日本近代化の背景には、常に仏教の存在があった」とあるように、近年の研究は、仏教史がそれだけの狭い枠に閉じこもったものではなく、日本の近代を考える上で不可欠の要因となっていることを明らかにしている。

私は、二〇〇四年に『明治思想家論』と『近代日本と仏教』(ともにトランスビュー)を出したが、その頃はまだ、近代仏教など本当に一部の好事家の研究することと考えられ、蔑視されていた。仏教史という面から見ると近代は付け足しに過ぎないと考えられ、他方、近代史の専門家は仏教史など別に知らなくても問題ないと考えていた。私自身、もともとは中世仏教を専門としていたが、必要があって近代仏教に手を付けてみると、その重要性にも関わらず、あまりに無視されていることに憤慨し、そんな世間の常識に挑戦するつもりで、蛮勇を奮ってこの両書を著わしたのだった。それからわずか十数年で学界の常識がこれほど大きく転換して、近代仏教が花形的な研究分野としてスポットライトを浴びるようになるとは、とても信じられないことであり、感慨無量である。

＊

近代仏教が片隅に追いやられ、日陰の研究領域とされていた時代に、いち早くその重要性を見抜き、その研究に着手していた少数の先駆者がいた。吉田久一（一九一五―二〇〇五）、柏原祐泉（一九一六―二〇〇二）、池田英俊（一九二五―二〇〇四）などの名前が挙げられる。池田の『明治の仏教』（評論社、一九七六）、柏原の『日本仏教史・近代』（吉川弘文館、一九九〇）なども優れた概説書である。しかし、何といっても息の長い活動と多数の著作によって、もっとも多くの成果を上げ、大きな影響を残したのは吉田であった。

吉田の主要な研究領域は二つあった。一つは日本社会福祉事業史であり、もう一つが日本近代仏教史であった。そのいずれもが未開拓の領域であり、吉田によって今日の研究の基礎が築かれたと言ってよい。もちろん、二つの領域は無関係でない。二〇一六年一一月に日本仏教社会福祉学会・社会事業史学会・日本近代仏教史研究会共催でシンポジウム「吉田久一の歴史研究を問う――社会福祉史と近代仏教史の立場から」(淑徳大学千葉キャンパス)が開かれたように、両分野が切り結ぶところに、独自の「吉田史学」が築かれたのである。日本の社会福祉に仏教が大きく関係していることは言うまでもない。

とは言え、私は社会福祉史の分野にはほとんど知るところがなく、その分野の吉田の業績については語る資格がない。それ故、近代仏教史に限って、吉田の業績を少し見ておこう。この方面の吉田の最初の大きな著作は『日本近代仏教史研究』(吉川弘文館、一九五九)であり、近代仏教史という分野を確立した記念碑的著作である。本書はその対象を明治時代に絞っており、『近現代の仏教の歴史』では二―四章に相当する。明治初年から大逆事件まで、明治期の仏教の主要な問題をほぼ網羅し、しかもそれをしっかりと文献的な実証によって押えている点で、画期的な成果であった。大教院分離運動、教育と宗教の衝突論争、そして精神主義や新仏教運動、さらには大逆事件と仏教との関わりまで、社会史・政治史的な面と絡めながらも、思想史的な面を重視して、主要な問題を検討している。

私が近代仏教に関心を持って勉強を始めた時も、本書は最良の導きの書であった。その基本的な構図は、今日でも有効と考えられる。

その後の研究は『日本近代仏教社会史研究』（吉川弘文館、一九六四）に纏められた。本書は題名通り仏教の社会活動的な面に光が当てられ、社会福祉史の問題意識とつながっている。また、概説的・通史的なものとして『日本の近代社会と仏教』（『日本人の行動と思想』、評論社、一九七〇）が書かれている。さらに『清沢満之』（人物叢書、吉川弘文館、一九六八）は、近代仏教のキーパーソンの一人である清沢の信頼できる評伝であり、その後の清沢研究の基礎となる成果である。ちなみに、『吉田久一著作集』全六巻（川島書店、一九八九―九三）は、著者の主要な著作を収めているが、近代仏教史関係は『日本近代仏教史研究』と『日本近代仏教社会史研究』（改訂増補版）を収めている。

このような単著としての研究書とともに、忘れてならないのは、近代仏教に関する優れたアンソロジーを編集していることである。即ち、『現代日本思想大系』七「仏教」（筑摩書房、一九六五）、『明治文学全集』八七「明治宗教文学集」一（同、一九六九）、同四六「新島襄・植村正久・清沢満之・綱島梁川集」（同、一九七七）などであり、近代仏教へのよい導入となっている。

一九七〇年代以後は社会福祉史の方面の著作が相次ぎ、近代仏教史関係の著作は少なくなっている。しかし、晩年に至って、『現代仏教思想入門』（筑摩書房、一九九六）並びに本書『近現代仏教の歴史』（筑摩書房、一九九八）を出版している。ともに自らの研究を集大成するとともに、後進へ向けての入門となる好著である。『現代仏教思想入門』は、『現代日本思想大系』七をもとにして、編集し直したアンソロジーであるが、『近現代仏教の歴史』とセットになるもので、後者に対する原典資料入門という性質を持っている。

＊

そこで、本書『近現代仏教の歴史』について、もう少し立ち入ることにしたい。と言っても、その内容は明治以前の近世から始まり、戦後の二十世紀末までを含むきわめて適切な通史的な概説であり、特に難解なところはないから、改めてそれに対して解説を加える必要はないであろう。もちろん、本書の時代から今日まで、この分野の研究の進展は著しいので、それらについては、上記の『近代仏教スタディーズ』や、通史としては末木文美士他編『新アジア仏教史14　日本Ⅳ　近代国家と仏教』（佼成出版社、二〇一一）などがあるので、参照していただきたい。

そこで、ここではいささか方法論的な問題を考えてみたい。本書の「まえがき」と序章は、著者の一生を貫く研究の方法や問題意識が簡潔に述べられているので、その点に注目したい。著者は「まえがき」で、「私は総合史にも目配りしながら、近現代社会の基盤としての資本主義社会と、本来仏教の中核的内容である信仰・思想に焦点を置くことにしたい」と述べている。資本主義社会と仏教の信仰・思想というセットは、いささか唐突で、「とまどいを感ずる読者があるかもしれない」が、実はそこに著者の方法と問題意識がある。

著者自ら述べるように、著者が研究を始めた頃は、「マルクス主義を中心とする社会史的研究の全盛時代」であり、著者もその影響をたっぷりと受けている。しかし、「宗教信仰の伴わない仏教史研究には幾多の疑問を感じ」、そこに、資本主義と仏教の信仰・思想をセットにした問題意識が生まれることになった。それは単なる抽象的な理論ではなく、青年期を戦争の中に過ごし、「召集を受けて沖縄戦争の前線」に出動し、「無数の沖縄びとの死や多くの仲間たちの死を経験している」という重い原体験がある。沖縄での戦争体験は、自費出版した『八重山戦日記』（一九五三、著作集7所収）に生々しく描かれている。宗教と社会という問題意識はそこに発する。そこから一方で近代仏教史研究に向かい、他方で社会福祉史へと向かったのである。著者の論述は実証的で客観的な装いを取りながらも、それは決して「研究のための研究」ではなかった。

戦後の歴史家や社会科学者は、多くマルクス主義の影響を受けて社会的な関心をもちながらも、経済だけですべてを解決する唯物史観的な見方は、必ずしもそのまま受容されたわけではなかった。近代資本主義社会の形成という問題に目を向けながらも、宗教の問題を取り上げようとするとき、多く拠りどころとされたのはマックス・ウェーバーであった。ウェーバーの『プロテスタンティズムの倫理と資本主義の精神』は、近代資本主義の形成にカルヴァン派の世俗内禁欲の倫理が強い影響を与えたことを示したが、日本では大塚久雄らによって導入され、宣揚された。ウェーバーに拠った日本の研究者たちの主張によれば、日本の資本主義は近代的な合理主義のエートスを欠き、それ故本当の近代化を達成できず、非合理な戦争へと突入することになった。それ故、プロテスタンティズムに相当する倫理的な宗教を確立することが、真の近代的な資本主義確立のためにも必要だというのである。

こうしたウェーバー主義の日本への適用は、近代宗教の研究よりも、近世宗教の研究にいち早く見られ、著者が指摘するように、内藤莞爾による近江商人に対する浄土真宗の影響や、ロバート・ベラーによる近世宗教の研究などに顕著である。著者もこのようなウェーバー理論の影響を大きく受けていて、序章には「ウェーバー宗教社会学と仏教」という一節が設けられている。著者は「日本が近代初頭に宗教改革を欠いたことは、致命的欠陥であった」と見ている。そのことによって、「精神的内面的近代化」が十分に発展しなかったというのである。

ただ近世と異なり、明治以後は欧米の圧倒的な影響下に、一気に近代化した上で帝国主義化していくので、そのままではウェーバー理論が適用しにくい。それ故、著者は欧米的な近代化をそのまま絶対視するのではなく、むしろ日本に「後進国近代化」の典型を見ようとする。日本の資本主義では、「倫理よりも国策」であり、そのために「精神的内面的近代化」へ向かう宗教が「反近代」を掲げるような屈折が生ずることになったという。著者が考えている日本における「精神的内面的近代化」の宗教は、内村鑑三や清沢満之に代表される。著者の近代仏教研究において、清沢の占める位置の大きさは、ここから理解される。

著者は本書で、自らの立場を「批判的近代化」と名付ける。それは、「日本近代の持つ未完・退廃を反省しながら、批判的立場で近代を捉え、なお多くのことを近代から学習しつつ、新しい歴史の創造に参加すべきである」というものである。近代が行き詰った今日、だからといって一気にポスト近代に跳ぶのではなく、批判的に捉えながらも、近代を継承していこうというのである。

こうした著者の近代の捉え方は、全体として社会主義などを含めた社会運動的な面を重視しながらも、その中に思想的な問題を織り込んでいくという本書の論述に巧みに生かされている。資本主義社会と信仰・思想という二つの軸がうまく嚙み合って論じられていくのである。著者はそのことを図式的機械的に当てはめるわけではなく、そのような視点に立ちながら、抑制のきいたバランスのよい論述をして、近代仏教史の重要な問題をほぼ的確に網羅している。しばしば問題となる戦争期の国家主義と仏教との結びつきについても、一方的な批判や否定は避けて、できるだけ公正な論述を心掛けている。そのことがかえって、仏教が「日本近代の持つ未完・退廃」の中で、さまざまな屈曲を経なければならなかった苦難をおのずから浮かび上がらせている。

このように、研究者としてのバランスのよい公正さが、その底を流れる毅然とした倫理観に裏づけられていることが、著者の研究の信頼性を高めている。本書が、あるいは本書に最終的に結実する著者の一生をかけた研究が、時代的な制約の中に埋没することなく、長く一つの標準となり続ける所以である。

このような著者の基本的な態度に敬意を表しながら、最後に、ウェーバー的な近代化論を継承するが故に生じた問題点を一つだけ指摘しておきたい。それは、近代化という方向性を合理化として捉え、「呪術からの解放」を大きな指標とするために、「宗教改革」とプロテスタンティズムに光が当てられ、それに対するカトリック的、あるいは宗教の呪術的な側面が見えにくくなるということである。具体的に仏教の場合で言えば、密教的な要素が不当なまでに否定対象となり、その側面への配慮が行き届かなくなってしまうことである。

このことは決して著者だけの欠点ではなく、近代の研究の中で長い間ほとんど常識化してきたことである。私自身、仏教史研究を始めた一九七〇、八〇年代は、まだウェーバー的な宗教理解が大きな力を持っていて、そこから脱却するためにかなりの労力を要することとなった。しかし、近年の研究は、近代仏教が決して一方向的に合理的宗教へ向かうわけではないことを示している。例えば、鈴木大拙や宮沢賢治など、近代を代表する思想家は単に合理的な仏教観に終始したわけではなく、神智学の大きな影響を受けて、合理化できない神秘主義的な要素を強く持っている。また、政治の方面にも深く関係する日蓮主義も、単純に合理的とは言えないことは明らかである。こうしたことを日本の近代化が後進的であるが故の屈折という点にだけ求めるのは無理があり、じつは西欧の近代化の中にもこのような非合理的な方向性が顕著に見られるのである。オカルト的な神智学の形成はその典型である。この問題にここでこれ以上立ち入ることは控えるが、本書でまず近代仏教の概観を理解したならば、次の課題としてこのような問題も考える必要があるということを指摘して、解説を結ぶことにしたい。

この作品は一九九八年二月、筑摩書房より刊行された。

大乗とは何か　三枝充悳

仏教が世界宗教としての地位を得たのは大乗仏教においてである。重要経典・般若経の成立など諸考察を収めた本書は、仏教への格好の入門書となろう。

増補 日蓮入門　末木文美士

多面的な思想家、日蓮。権力に挑む宗教家、内省的な理論家、大らかな夢想家など、人柄に触れつつ遺文を読解き、思想世界を探る。（花野充道）

反・仏教学　末木文美士

人間は本来的に、公共の秩序に収まらないものを抱えた存在だ。〈人間〉の領域＝倫理を超えた他者／死者との関わりを、仏教の視座から問う。

禅に生きる 鈴木大拙コレクション　鈴木大拙 守屋友江編訳

静的なイメージで語られることの多い大拙。しかし彼の仏教は、この世をよりよく生きていく力を与えるアクティブなものだった。その全貌に迫る著作選。

空海入門　竹内信夫

空海が生涯をかけて探求したものとは何か――。稀有な個性への深い共感を基に、著作の入念な解釈と現地調査によってその真実へ迫った画期的入門書。

原始仏典　中村元

釈尊の教えを最も忠実に伝える原始仏教の諸経典の数々。そこから、最重要な教えを選りすぐり、極めて平明な注釈で解く。（宮元啓一）

選択本願念仏集　法然 石上善應訳・注・解説

全ての衆生を救わんと発願した法然は、ついに、念仏すれば必ず成仏できるという専修念仏を創造し、本書を著した。菩薩魂に貫かれた珠玉の書。

龍樹の仏教　細川巌

第二の釈迦と讃えられながら自力での成仏を断念した龍樹は、誰もが仏になれる道の探求に打ち込んでいく。法然・親鸞を導いた究極の書。（柴田泰山）

阿含経典 1　増谷文雄編訳

ブッダ生前の声を伝える最古層の経典の集成。第1巻は、ブッダの悟りの内容を示す経典群、人間の肉体と精神を吟味した経典群を収録。（立川武蔵）

阿含経典 2　増谷文雄編訳

第2巻は、人間の認識（六処）の分析と、ブッダ最初の説法の記録である実践に関する経典群、祇園精舎を訪れた人々との問答などを収録。（佐々木閑）

阿含経典 3　増谷文雄編訳

第3巻は、仏教の根本思想を伝える初期仏伝資料と、ブッダ最後の伝道の旅、沙羅双樹のもとでの〈大いなる死〉の模様の記録などを収録。（下田正弘）

バガヴァッド・ギーターの世界　上村勝彦

宗派を超えて愛誦されてきたヒンドゥー教の最高経典が、仏教や日本の宗教文化、日本人の思考に与えた影響を明らかにする。（前川輝光）

増補 チベット密教　ツルティム・ケサン　正木晃

インド仏教に連なる歴史、正統派・諸派の教義、個性的な指導者、性的ヨーガを含む修行法。真実の姿を正確に分かり易く解説。（上田紀行）

密教　正木晃

謎めいたイメージが先行し、正しく捉えづらい密教。その歴史・思想から、修行や秘儀、チベットの性的ヨーガまでを、明快かつ端的に解説する。

増補 性と呪殺の密教　正木晃

性行為を用いた修行や呪いの術など、チベット密教に色濃く存在する闇の領域。知られざるその秘密に分け入り、宗教と性・暴力の関係を抉り出す。

正法眼蔵随聞記　水野弥穂子訳

日本仏教の最高峰・道元の人と思想を理解するうえで最良の入門書。厳密で詳細な注、わかりやすく正確な訳を付した決定版。（増谷文雄）

空海　宮坂宥勝

現代社会における思想・文化のさまざまな分野から注目をあつめている空海の雄大な密教体系！　空海密教研究の第一人者による最良の入門書。

一休・正三・白隠　水上勉

乱世に風狂一代を貫いた一休。武士道を加味した禅をとなえた鈴木正三。諸国を行脚し教化につくした白隠。伝説の禅僧の本格評伝。（柳田聖山）

ちくま学芸文庫

近現代仏教《きんげんだいぶっきょう》の歴史《れきし》

二〇一七年五月十日　第一刷発行

著者　吉田久一（よしだ・きゅういち）

発行者　山野浩一

発行所　株式会社　筑摩書房
東京都台東区蔵前二―五―三　〒一一一―八七五五
振替〇〇一六〇―八―四一二三

装幀者　安野光雅

印刷所　中央精版印刷株式会社

製本所　中央精版印刷株式会社

乱丁・落丁本の場合は、左記宛にご送付下さい。
送料小社負担でお取り替えいたします。
ご注文・お問い合わせも左記へお願いします。
筑摩書房サービスセンター
埼玉県さいたま市北区櫛引町二―六〇四　〒三三一―八五〇七
電話番号　〇四八―六五一―〇〇五三

ISBN978-4-480-09798-9 C0115